Gudrun Schäfer (Hg.)

Die Speisung der Hunderttausend

Die Hilfe der Mennoniten nach dem Zweiten Weltkrieg

Aglaia: *Anmut bringen wir ins Leben,*
leget Anmut in das Geben.

Hegemone: *Leget Anmut ins Empfangen,*
lieblich ist's, den Wunsch erlangen.

Euphryosyne: *Und in stiller Tage Schranken*
höchst anmutig sei das Danken.

(Goethe, Faust 2)

KNECHT VERLAG LANDAU

Die Ausstellung und die Festschrift

Die Speisung der Hunderttausend
Die Hilfe Mennoniten nach
dem Zweiten Weltkrieg

konnten nur mit der Hilfe vieler Sponsoren
verwirklicht werden.
Der Dank des Herausgebers geht an:

Asta der Universität Koblenz-Landau
Atlantische Akademie Kaiserslautern
Bezirksregierung Rheinhessen-Pfalz
Bischöfliches Ordinariat Speyer
Deutsche Bank Landau
Evangelische Kirche der Pfalz Speyer
Historischer Verein der Pfalz
Karl-Fix-Stiftung Landau
Präsidialamt der Universität Koblenz-Landau
Sparkasse Südliche Weinstraße

Der Dank geht auch an Markus Becker, Karin Hiller, Ulrike Lackner, Gabi Magin, Gertrud Rieth, Christine Roth, Susanne Sauerhäfer, Helmut K. Schäfer, Birgit Sosna. Sie haben die Manuskripte vorbereitet und gelesen, die Interviews transkribiert, und bei der Auswahl der Fotos geholfen haben. Dank geht außerdem an die über 70 Interviewpartner, die bereitwillig über ihre Erinnerungen berichteten.

Bildnachweis

Archiv der Evangelischen Landeskirche der Pfalz:
S. 11, 12, 13, 28, 37, 39, 61, 62, 66, 67, 71, 74, 76, 98, 99, 106, 109, 113, 115, 120, 121, 122, 126, 189,
Stadtarchiv Landau: S. 11
Landesarchiv Speyer: S. 14
Stadtarchiv Kaiserslautern: S. 14
Privatarchiv Klaus Hoffmann: S. 15
Privatarchiv Delbert Grätz: S. 82, 89, 90, 91, 92, 97
Strieffler-Haus Landau: S. 103
Privatarchiv D. Wiebe: S. 124
Privatarchiv Gudrun Schäfer: S. 88, 128, 134, 137, 139, 142, 171, 172, S. 193ff.
Privatarchiv Horst Gerlach: S. 136
Privatarchiv Monica Mutzbauer: S. 167, 168
Zweibrücker Arbeitsgemeinschaft zur Familienforschung: S. 155
Privatarchiv Chrilla Wendt: S. 193ff.

© Petra Knecht Verlag, Landau 1997
Satz: Markus Knecht, Landau
Druck: Strauss Offsetdruck
Bindung: Wilhelm Osswald & Co.

ISBN 3-930927-30-6

Die Deutsche Bibliothek - CIP-Einheitsaufnahme

Die Speisung der Hunderttausend : die Hilfe der Mennoniten nach dem Zweiten Weltkrieg / Gudrun Schäfer (Hrsg.). - Landau : Knecht, 1997
ISBN 3-930927-30-6

Inhalt

Grußwort des Chargé d'Affaires der USA in Deutschland
J. D. Bindenagel

Die Botschaft der Vereinigten Staaten von Amerika freut sich, daß die Universität Koblenz-Landau Herrn Dr. Delbert Grätz und seine Mennonitengemeinde für die von ihnen geleistete Arbeit zum Wiederaufbau Deutschlands noch so lange nach dem Verstummen der Kanonen des Krieges ehrt. Es ist in diesem Jahr, dem 50. Jahrestag des Marshall-Plans, besonders passend, sich der Rolle Amerikas beim politischen und wirtschaftlichen Wiederaufbau Deutschlands zu erinnern. In den schweren Zeiten von 1947/48, den Jahren des Marshall-Plans, leisteten Hunderte von Organisationen, Kirchen und Einzelpersonen, wie Dr. Delbert Grätz, auf lokaler Ebene Hilfe. Obwohl der Zweite Weltkrieg schreckliche Konflikte zwischen Deutschland und den Vereinigten Staaten hervorgebracht hatte, haben doch die schon vorher geprägten kulturellen Bindungen wesentlich zu einer schnellen und aufrichtigen Versöhnung beigetragen. Der Geist, in dem die Hilfe, die Sie heute würdigen, geleistet wurde, steht als eine Bezeugung dafür. Die ersten deutschen Einwanderer, die nach Amerika kamen, waren eine Gruppe von 13 mennonitischen Familien aus Krefeld unter der Leitung von Franz Daniel Pastorius. Sie gründeten 1683 die Stadt Germantown in der Nähe von Philadelphia. Ihnen folgten danach noch weitere sieben Millionen Deutsche, die die Vereinigten Staaten zu ihrer neuen Heimat machten. Heute beträgt die Zahl ihrer Nachfahren über 60 Millionen, das ist ein Viertel der amerikanischen Bevölkerung. Dr. Grätz zählt zu den unzähligen herausragenden Persönlichkeiten, die im Geist der Nächstenliebe und Verbundenheit mit der alten Heimat beim Wiederaufbau Deutschlands mitgeholfen haben.

Ihre Festschrift ist eine angemessene Ehrung der Arbeit und des Geistes von Dr. Grätz und der mennonitschen Gemeinde. Die Amerikanische Botschaft begrüßt diese Ehrung und schließt sich Ihren Wünschen an.

Grußwort von Prof. Dr. Heinz Helfrich, Seminar Anlistik der Universität Landau

Die Universität Landau und ganz besonders das Seminar für Anglistik hat Grund genug, sich der tatkräftigen Überlebenshilfe der Mennoniten in den bitteren Nachkriegsjahren zu erinnern und dieses Gedenken im Sinne eines pädagogischen Auftrags als bleibenden Akt der christlichen Nächstenliebe auch im Gedächtnis der nachfolgenden Generationen zu erhalten.

Nach vielen anderen Kriegen war die Pfalz nach 1945 zum großen Teil zerstört, viele Menschen nach der Rückkehr aus der Evakuierung oder aus der Kriegsgefangenschaft ausgebombt, verarmt und ohne Hoffnung auf eine bessere Zukunft. Die tägliche Sorge galt ganz elementaren Bedürfnissen: Wohnung, Kleidung und Nahrung. Auch als erste, neue Organisationsstrukturen sichtbar wurden, war die Versorgung noch keineswegs sichergestellt. Die Rationierung versuchte zwar, die Verteilung gerechter zu gestalten, aber der fundamentale Mangel blieb erhalten. Das tägliche Brot war knapp bemessen, Hunger und Unterernährung wären noch viel schwerer zu ertragen gewesen, hätte es nicht die mennonitische Schulspeisung gegeben, die einer ganzen Generation von Kindern nicht nur das Überleben sicherte, sondern auch ein Zeichen setzte, daß die Hilfe der Mennoniten nicht nach dem Prinzip von Schuld und Sühne, sondern aus dem Gedanken der Brüderlichkeit und der menschlichen Verbundenheit gewährt wurde.

Es gibt enge Bezüge zwischen der Pfalz und den deutschstämmigen Amerikanern. Sahen sich in den zurückliegenden Jahrhunderten nicht viele Pfälzer trotz des vielgerühmten milden Klimas und des guten Bodens zur Auswanderung gezwungen, sei es aus wirtschaftlicher Not oder auf Grund unerträglicher politischer oder religiöser Verfolgung? Es ist kein Zufall, daß Mennoniten und Amische in den Vereinigten Staaten mit dem Verständnis des Hochdeutschen ihre Probleme haben, aber sehr wohl Pfälzisch verstehen, weil sie darin ein Stück der alten Heimat wiedererkennen. Das Seminar für Anglistik der Landauer Universität sieht sich nicht nur als Vermittlungsinstitution von fremdsprachlicher und didaktisch-methodischer Kompetenz. Die Mitglieder fühlen sich auch verpflichtet, den Kontakt zwischen der Pfalz und den Vereinigten Staaten, insbesondere zu den Auslands-Pfälzern, aufrecht zu erhalten und zu pflegen. Vor allem aber gilt es, an die nachfolgenden Schülergenerationen weiterzugeben, daß wir Pfälzer auch in schwerer Zeit in den Mennoniten verläßliche und tatkräftige Freunde fanden.

Frau Kollegin Schäfer gebührt Anerkennung und Dank dafür, daß sie mit dieser Festschrift dazu beigetragen hat, dieses Exempel einer praktizierten christlichen Nächstenliebe vor dem Vergessen zu bewahren.

Grossen Dank, Ihr liewi Leit.

Grußwort von Gerhard Weber †
ehemaliger Landrat des Kreises Südliche Weinstraße

Zeitzeugen werden weniger, Erinnerungen verblassen, Verbindungen reißen ab; trotzdem darf man die Vergangenheit nicht sich selbst überlassen. Gerade der Zeit vor fünfzig Jahren, nach den schrecklichen Erlebnissen des Krieges, soll diese Festschrift und die Ausstellung gedenken. Es ist ein Verdienst der Universität Landau, der Akademischen Direktorin des Seminars Anglistik, Frau Gudrun Schäfer, diese jüngere Vergangenheit wieder in unsere Erinnerung zurückzurufen. Vielleicht gelingt es mit dieser Art der Öffentlichkeitsarbeit, den Vereinigten von Amerika und seinen Bürgern zu beweisen, daß wir auch heute noch wissen, wem wir unsere Freiheit, unsere Demokratie und unsere Sicherheit mit verdanken.

Besondere Erwähnung findet zu Recht die Hilfe des mennonitischen Zentralkomitees in der Person des Dr. Delbert Grätz aus Ohio. In gelebter christlicher Nächstenliebe, getreu der positiven, optimistischen Lebenseinstellung der Mennoniten hat er in den schweren Jahren 1947/48 in der Südpfalz als Einsatzleiter des mennonitischen Zentralkomitees Lebensmittel und Kleidung für Kinder und Bedürftige beschafft.

Wenn wir in der Geschichte unserer Region zurückblättern, können wir feststellen, daß es Mennoniten waren, die nach dem Dreißigjährigen Krieg mit dazu beitrugen, unseren verwüsteten Landstrich wieder zu besiedeln und aufzubauen. Und dreihundert Jahre später, vor fünfzig Jahren, haben wiederum Mennoniten mitgeholfen, die einfachsten Bedürfnisse des Lebens in unserer Region zu befriedigen. Diese guten Taten haben es verdient, im entsprechenden Rahmen gewürdigt zu werden.

Die vorliegende Festschrift und die begleitende Ausstellung mögen mit dazu beitragen, daß die Vergangenheit nicht in Vergessenheit gerät, daß auch die jüngeren und nachfolgenden Generationen gelebten christlichen Glauben erfahren können, wie ihn gerade die Mennoniten trotz langer Zeiten der Verfolgung immer praktizieren.

Grußwort von Dr. Jürgen Weiler
Oberbürgermeister der Stadt Neustadt an der Weinstraße

Die vorliegende Festschrift, herausgegeben von Frau Gudrun Schäfer, Akademischer Direktor am Seminar für Anglistik der Universität Koblenz-Landau, erinnert an eine Epoche der jüngeren deutschen Geschichte, die für den Neuanfang der Bundesrepublik Deutschland steht. Gewidmet ist sie den amerikanischen Mennoniten, die nach der großen Katastrophe des Zweiten Weltkrieges in einer Zeit der bitteren Not auf der Grundlage der christlichen Nächstenliebe Tausenden von Pfälzern das Überleben ermöglicht haben. Stellvertretend für viele steht dabei Dr. Delbert Grätz, der sich als damaliger Organisator zusammen mit seiner Ehefrau in aufopfernder Weise für die Nahrungsmittelhilfe und die Schulspeisungen in den pfälzischen Städten eingesetzt hat.

Trotz der unheilvollen Zeit des Nationalsozialismus erinnerten sich damals viele Amerikaner, darunter wiederum viele Mennoniten, ihrer Herkunft, insbesondere ihrer Wurzeln in der Pfalz. Durch ihr karitatives Handeln bewahrten sie Kinder, Ältere und Behinderte vor dem Verhungern. Zugleich zeigten sie in der Stunde Null nach 1945 durch ihre Taten den festen Willen zur Versöhnung und legten damit den Grundstein für unser heutiges Leben in Frieden und Freiheit. Dies darf auch bei den nachfolgenden Generationen nicht in Vergessenheit geraten. Dazu soll die Herausgabe dieser Festschrift und Ausstellung beitragen, wofür Frau Schäfer und allen Mitwirkenden besonders zu danken ist.

Grußwort von Dr. Christof Wolff
Oberbürgermeister der Stadt Landau in der Pfalz

Liebe Bürgerinnen und Bürger,

Dr. Delbert Grätz, ein Nachfahre pfälzischer Auswanderer, hat in den bitteren Nachkriegsjahren zahlreichen pfälzischen Bürgerinnen und Bürgern, als Einsatzleiter und Vertreter des Mennonitischen Zentralkomitees, Nahrungsmittel- und Kleiderspenden für Kinder und Erwachsene in die Wege geleitet, die für manchen das Existenzminimum des Überlebens bedeuteten.

Die Erkenntnis der Notwendigkeit, aber auch die Verpflichtung gegenüber dem Land seiner Vorväter trieben Grätz zu dieser, für uns so wichtigen, karitativen Hilfe an. Auch 50 Jahre danach ist diese Hilfe noch nicht in Vergessenheit geraten und ich möchte an dieser Stelle das besondere Engagement von Delbert Grätz würdigen.

Ich bin sicher, daß durch diese Festschrift sowie die Ausstellung zu dieser Thematik, vielen älteren Mitbürgerinnen und Mitbürgern, die in dieser schweren Nachkriegszeit auf fremde Hilfe angewiesen waren, die existentielle Bedeutung dieser Nahrungsmittel- und Kleiderspenden in Erinnerung gerufen wird. Aber auch junge Menschen, die keine Verbindung zu dieser Zeit haben, erhalten durch diese Veröffentlichungen die Möglichkeit, ein Stück ihrer Vergangenheit zu erfahren und zu bewahren.

Ihr

Dr. Christof Wolff

Grußwort von Gary J. Waltner
Leiter der mennonitischen Forschungsstelle auf dem Weierhof

Lieber Delbert,

anläßlich einer Tagung der Allgemeinen Konferenz in Bluffton 1956 durfte ich mit meinen Mitschülern und Mitschülerinnen ein Laienspiel über Menno Simons aufführen. Bei dieser Gelegenheit entschloß ich mich, der Mennonite Historical Library einen Besuch abzustatten. Dort habe ich Dich kennengelernt. Du nahmst Dir die Zeit, mich 18jährigen Schüler in die Bibliothek einzuführen, machtest mich mit gedruckten und geschriebenen Zeugnissen unserer Glaubensgemeinschaft bekannt. Damit hast Du mich in meinem Interesse an alten Büchern und Akten bestärkt und gefördert und ließest in mir den Wunsch entstehen, in einer solchen Büchersammlung einmal mitarbeiten zu können. Dieser Wunsch ging für mich seit 1974 in Erfüllung, als ich die Leitung der Mennonitischen Forschungsstelle auf dem Weierhof übernahm.

Unsere über 40 Jahre dauernde Bekanntschaft miteinander und die Achtung vor Deiner in Deutschland der Nachkriegszeit geleisteten Arbeit macht es zu einer besonderen Freude für mich, Deine Dienste - auch stellvertretend für die anderen freiwilligen Mitarbeiter und Mitarbeiterinnen - von der Universität Landau mit einer Ausstellung und einer Festschrift anerkannt und gewürdigt zu sehen, wozu die Mennonitische Forschungsstelle mit ihrem Material ihren Beitrag leisten konnte. Die Ziele des MCC, „Im Namen Christi" den Hungernden und Notleidenden zu helfen, fanden durch Deine Arbeit ihre überzeugende und beispielgebende Verwirklichung. Es ist erfreulich, daß das Land Rheinland-Pfalz und mit ihm Landau dieser Zeit in Dankbarkeit gedenkt. Dies kann auch heute noch ein Ansporn sein für ein Weitergeben christlicher Nächstenliebe.

Wie Du wohl weißt, sind wir dabei, auf dem Weierhof eine eigene Bibliothek zu errichten mit einem modernen Archivraum, wo dann auch die Zeugnisse der mennonitischen Hilfstätigkeit angemessen aufbewahrt und zukünftigen Forschern zugänglich gemacht werden. Vielleicht sind wir bei Deinem nächsten Besuch schon soweit, Dir diese Anlage vorführen zu können.

Der Mennonitische Geschichtsverein wünscht Dir weiterhin gute Gesundheit und Schaffenskraft für Deine weitere Tätigkeit.

Mit freundlichen Grüßen

Dein
Gary J. Waltner

Vorwort

Gudrun Schäfer

The believing man is the original man.
(Carlyle, Heroes an Hero-Worship)

Am Ende des Zweiten Weltkrieges herrschte in vielen Teilen unseres Vaterlandes und auch in der Pfalz große Not. Glücklicherweise gab es einzelne Menschen und Gruppen, die versuchten, den Notleidenden Hilfe zu bringen. Nicht selten waren sie die Nachfahren von Menschen, die früher aus der Pfalz ausgewandert waren. Als Arme und Hungernde zogen sie aus in die Welt, als Helfende kehrten sie zurück. Sie kamen nicht als Soldaten, Missionare oder Sieger, sie kamen ganz einfach um zu helfen. Viele von ihnen waren dem praktischen Christentum verpflichtet. Ihre Lebensphilosophie wurzelte aber auch in einer beonderen amerikanischen Weltsicht, wie sie z. B. im US Magazine and Democratic Revue 1839 formulierte wurde: Die USA ist

> *the great nation of futurity which will establish the noblest temple. Its floor shall be a hemisphere; its roof the firmament of the star-studded heavens, and its congregations a Union of many Republics comprising hundreds of happy millions of people governed by God's natural and moral law of equality, the law of brotherhood, of peace and goodwill amongst men.*[1]

Die Helfer kamen aus vielen Ländern der westlichen Welt. Denken wir nur an die *Stillen Helfer* aus der Gruppe der amerikanischen Quäker, das Schweizer Rote Kreuz, das Irische Rote Kreuz mit der Operation Shamrock oder

Vorratszimmer des MCC

ähnliche Organisationen aus Schweden und Dänemark. Auch an Herbert Hoover muß hier gedacht werden, dessen Vorfahren aus Ellerstadt stammen. Er hat durch seinen selbstlosen und unermüdlichen Einsatz seine amerikanischen Landsleute zu hohen Spenden bewegen können. So wurden hundertausende Care-Pakete verschickt, und viele Kinder kamen in den Genuß der Hoover-Speisung.

Von besonderer Bedeutung für die Pfalz aber sind die Mennoniten. Deshalb soll ihrer heute, 50 Jahre nach der Zeit, in der sie ihre Hilfsaktionen durchführten, in dieser Festschrift durch Erinnerung und Dank besonders gedacht werden. Die Geschichte der Mennoniten in der Pfalz ist eng mit der allgemeinen Geschichte der Pfalz verbunden. Deshalb ist es sinnvoll, sich der wechselvollen Schicksale beider und ihrer gegenseitigen Beeinflußung zu erinnern. Seit dem Beginn des Dreißigjährigen Krieges ist diese Geschichte eine fast ununterbrochene Folge von Verwüstungen, Leid und Entbehrungen, die nur durch kurze Zeiten der Erholung unterbrochen wurde. Dennoch wurde die Pfalz in vergangenen Jahrhunderten auch ein Zufluchtsort für solche Menschen, die um ihrer Religion willen aus anderen Teilen Europas fliehen mußten. Der Grund dafür war, daß die Landesherren für ihre verwüsteten Ländereien neue Siedler suchten.

Die Lebenspraxis der Mennoniten ist nur aus ihren religiösen Überzeugungen zu verstehen, an denen sie in allen Verfolgungen und Schicksalsschlägen unerschütterlich festhielten. Deshalb werden wir uns mit ihrer Geschichte, ihrer Religion und ihrer Kultur besonders auseinandersetzen. Unter den Mennoniten spielte nach dem Zweiten Weltkrieg in Neustadt an der Weinstraße und in Landau in der Pfalz Delbert Grätz aus Bluffton, Ohio eine wichtige Rolle. Als Einsatzleiter und Vertreter des mennonitischen Zentralkomitees hat er Lebensmittel und Kleider für Kinder und Erwachsene beschafft und die Not der Bevölkerung vielfach gelindert. Seine persönlichen Erinnerungen lassen heute seinen Einsatz in einem ganz besonderen Licht erscheinen. Auch die Erinnerungen unterschiedlicher Zeitzeugen - viele Empfänger der Hilfe - sollen die Stimmung jener Zeit verdeutlichen helfen.

Der Wille, die Not zu lindern und den Wiederaufbau in dem zerstörten Deutschland zu unterstützen, bestimmte später auch die offizielle Politik der USA. Diese wurde formuliert in der berühmten Rede des amerikanischen Außenministers George C. Marshall am 5. Juni 1947 in Harvard. Er sagte:

„Es ist logisch, daß die Vereinigten Staaten alles tun sollten, was in unserem Kräften steht, um die Wiederkehr normaler wirtschaftlicher Gesundheit in der Welt zu unterstützen, ohne die es keine politische Stabilität und keinen sicheren Frieden geben kann. Unsere Politik richtet sich nicht gegen irgendein Land, oder eine Ideologie, sondern gegen Hunger, Armut und Chaos."[2]

Nach der Unterzeichnung des Gesetzes zum Europäischen Wiederaufbau im April 1948 durch Truman und mit der Unterzeichnung des ERP-Vertrages durch Adenauer und den amerikanischen Hochkommissar McCloy am 15. Dezember 1948 konnte der Marshall-Plan verwirklicht werden.

Bundeskanzler Dr. Helmut Kohl würdigte die Haltung und die Arbeit Marshalls in seiner Ansprache auf dem Nationalfriedhof Arlington am 5. Juni 1997:

Die Hilfsgüter kommen an

„Gerade wir Deutsche werden diesen Mann niemals vergessen. das gilt besonders für jene, die damals - wie ich - Hunger und Not litten und selbst erlebt haben, welcher Segen sich mit dem Marshall-Plan für ihre Heimat und für ihr eigenes Leben verband....Für uns Europäer...bedeutete Marshalls Vision weitaus mehr als eine willkommene wirtschaftliche Unterstützung. Sie war das ermutigende Zeichen eines Neubeginns - ein Zeichen, das uns Europäern, vor allem auch uns Deutschen, Hoffnung und innere Kraft wiedergab."[3]

Im Gegensatz zur staatlichen Hilfe kam die Hilfe der amerikanischen und kanadischen Mennoniten und Brethren in Christ von 1945 bis in die 60er Jahre ausschließlich aus privaten Quellen. Sie haben freiwillig und aufopfernd ihre Zeit eingebracht, um Kleider und

Nahrungsmittel zu sammeln, zu kaufen und zu verpacken. Sie haben Vieh geschlachtet, das Fleisch in Dosen verpackt und verschifft. Sie haben ohne Ansehen der Person, der Rasse und der Religionzugehörigkeit den Notleidenden und Bedürftigen geholfen. Sie haben damit im persönlichen Breich die Partnerschaft zwischen Amerika und Europa auf den Weg gebracht.Diese Festschrift soll ein Teil unseres Dankes sein.

Landau, September 1997

1   Blanke, Gustav H.: America's World Mission: Its Origins, Development, Rhetoric and Political Effects, Vortrag in Landau am 23. Mai 1996.
2   Tenbrock, R. H. et al. (Hg.): Die geschichtlichen Grundlagen der Gegenwart von 1776 bis heute. Berlin, Schöningh-Schrödel, 1986.
3   Presse-und Informationsamt der Bundesregierung: Bulletin Nr.51 S. 589, Bonn 17. Juni 1997.

Der Oberregierungspräsident erläßt folgenden Aufruh

Pfälzer! Landsleute!

Wieder liegt ein Jahr wirtschaftlicher Not und politischer Schwierigkeiten, enttäuschter Hoffnungen und harten Kampfes um unsere Existenz hinter uns. Wir stehen an der dritten Jahreswende nach einem beispiellosen Zusammenbruch aller bis dahin gültigen materiellen und geistigen Lebensgrundlagen.

Noch sind wir auf dem Wege zu einer Neuordnung nicht merklich vorwärts gekommen. Im anhaltenden Kampf um das tägliche Brot drohen die Ansätze einer geistigen Umorientierung zu ersticken, in der die Chance so einmalig ist wie die Katastrophe selbst.

Drei Jahre Politik um Deutschland und unsere Pfalz haben uns zu nüchterner Betrachtung und illusionsloser Wertung des Geschehens zurückgeführt. Aus dieser Erkenntnis möge uns der Wille erwachsen, durch Zusammenfassung der eigenen Kräfte ein Werk deutscher Solidarität zu gestalten, das Anerkennung und Förderung in der Welt beanspruchen kann.

Bögler
Oberregierungspräsident

Aufruf des Oberregierungspräsidenten Bögler vom 31.12.1947

Aufruf der französischen Militärregirung an die Bevölkerung

MITTEILUNGEN

ORGAN FUR DIE BEKANNTMACHUNGEN DER   MILITÄRREGIERUNG UND KOMMUNALEN BEHÖRDEN

| Preis 10 Rpf. | Kaiserslautern / Samstag, den 14. Juli 1945 | Nummer 7 |

Aufruf der französischen Militär-Regierung

Gouverneur Oberst Cavey an die Bevölkerung der Westpfalz

Proclamation
Inhabitants of Western-Palatinate!

On July 13th 1945 at 10 o'clock Military Government of the Western Palatinate is officially turned over by Military French Government.

In full agreement with our Allies the French Military Government will be administered according to the directives laid out in common since 1943 and applied by American Military Government ever since the occupation of your country.

People of this beautiful province you have behind you a period of confusion unworth of your past.

You have blindly followed a man who has reduced you to mere machines to only serve his selfish ambition.

You also have forgotten that you were free men and that it was your bad leader who made you believe that it was your only duty to obey without thinking.

That is why you have forfeited your right of selfadministrating.

I have been appointed governor on behalf of the Allied Nations. You have to assist me in the now peaceful battle against Nazism. The National Socialist doctrine of the "Super-race" will have to be substituted by the right of a free and independant life for the individual person.

I shall continue the work begun by our American Allies.

The many sufferings that my country had to endure under your regime I shall try to forget.

I shall exert my authority with justice but with a severity

Proclamation
Habitants du Palatinat-Ouest!

Le 13 juillet 1945 à 10 heures, le Gouvernement Militaire du Palatinat-Ouest passe entre les mains de l'Autorité Militaire Française.

En plein accord avec nos Alliés, le Gouvernement Militaire continuera à être exercé selon les directives arrêtées en commun depuis 1943 et appliquées par l'Autorité militaire américaine depuis l'occupation de votre pays.

Habitants de cette belle province, vous avez eu un moment d'égarement qui ne correspond pas à votre passé.

Vous avez suivi aveuglément l'homme qui a fait de vous des „machines" au service de sa seule ambition personnelle.

Parce que vous avez oublié que vous étiez des hommes doués d'une individualité.

Parce que votre mauvais chef a fait croire que votre seul devoir était d'obéir sans penser.

Vous avez perdu le droit de vous administrer vous-mêmes.

Je suis appelé à gouverner au nom des Nations Alliées.

Vous devez m'aider dans la lutte, maintenant pacifique, que nous continuerons à mener contre le nazisme.

La doctrine nationale-socialiste du „Peuple Elu" doit céder la place à celle du droit de la vie libre pour chacun.

Je continuerai l'oeuvre commencée par nos Alliés américains.

Je saurai faire abstraction des souffrances particulières que vous avez fait subir à mon pays. J'exercerai mon autorité avec justice, mais

Proklamation
Einwohner der Westpfalz!

Am 13. Juli 1945 geht die Militärregierung der Westpfalz in die Hände der französischen Militärbehörde über.

In voller Übereinstimmung mit unseren Verbündeten wird die Militärregierung weiterhin nach den Richtlinien geführt werden, welche sie seit 1943 zusammen festgelegt haben und von der amerikanischen Militärbehörde seit der Besetzung Eures Landes angewendet worden sind.

Einwohner dieser schönen Provinz, Ihr habt eine Zeit der Verwirrung durchlebt, die Eurer Vergangenheit nicht entspricht.

Ihr seid blind einem Manne gefolgt, der aus Euch Maschinen im Dienst seiner persönlichen Ehrgeizes gemacht hat.

Weil Ihr vergessen habt, daß Ihr freie Menschen waret.

Weil Euch Euer schlechter Führer glauben ließ, daß es Eure einzige Pflicht war, zu gehorchen, ohne zu überlegen.

Deshalb habt Ihr das Recht verloren, Euch selbst zu verwalten.

Ich bin im Namen der verbündeten Nationen zum Gouverneur ernannt.

Ihr müßt mir den jetzt friedlichen Kampf helfen, den wir weiterhin gegen den Nazismus führen werden.

Die nationalsozialistische Lehre vom „auserwählten Volk" muß einer Lehre des Rechtes auf ein freies Leben für jeden Einzelnen weichen.

Ich werde die Arbeit, die durch unsere amerikanischen Verbündeten begonnen worden ist, weiterführen. Ich werde die besondere Leiden, die Ihr meinem Land zugefügt habt, nicht in Betracht ziehen. Ich werde mein Amt mit Gerechtigkeit führen, aber auch mit einer

Bilder aus der Nachkriegszeit

Helmut Kohl

Ein Schüler mit unbekannter Zukunft

Im Jahr 1945 war ich 15 Jahre alt. Bis zum Ausbruch des Krieges war der finanzielle Rahmen im Elternhaus knapp aber ausreichend. Wir hatten keine Sorge um das tägliche Brot, es reichte auch zum Sonntagsbraten, aber wir lebten sparsam und bescheiden. Der Krieg beendete meine bis dahin kaum getrübte Kindheit abrupt und gnadenlos. Der Alltag veränderte sich, er wurde dunkler, schmerzlicher, beklemmender. Am Ende des Krieges war Ludwigshafen zu zwei Dritteln zerstört. Im Juli 1945 verließ ich Ludwigshafen, um eine landwirtschaftliche Ausbildung in Düllstadt bei Münsterschwarzach zu beginnen, da es keine Aussicht auf Wiedereröffnung der 1942 geschlossenen Oberrealschule in der Heimatstadt gab. Die Arbeit auf dem Hof war hart und anstrengend. Mit den Flüchtlingstrecks aus Schlesien, Ostpreußen und Pommern kamen auch viele Landwirte, die neue Arbeitsstellen suchten. Bald wurde klar, daß nach Abschluß einer Landwirtschaftslehre keine Chancen bestanden, in diesem Beruf arbeiten zu können.

Da der Schulbetrieb der Oberrealschule, mittlerweile ein naturwissenschaftliches Gymnasium, im September 1945 wieder aufgenommen worden war, kehrte ich nach den Sommerferien 1946 in meine Klasse zurück. Doch das Schulgebäude war immer noch schwer beschädigt. Für die Zusage, unseren Klassenraum selber zu reparieren, durften wir bis zum Ende unserer Schulzeit darin bleiben.

Als ich 1947 zum Klassensprecher gewählt wurde, gehörte auch die gerechte Verteilung der Schulspeise, an unserer Schule die Quäkerspeisung, und die Kleiderverteilung zu meinen Aufgaben.

Bei uns zu Hause waren wir - wie die meisten Familien - auf die Nahrungsmittel angewiesen, die wir auf Lebensmittelmarken bekamen. Diese Zuteilungen reichten allerdings kaum aus. Mit Dankbarkeit erinnern wir uns deshalb alle der großzügigen amerikanischen Hilfe, auch in Form von Care-Paketen. Es ist sicher, daß ohne sie viele von uns diese ersten Nachkriegsjahre nicht überlebt hätten.

Günter Fillbrunn

Schwere Zeiten
in Neckarsteinbach

Meine Kindheits- und Jugendjahre verbrachte ich in dem zwischen Mannheim und Heidelberg liegenden Dorf Neckarhausen. Bei Kriegsende war ich 14 Jahre alt.

Kurz vor der Einnahme Neckarhausens durch amerikanische Truppen im März 1945 wurde die über den Neckar führende Eisenbahn- und Fußgängerbrücke gesprengt und damit eine wichtige Verkehrsader unterbrochen. Tags darauf wurde mit der Versenkung der Neckarhausener Fähre die letzte Verbindung zur anderen Neckarseite gekappt.

Wenige Monate später zogen durch ganz Deutschland große Ströme ausgemergelter Flüchtlinge und heimkehrender Soldaten. Da das Eisenbahnnetz vielerorts unterbrochen war, mußten diese kürzere oder weitere Strecken zu Fuß zurücklegen. Eine neuralgische Stelle war die gesprengte Neckarbrücke. Für die von Frankfurt kommenden Züge war Ladenburg Endstation, so daß die Flüchtlinge und Heimkehrer auf dem halsbrecherischen Brückennotsteg oder mit der inzwischen gehobenen Fähre den Neckar überqueren und zur Weiterfahrt nach Friedrichsfeld oder Mannheim gehen mußten. Zusammen mit anderen Buben stand ich oft mit einem Handwagen an der Brücke und wartete auf Durchreisende, lud deren Gepäck auf und transportierte es an den Friedrichsfelder Nordbahnhof. Einmal ging ich bei großer Hitze mit dem schwer bepackten Wagen zum 12 km entfernten Mannheim und wählte dabei den Weg über die fast verkehrslose Autobahn. Todmüde und um 20 Mark reicher kam ich von dieser anstrengenden Tour zurück. Landwirte richteten mit ihren Pferdefuhrwerken sogar einen „Pendelverkehr" zwischen Ladenburg und Friedrichsfeld ein und setzten dabei mit der Fähre über den Fluß.

Im Juni 1945 richtete der Sprecher der Neckarhausener Fährleute wegen Treibstoffmangels den folgenden Hilferuf an das Landratsamt Weinheim:

*„Ich betreibe seit etwa 40 Jahren die Neckarfähre, welche die Verbindung zwischen Neckarhausen und Ladenburg zur Bergstraße herstellt. Mit der Fähre werden zur Zeit täglich 50 Hin- und Rückfahrten durchgeführt." Es werden „1 000-2 000 Personen, 50-60 landwirtschaftliche Fuhrwerke, 60 Kraftfahrzeuge privater und gewerblicher Betriebe und mindestens 70 Kraftfahrzeuge der amerikanischen Besatzungsbehörde befördert. Die in der näheren Umgebung von Neckarhausen untergebrachten Angehörigen der amerikanischen Besatzungsarmee besuchen in großer Anzahl täglich das Ladenburger Schwimmbad und müssen mit der Fähre übergesetzt werden. In Neckarhausen wohnhafte Landwirte müssen übergesetzt werden, um 40 ha auf Ladenburger Gemarkung gelegenes Ackerland zu bewirtschaften. (...)
Vor dem Kriege benötigte ich zur Aufrechterhaltung des motorischen Fährbetriebes 300 l Benzin, 12 l Autoöl und 4 l Motoröl monatlich. In letzter Zeit stellten mir die hiesige und die Ladenburger Gemeindeverwaltung Betriebsstoff nur in*

ganz unzulänglichen Mengen aus eigenen Beständen zur Verfügung, welche aber jetzt gänzlich aufgebraucht sind. (...) Wenn mir nicht in allernächster Zeit Betriebsstoff zugeteilt wird, werde ich den Fährbetrieb einstellen müssen. Dies muß aber nach dem oben geschilderten Sachverhalt unter allen Umständen vermieden werden. Dazu kommt folgendes: Die Fähre war Mitte März dieses Jahres auf Anordnung der deutschen Militärbehörde versenkt worden und mußte nach 3 Wochen wieder gehoben und gangbar gemacht werden. Schon die Hebung und Anlandbringung verursachte mir einen Kostenaufwand von nahezu 1000 RM. Die Fähre mußte gereinigt, durchrepariert und neu gedielt werden. Diese Reparaturen kosteten mich rund 3000 RM, so daß mein Gesamtschaden sich auf 4000 RM beläuft. Aus all diesen Gründen heraus bitte ich ebenso höflich wie dringend zu verfügen, „daß mir die oben aufgeführten Betriebsstoffe möglichst bald zugeteilt werden. Durch die Sprengung der Neckar- und Rheinbrücken wickelt sich der ganze Verkehr in einem Umkreis von 30-40 Kilometern über meine Fähre ab, sodaß die Einstellung des Betriebes eine Katastrophe bedeuten würde."

Um diese Verkehrsader offen zu halten, fuhren die Fährleute gelegentlich unter Bedingungen, die eigentlich die Einstellung des Betriebs hätten erzwingen müssen. So kam es, daß im Winter 1945/46 das Halteseil der mitten auf dem Neckar sich befindenden Fähre infolge Hochwassers und Treibeises riß und das Schiff mit zahlreichen Fahrgästen in ziem-

licher Fahrt abtrieb. Glücklicherweise beobachtete ein Mann das Geschehen. Geistesgegenwärtig fuhr er den Hilflosen entgegen, befestigte am Havaristen ein Seil und brachte das andere Ende auf der Höhe des Ladenburger Sportplatzes ans Ufer. Dort gelang es Arbeitern der Firma Grün und Bilfinger, die Fähre an Land zu ziehen. Der Bootsführer schleppte diese später an die Anlegestelle in Neckarhausen zurück. Der Fährmann bedankte sich bei ihm mit einigen Dosen Wurst.

Mein Schulweg nach Ladenburg war zu jener Zeit manchmal recht beschwerlich, ja sogar abenteuerlich und nicht ganz gefahrlos. Waren etwa bei Hochwasser der Fährbetrieb eingestellt und der Notsteg an der Neckarbrücke gesperrt, mußte ich den mit waghalsigen Kletterein verbundenen Umweg über das nicht beschädigte Stauwehr und über die verbogenen, gerissenen und frei in der Luft hängenden Eisenträger der gesprengten Ilvesheimer Kanalbrücke machen.

Ein neuer hölzerner Fußgängersteg an der Neckarbrücke war wesentlich bequemer und sicherer als der alte. Dennoch hielt diese Konstruktion dem Hochwasser und Eisgang im Februar 1947 nicht stand und stürzte ein.

Mehrmals wurden meinem Heimatdorf Ostflüchtlinge zugewiesen. Eine von Neugier geprägte Spannung herrschte unter den Einwohnern, wenn die Vertriebenen mit ihrem wenigen Hab und Gut eintrafen. Am Pfingstsonntag 1946 waren es 240 Menschen, die ohne jeglichen Proviant nach Neckarhausen, wo bis dahin 2800 Menschen lebten, kamen. Über die beiden Feiertage mußten die Flüchtlinge in Massenquartieren untergebracht und von der Gemeinde zentral verköstigt werden, ehe ihnen am Pfingstdienstag die von der örtlichen Behörde festgelegten Wohnungen zugeteilt wurden. Die Bevölkerung zeigte sich den Vertriebenen gegenüber größtenteils weitherzig. Sie half mit, die gröbsten Anfangsschwierigkeiten zu überwinden, indem sie die Angekommenen mit gebrauchten Möbeln, Bettwäsche und Kleidungsstücken unterstützte. Landwirte gaben einigen von ihnen Arbeit und Essen. Die Integration der Neubürger gelang in relativ kurzer Zeit.

Das den Besatzungstruppen auferlegte Fraternisierungsverbot konnte nicht lange aufrecht erhalten werden. Wenige Monate nach dem Fall Neckarhausens erhielten meine Eltern regelmäßig Besuch von einem in der Nachbarschaft einquartierten Offizier, der plaudern und dem Klavierspiel meines Vaters lauschen wollte. Das hinderte ihn aber nicht, mir einmal einen gewaltigen Schrecken einzujagen. Ich war auf der Straße, als er am Fenster seines Zimmers stehend einen Gewehrschuß abfeuerte. Das Geschoß durchschlug nur wenige Zentimeter von mir entfernt ein Kellerfenster meines Elternhauses. Später stellte sich heraus, daß der Offizier auf dem fernöstlichen Kriegsschauplatz eine Hirnverletzung erlitten hatte. Das machte uns den Zwischenfall einigermaßen erklärbar. Sehr rasch entstanden Beziehungen zwischen Besatzungssoldaten und deutschen Mädchen und Frauen.

Die Rhein-Neckar-Zeitung brachte am 8. Juni 1946 folgende Meldung über die Haltung der amerikanischen Militärregierung zum Umgang der Soldaten mit deutschen Mädchen:

„General McNarney gab auf einer Pressekonferenz bekannt, daß die Militärregierung Pläne ausarbeitet, die Erlaubnis zum Betreten amerikanischer Klubs durch deutsche Mädchen von einer Überprü-

fung der Mädchen abhängig zu machen. Dort, wo bereits eine Überprüfung erfolgt, sagte der General, erstrecken sich die Untersuchungen auf die politische Vergangenheit des sich bewerbenden Mädchens sowie der ihrer Familie. (...) Jedem geschlechtskranken Mädchen wird die Zulassungskarte zum Betreten der Klubs entzogen. Darüber hinaus, erklärte der General, habe er den ihm unterstellten Stellen nahegelegt, einen Befehl herauszugeben, der das Arm-in-Arm-Gehen und Zärtlichkeiten in der Öffentlichkeit untersagt."

Der Notstand verschärfte sich nach dem Krieg zunächst immer mehr. Nahrungsmittel, Kleidung, Schuhe und Brennstoffe waren überaus knapp und wie fast alle anderen Waren rationiert. Die Landwirte kamen nur zögerlich ihrer Verpflichtung nach, die vorgeschriebenen Kontingente abzuliefern. Im April 1947 wurde einem „Normalverbraucher" folgende Lebensmittelration pro Tag zugeteilt: 286 g Brot, 21 g Fleisch bzw. Wurst, 6 g Butterschmalz, 54 g Nährmittel/Teigwaren, 18 g Zucker, 0,071 l Magermilch, 18 g Gemüse, 4,5 g Käse, 4,5 g Kaffee-Ersatz, 3,5 g Eipulver und 54 g Brot statt Kartoffeln. Außerdem gab es 1 Ei für den ganzen Monat. Säuglingen, Kindern, Jugendlichen und Schwerarbeitern standen Zusatzrationen zu.

Meine Eltern besaßen ein Haus mit Garten und einen Acker, deren Ertrag es uns ermöglichte, die schwierige Lage besser zu meistern. Dafür mußten wir aber nach Feierabend noch hart arbeiten. Wir bauten Obst, Gemüse, Kartoffeln, Getreide, Rüben, Klee u.a. an. Wir hielten ein Schwein, Ziegen, Hühner und Stallhasen. Bei allen Arbeiten half ich mit. Ich mähte Gras, Klee und Getreide, ich half bei der Heuernte, suchte am Wegrain Futter, steckte, und erntete Kartoffeln. Wenn das Schweinefutter knapp wurde, streckten wir es mit Brennesseln. Diese Arbeit war sehr unangenehm, weil es immer irgendwo am Körper brannte und juckte. Ich mistete die Ställe aus, ging mit zur Obsternte, half beim Keltern und sterilisierte Obstsaft. Ich gewann aus Zuckerrüben Sirup.Wir verwendeten ihn als Brotaufstrich. Nur so war es meiner Mutter in den schlechten Jahren möglich, soviel auf den Tisch zu bringen, daß die Familie einigermaßen satt wurde. Das Obst wurde auch zu Marmelade verarbeitet, in Gläser eingemacht, zu Dörrobst getrocknet, im Keller eingelagert oder zu Schnaps gebrannt. Das Zwetschgenwasser und einen Teil des Obstes tauschten wir gegen Kleidung und Wolle ein. Um einen Haustrunk zu haben, stellten manche Leute aus Johannisbeeren Wein her. Dazu wurden die Früchte mit einer speziellen Maschine unter erheblichem Kraftaufwand ausgepresst, der Saft mit Wasser verdünnt und „gefuggerter" Zucker oder Sirup dazugegeben. Das Ganze kam zur Gärung in ein Faß. Der fertige Wein war sehr stark und süß. Der gastfreundliche Großvater meiner Frau setzte ihn seinen Besuchern als „spanischen Rotwein" vor.

Das Fuggern war damals weit verbreitet. Konnte jemand etwas entbehren, versuchte er es gegen eine Ware, die er nötig hatte, einzutauschen. So gaben meine Schwiegereltern Eier und geschlachtete Hühner gegen Butter und Brot. 4 Eier hatten einen Gegenwert von 125 g Butter. Neben dem Tauschhandel blühte der Schwarzmarkt, auf dem zu horrenden Preisen auch Waren aus amerikanischen Armeebeständen erhältlich waren.

Mein Bruder erwarb auf diese Weise einmal zwei helle Mehlsäcke, aus denen meine Mutter eine Hose nähte. Aus dem Garn aufgezogener Mehlsäcke wurden sogar Pullover gestrickt. Besonders begehrt waren Wolldecken der US Army. Diese wurden passend gefärbt, um ihre Herkunft zu verschleiern, und dann gewöhnlich zu Wintermänteln geschneidert. Raucher besorgten sich auf dem Schwarzmarkt amerikanische Zigaretten - eine Schachtel kostete 50 bis 80 Reichsmark, also rund ein Viertel des Monatslohns eines Arbeiters - oder ganze Büschel Rohtabak. Andere Raucher blieben auf dem Boden der Legalität und sammelten auf belebten Straßen Zigarettenkippen.

Der jahrelange Mangel an Textilien forderte und förderte die Kreativität vieler Frauen. Diese machten aus der Not eine Tugend und fertigten aus alten Kleidern, Hosen, Jacken, Mänteln, Hemden, Pullovern, Strümpfen und Lumpen „neue" Kleidungsstücke. Auch meine Mutter nähte, flickte, strickte und stopfte unermüdlich. Einigen Kummer bereitete der schlechte Zustand unseres Schuhwerks. Besonders mein Bruder und ich strapazierten dieses arg, waren wir doch leidenschaftliche Fußballer. Da der Schuhmacher einmal weder Leder noch Gummi hatte, brachten wir ihm ein Stück eines alten Autoreifens. Damit besohlte er unsere Schuhe, die dann sehr lange ihren Dienst taten.

Während der Getreide- und Kartoffelernte gingen viele Leute „Ährenlesen" und „Kartoffelnstoppeln" und besserten so die karge Lebensmittelzuteilung auf. Ganze Scharen waren an Wochenenden im Odenwald und Kraichgau auf „Hamstertour", um dort von den Bauern etwas zu ergattern.

Den Speiseplan bereicherten mein Bruder

und ich einst auf recht ungewöhnliche Weise, als der um einiges über sein Ufer getretene Neckar so rasch fiel, daß zahllose Fische in den Mulden der angrenzenden Wiesen zurückblieben. Wir stellten zwischen einer dieser randvollen Senken und dem Fluß einen schmalen Kanal her und fingen im darin abfließenden Wasser mit einem Netz so viele Fische, daß sie für mehrere Mahlzeiten reichten.

Völlig überraschend und zu unserer größten Freude erhielten die Eltern in der ganz schlechten Zeit von amerikanischen Verwandten zwei große Pakete mit Nahrungsmitteln und Kleidungsstücken. Auf diese Weise kam ich zu einem guten Wintermantel.

Ab und zu durchstreifte ich mit einem kleinen Wägelchen Straßen und Feldwege und suchte Pferdeäpfel, was bei uns „Knoddellesen" genannt wurde. Den Dung benötigten wir für den Hausgarten.

Um für den Winter Brennmaterial zu haben, fällten der Bruder und ich mit behördlicher Genehmigung im Ziegelhausener Wald Bäume, die in 1 m lange Stücke zersägt wurden. Zusätzlich zu unserem Kontingent mußten wir noch weiteres Holz schlagen, das für die Alten und Witwen bestimmt war. Bei Hochwasser führte der Neckar oft große Mengen Treibholz. Manchmal waren auch viele Baumstämme darunter. Mit langen Stangen bewaffnete Männer fischten an geeigneten Uferstellen oder auf der Fähre unter teilweise großen Gefahren das angetriebene Gut heraus, um es als Brennstoff oder Bauholz zu verwenden. 1947 wurde in Neckarhausen derart viel Stammholz aus dem Fluß gezogen, daß sich die rechtmäßigen Besitzer veranlaßt sahen, dies zurückzuholen.

Keinen allzugroßen Mangel hatten wir an Seife. Meine Mutter besaß nämlich noch zahlreiche Stücke, die ihr Vater während des Ersten Weltkriegs aus Fettresten seiner Metzgerei hergestellt hatte. Die Seifenbrocken waren völlig ausgetrocknet und daher sehr abriebfest, was eine lange Gebrauchsdauer garantierte.

Bald nach dem Zusammenbruch Deutschlands erwachte der Sport zu neuem Leben. Vereine traten wieder in Erscheinung, Wettkämpfe wurden bestritten. Der Neckarhausener Fußballplatz glich 1946 mehr einem Stoppelacker als einem Spielfeld. Auf einen Appell des Sportvereins hin rückten ganze Mannschaften und passive Mitglieder mit Hacken bewaffnet an und planierten in wochenlanger Knochenarbeit den Platz, der dadurch wieder einigermaßen bespielbar wurde.

Nach zehnmonatiger Pause öffnete im Januar 1946 die Franz-von-Sickingen-Schule in Ladenburg unter dem neuen Namen Realprogymnasium Ladenburg wieder seine Pforten. Das Schulgebäude war bis auf den Physiksaal und den Geräteraum vom Diakonissenkrankenhaus Mannheim belegt. Der empfindliche Raummangel machte es erforderlich, daß wir auch nachmittags zur Schule mußten. Unterricht erteilten nur entnazifizierte Lehrer. Der Büchermangel zwang die Lehrer, viel zu diktieren, was für beide Seiten recht mühsam war. Das Fach Geschichte wurde bis zum Erscheinen eines neuen Unterrichtswerks überhaupt nicht gegeben.

Die amerikanischen Quäker, Mennoniten und Brethren engagierten sich sehr früh im schwer daniederliegenden Deutschland und finanzierten erfolgreiche Hilfsprogramme. Mit großer Dankbarkeit erinnere ich mich an die segensreiche Kinderspeisung, an der in der amerikanischen und britischen Besatzungszone 3,5 Millionen Kinder und Jugendliche teilnahmen. Wegen meines Untergewichts kam ich ab Juni 1947 in den Genuß des sehr guten Essens. Das Gewichtsdefizit wurde in der Schule festgestellt, wo wir regelmäßig gewogen und gemessen wurden. War der Termin vorher bekannt, kam einer meiner Mitschüler nüchtern zum Unterricht, um zu erreichen, als untergewichtig eingestuft und der Gruppe zugewiesen zu werden, die berechtigt war, an der begehrten Speisung teilzunehmen. Jeweils an dem für meine Klasse festgelegten Termin zogen wir vom Schulgebäude in die nebenan gelegene Turnhalle zum Essensempfang. Jeder bekam seine Portion in ein mitgebrachtes Eßgeschirr.

Geschlossen kehrten wir in unser Klassenzimmer zurück, wo wir uns mit Heißhunger über den Erbseneintopf mit Fleisch, den Haferflockenbrei mit Rosinen oder Kakaopulver, die dicke Suppe, das belegte Brötchen mit Milchkakao oder über andere leckere Sachen hermachten. Ein zartbesaiteter Lehrer konnte bei der Einnahme der Mahlzeiten das laute Geklapper, das wir mit den Eßgeschirren machten, nicht vertragen. Wurde der Lärm zu arg, gab es einen Klassenbucheintrag.

Einschlägigen Akten des Gemeindearchivs Neckarhausen kann man entnehmen, daß ab Dezember 1947 ca. 50% der dortigen Volksschulkinder an der Speisung teilnahmen. In den Unterlagen befindet sich auch der zentral aufgestellte Speiseplan mit den Zutaten pro Schüler samt Zubereitung für die Zeit vom 13. Oktober 1947 bis 9. November 1947.

1. Tag: Schokoladegrieß

Zutaten:
Grieß, Grütze oder Haferflocken

	40 g =	140 Kalorien
Kakao	10 g =	33 Kalorien
Zucker	15 g =	60 Kalorien
Trockenmilch	30 g =	105 Kalorien
Sojaflocken	10 g =	45 Kalorien
Eine Prise Salz		
Menge: 1/2 l		383 Kalorien

Zubereitung:
In das kochende Wasser (1/2 l) den Grieß einrühren, einige Minuten durchkochen lassen und dann die inzwischen kalt angerührten restlichen Zutaten untermengen.
Nochmals kurz aufkochen.

2. Tag: Erbsensuppe mit Fleisch

Zutaten:

Erbsen	50 g =	175 Kalorien
Fleischkonserven	20 g =	54 Kalorien
Sojamehl	10 g =	46 Kalorien
Mehl	5 g =	17 Kalorien
Fett	7 g =	63 Kalorien
Salz		
Trockenzwiebel	2-3 g, wenn aus	
Restbeständen vorhanden.		
Menge: 1/2 l		355 Kalorien

Zubereitung:
Geschrotete Erbsen am Vortage waschen und einweichen. Ohne Natronzusatz am nächsten Tag mit etwa 1/2 l Einweichwasser weichkochen.
Gemahlene Erbsen anrühren und in das

kochende Wasser einrühren. Das Mehl und die Zwiebel in Fett anrösten, ablöschen und zur Suppe geben. Zum Schluß das angerührte Sojamehl und das kleingeschnittene Fleisch untermengen und würzen.

3. Tag: Ofennudeln mit süßer Soße oder Apfelkompott

Zutaten - Ofennudeln:

Mehl	45 g = 158 Kalorien
Trockenmilch	10 g = 35 Kalorien
Zucker	5 g = 20 Kalorien
Trockenei	3 g = 17 Kalorien
Erdnußbutter	5 g = 31 Kalorien
Salz	

Eine Ofennudel muß mindestens 80 g wiegen

Zutaten - Süße Soße:

Mehl	5 g = 17 Kalorien
Trockenmilch	20 g = 70 Kalorien
Trockenei	2 g = 12 Kalorien
Zucker	7 g = 28 Kalorien
Menge: 1/8 l	388 Kalorien

Zubereitung:
Alle Zutaten kalt anrühren, die Knollen Eipulver zuvor zerdrücken. In das kochende Wasser (1/8 l) einrühren, richtig schlagen.
Apfelbrei: 1/4 kg Äpfel
Wenn noch Fallobst zu beschaffen ist, kann in einer oder mehreren Wochen die süße Soße durch Apfelbrei ersetzt werden. Die Zutaten für die Soße werden dann in den restlichen Wochen mit verwendet. Dadurch kann sich die Soßenmenge auf 1/4 l erhöhen.

4. Tag: Nudelgulasch

Zutaten:

Teigwaren	50 g = 175 Kalorien
Fleischkonserven	40 g = 108 Kalorien
Fett	3 g = 27 Kalorien
Sojaflocken	10 g = 45 Kalorien
Salz	
Trockenzwiebel	2-3 g, soweit vorhanden
Essig	1/2 Teelöffel
Menge: 1/2 l	355 Kalorien

Zubereitung:
Zwiebel und Soja mit Fett anrösten, ablöschen. Nudeln abkochen, die Einbrenne und das kleingeschnittene Fleisch zugeben; sehr milde würzen.

5. Tag: Haferflockenbrei mit Fruchtsoße

Zutaten:

Haferflocken	25 g = 87 Kalorien
Sojaflocken	20 g = 90 Kalorien
Trockenmilch	20 g = 70 Kalorien
Zucker	15 g = 60 Kalorien
Trockenei	7 g = 41 Kalorien
Marmelade	10 g = 25 Kalorien
Salz eine Prise	
1/2 l Brei; 1/10 l Saft	373 Kalorien

Haferflockenbrei - Zubereitung:
Die Haferflocken in Wasser weichkochen, Salz zugeben. Die Sojaflocken, die Trockenmilch, den Zucker und das zerdrückte Trockenei kalt anrühren, zugeben und nicht mehr kochen, um ein Gerinnen zu vermeiden.
Fruchtsaft - Zubereitung:

Zur Marmelade langsam das Wasser (1/10 l) geben, gut verrühren. Auch während der Ausgabe immer wieder aufrühren.

6. Tag: Schokolade mit Fruchtsaft

Zutaten:

Schokolade	57 g = 325 Kalorien
Fruchtsaft	20 g = 25 Kalorien
	350 Kalorien

Saft auf 1/10 l verdünnen.

Nach den Richtlinien für die Durchführung der Schulspeisung oblag in den Kreisen dem Landrat die verantwortliche Leitung des Hilfsprogramms. Zu seiner Unterstützung und Beratung stand ihm ein Ausschuß zur Seite. In den Gemeinden war der Bürgermeister verantwortlich. Dieser wurde gleichfalls von einem Ausschuß unterstützt. Die Ausschüsse achteten bei Kontrollbesuchen vor Ort auf die Einhaltung der Bestimmungen, insbesondere auf die Hygiene des Küchenpersonals und in den Räumlichkeiten auf die vorgeschriebene Zubereitung und die ordnungsgemäße Ausgabe des Essens. In Neckarhausen erschienen jeden Morgen bei Arbeitsbeginn der zuständige Kommunalbeamte und der Schulrektor, um das Wiegen der Zutaten zu überwachen. Bei der Austeilung des Essens wurden die beiden Köchinnen von vier oder fünf Helfern unterstützt. Daß man Mißständen nachging, geht aus den folgenden Beispielen hervor:

Nach einem erhalten gebliebenen Brief eines Neckarhausener Ausschußmitglieds vom Juli 1947 versuchte ein Nichtbefugter, sich in Fragen, die die Kinderspeisung betraf, einzumischen. Dahinter steckte offenbar die Absicht, etwas von dem Essen zu erhalten. Das Schreiben lautet:

„Herrn Bürgermeister in Neckarhausen! Betreff Angelegenheit mit dem xy, wo einfach in das Schulhaus kam und den Frauen Vorwürfe machte, wo das übrige Essen hinkommt. Bitte ich nun den Herrn Bürgermeister, xy zu bestellen, wenn er nicht seine Finger von der Schulspeisung läßt, werde ich mich an die Militärregierung oder an Dr. Agricola, Heidelberg, wenden. xy hat mit der Schulspeisung nichts zu tun. Man bringt mir die Neuigkeit in das Krankenhaus, und ich möchte das nicht haben.
In der Schulkommission hat von unserem Verband nur ich zu bestimmen. Ich habe bei meiner Übersicht feststellen können, daß in Neckarhausen alles stimmt und das Essen voll und ganz an die Kinder verteilt wird."

Der Bürgermeister teilte daraufhin xy kurz und bündig mit:

„Ein Vorfall gibt Veranlassung, Sie darauf hinzuweisen, daß Sie nicht berechtigt sind, Einrichtungen der Gemeinde, wozu auch die Schülerspeisung gehört, zu kontrollieren."

Am 18. November 1947 sandte der Landrat folgenden Prüfungsbericht an den Bürgermeister von Neckarhausen:

„Die Hooverspeisung in Neckarhausen wurde überprüft. Dieselbe wird im Gang des Schulhauses zubereitet und ausgege-

ben. Soweit die Kinder Unterricht haben, nehmen sie das Essen im Klassenzimmer ein. Die übrigen Kinder haben keinen besonderen Raum hierfür, so daß es bei Durchführung der Speisung an der erforderlichen Aufsicht fehlt. Die Garantie, daß das Essen sofort eingenommen wird, ist dadurch nicht gegeben. Da auch im Winter die Zubereitung und Ausgabe der Speisung im Gang des Schulhauses für die Beteiligten untunlich ist, erscheint es notwendig, alles in einen Saal zu verlegen. Die Möglichkeit hierzu wäre gegeben, wenn der noch im Schulhaus wohnenden Familie 'xy' eine andere Unterkunft zugewiesen werden würde. Unter der Voraussetzung, daß dieser Raum nicht für den Schulbetrieb benötigt wird, könnte durch Tausch ein Zimmer zu ebener Erde freigemacht werden, in dem gekocht und das Essen unter Aufsicht eingenommen werden kann. In dem Raum müßten einige Tische und Stühle aufgestellt werden. Die Kinder könnten dann (gestaffelt alle Viertelstunde) zur Speisung kommen. (...) Entgegen der Weisungen werden in Neckarhausen immer noch alle Schulkinder gespeist und zwar ein über den anderen Tag. Wie ich bereits unterm 23.6.47 mitgeteilt habe, entspricht dies nicht den Vorschriften. Es dürfen nur diejenigen Normalverbraucher- und Teilselbstversorger-Kinder gespeist werden, welche 10% unter dem vorgeschriebenen Gewicht haben. Die Tabelle ist Ihnen zugegangen. Durch Ihre Handhabung sind die untergewichtigen Kinder, welche die Speisung tatsächlich nötig haben, geschädigt. (...) Ausgeschlossen sind Vollselbstversorger. Eine sogenannte Turnusspeisung, in

der die Kinder in 1-2tägigem Wechsel gespeist werden, ist nicht zulässig. Jede in die Speisung einbezogene Gruppe muß für einen Zeitraum von 2-3 Lebensmittelzuteilungsperioden (= 8 -12 Wochen) gespeist werden. Wenn sich die Gemeinde weiterhin nicht an diese Vorschriften hält, muß ich dies der Landesgeschäftsführung berichten. Es wäre dann mit einer Sperrung zu rechnen. Den Vollzug der ordnungsgemäßen Durchführung der Speisung erwarte ich bis spätestens Ende dieses Monats."

In einem Erlaß des Präsidenten des Landesbezirks Baden, Abt. Innere Verwaltung, vom 19. November 1947 heißt es, daß „bei der Besichtigung der Küchen, in denen für die Hooverspeisung gekocht wird, festgestellt" wurde, „daß Speisen zum Teil in verzinkten Behältern aufbewahrt bzw. zubereitet werden. Das Bleizinkgesetz verbietet, verzinkte Behälter bei der Herstellung, Zubereitung und Aufbewahrung von Lebensmitteln zu benutzen. Während des Krieges kam es bei der Verwendung verzinkter Gefäße unter Nichtachtung des Gesetzes mehrfach zu großen Vergiftungen. Ich bitte, bei Überprüfung der Küchen, die für die Kinderspeisung kochen, darauf zu achten."

Die Köchinnen erhielten einen Wochenlohn von 21 Reichsmark. Für die Speisung wurde ein Beitrag von 25 Pf pro Schüler und Tag berechnet. Bei minderbemittelten und kinderreichen Familien betrug dieser lediglich 10 Pf. Bedürftige Schüler erhielten die Mahlzeiten kostenlos.

Fast zeitgleich mit dem Beginn der Schülerspeisung rief der Landtag von Württemberg-Baden, das aus Nordwürttemberg und Nord-

Das Ladenburger Team der Kinderspeisung (Historisches Fotoarchiv Lore Blänsdorf, Ladenburg)

baden bestand, zu einem Kinderferienprogramm auf. Der Appell, hilfsbedürftigen Ferienkindern für die Dauer der großen Ferien volle Verpflegung oder Kost und Logis zu bieten, richtete sich in erster Linie an die Landwirte. In Neckarhausen wurden dank dieser Hilfsaktion zehn hungrige Kinder sechs Wochen lang satt. Nach der Währungsreform 1948 ging es in Deutschland wirtschaftlich allgemein bergauf. Die Lebensmittelmarken und Bezugsscheine wurden sukzessive abgeschafft und die freie Marktwirtschaft eingeführt. Nach und nach zogen sich meine Eltern von Ackerbau und Viehhaltung zurück, so daß ich mich von da an voll auf das Studium konzentrieren konnte.

Christa Gräning

Dank an Delbert Grätz

Sehr geehrter Herr Grätz,

manchmal bedarf es eines Anstoßes um etwas zu tun, was man längst hätte tun sollen. Diesmal wurde der Anstoß ausgelöst durch einen Artikel von Herrn Rehm in der Ludwigshafener Tageszeitung „Die Rheinpfalz" im überregionalen Teil.

Endlich habe ich einen Namen und finde auch die dazugehörige Adresse, um einen Menschen mit Zivilcourage - und nicht nur ihm - ganz herzlich zu danken. Und das sind Sie, Ihre Frau Thelma und Ihre Gemeinde. Sehr geehrter Herr Grätz, Sie können sich vorstellen, wieviel Gutes Sie für die ausgehungerten Kinder in den Nachkriegsjahren getan haben. Sie haben mit Ihren großherzigen Spenden Leben gerettet und über die größte Durststrecke segensreiche Hilfe geleistet. - Und Sie haben damit auch viel für unsere angeschlagenen Seelen getan.

Ich bin Jahrgang 1938, in Landau/Pfalz aufgewachsen und habe ziemlich viel bewußt mitbekommen von dem verdammten Krieg. Doch nach dem Krieg begann das andere Chaos, das mit der schlechten Versorgung im allgemeinen und im besonderen mit Lebensmitteln. Wir hungerten uns schlecht und recht über den Tag und gingen abends früher ins Bett, in der Hoffnung bald Schlaf zu finden, um nicht ans Essen erinnert zu werden. Am schlimmsten waren die Monate, wo der kleine Garten am Haus nichts Eßbares lieferte.

Dann mußten wir in den Dörfern von Haus zu Haus fechten. Das Wort betteln wurde zu Hause vermieden. Viel kam nicht zusammen. Aber wenig war damals schon sehr viel. Am liebsten hätte ich alles sofort verspeist.

Ich erinnere mich noch an eine sichere Quelle für dick geschälte Kartoffelschalen. Eine Bekannte arbeitete bei einer französischen Familie im Haushalt. Damals ein sehr begehrter Arbeitsplatz. Die Kartoffelschalen wurden mit Gemüse gekocht und durchpassiert. Es schmeckte für mich sehr streng und kratzte im Hals, aber der Teller war gefüllt. Im Spätsommer gingen wir über die Felder um Ähren zu lesen, die wir selbst droschen. Kartoffelstampfer, ein Tuch, zwei Schüsseln und Wind gehörten dazu. Anschließend wurden die Körner in der Kaffeemühle zerkleinert.

Ich erinnere mich an einen Abfallhaufen, auf dem Kartoffeln wuchsen. Sie waren mein großes Geheimnis, und ich schaute oft vorbei, ob sie auch noch da waren. Ich konnte tatsächlich „meine" Kartoffeln ernten. Leider viel zu früh, die Gefahr, daß ein anderer mir zuvorkommen könnte, war groß. Jemand hatte wohl Kartoffelschalen abgelegt. Für mich war es ein Wunder von Gott. Doch halt, ich wollte Ihnen ja nur danken. Danken und doch auch schildern, wie willkommen und heiß begehrt Ihre Nahrungsmittelspenden waren. Ein großes Glücksgefühl - als ich hörte, daß ich auch an er Schulspeisung teilnehmen durfte. War es doch für ein Einzelkind zunächst schwierig, an Ihren Wohltaten teilhaben zu dürfen. Im Laufschritt eilte ich nach der Schule heim, um die große Freude an meine Eltern weitergeben zu können. Mit Essenskännchen, das stolz am Riemen des Schulranzen außen angebracht war und gleichzeitig signalisierte, mir geht es jetzt gut, ich bekomme Schulspei-

Das Gedränge im Keller war groß. Man achtete darauf, seinen Schatz heil an den großen Tisch zu bringen. Nicht selten flossen Tränen, wenn etwas verschüttet wurde. Später gab es sogar ab und zu eine kleine Tafel Schokolade. Ich sammelte die Täfelchen heimlich als Geburtstagsgeschenk für meine Mutter. Das durfte ich dann zwar nicht mehr tun, aber meine und ihre Freude war riesengroß. Sie haben, was mir erst jetzt beim Schreiben so richtig klar wird, indirekt auch den anderen Familienmitgliedern geholfen zu überleben. War doch für ein paar Stunden ein Magen gestopft. Ich sehe heute noch meinen Vater vor mir, ausgezehrt, hohlwangig, der darauf bestand, erst sollten meine Mutter und ich mal essen, er hätte eigentlich heute gar keinen Hunger. Am nächsten und übernächsten Tag das gleiche Spiel.

Sie sehen, sehr geehrter Herr Grätz, die Hilfe, die Sie mit Ihrer verehrten Frau Thelma organisierten, war eine hochwillkommene, menschliche Liebe, die Sie uns erwiesen haben. 45 Jahre ist eine lange Zeit. Und doch waren meine Kindheitserlebnisse so einprägsam, daß ich heute noch oft daran zurückdenke. Daß so viele Herzen und Hände sich öffneten, um uns zu helfen, und für Ihr Engagement möchte ich Ihnen endlich von ganzem Herzen danken. Nicht zuletzt Ihrer Mennoniten-Gemeinde. Ich hoffe, daß viele, die uns damals geholfen haben, heute noch leben. Ihnen allen weiterhin beste Gesundheit, viele liebe Grüße aus der Pfalz und nochmals vielen herzlichen Dank für Ihre Menschlichkeit.

In großer Hochachtung Ihre

Christa Gräning   6.8.1991

sung, hüpften wir beide, das Kännchen und ich, um die Wette am nächsten Tag zur Schule. Die Schulspeisung war im Keller der Landauer Pestalozzischule. Frauen schöpften aus großen Töpfen die herrliche Suppe und reichten uns das begehrte Rosinenbrötchen.

Dietrich Schwanitz

Eine andere Welt
Kindheitserlebnisse bei den Schweizer Täufern

Als meine Kinder noch klein waren, bettelten sie mich vor dem Schlafengehen immer an: „Papa, erzähl' mal was von früher." Damit war klar, was gemeint war: Ich sollte von meinem Aufenthalt bei den mennonitischen Bauern im Berner Jura erzählen. Was sie daran so faszinierte, war, daß es nicht nur Geschichten von Kühen zu erzählen gab, die platzten, weil sie zu viel nassen Klee gefressen hatten, oder von Pferden, die beim Dorfschmied das Vordach zum Einsturz brachten, weil sie aus Angst vor einem vorbeifahrenden Auto den Stützbalken einrissen, an dem sie angebunden waren; nein, es war vielmehr die Tatsache, daß es wie in einem Märchen von einer ganz anderen Welt zu erzählen gab, in der die Menschen nach anderen Regeln lebten, einer Welt, die durch die Zeit, durch die Entfernung und auch durch die Höhe auf über 1000 Meter von unserer getrennt war. Hinzu kam aber noch eine andere Qualität: Diese Welt erinnerte meine Kinder an Geschichten aus dem Alten Testament. Da war nur von Viehherden und von Gott die Rede, und die Leute hießen alle Abraham und Jakob und Samuel und Daniel und Isaak. Natürlich klangen die Hausnamen nicht biblisch, denn die hießen Fiechter und Bögli und Gerber und Amstutz, aber die wurden selten erwähnt. Stattdessen nannte man sich mit dem Orts- und Flurnamen, mit denen die Höfe bezeichnet wurden: So gab des den Stiereberg-Samuel oder den Les-Cerniers-Samuel. Den Bauern, bei dem ich Hütejunge war, nannten alle „Vetter Kobi", weil alle mit ihm verwandt waren. Genaugenommen aber hieß er Jakob Amstutz, und seine Frau war Louise, geborene Fiechter aus dem Langenthal. Hin und wieder konnte man Vetter Kobi dabei beobachten, wie er allein auf einer Wiese stand und vor sich hin murmelte. Dann haderte er mit Gott, denn Gott hatte ihm und seiner Frau den Kindersegen vorenthalten. Wie stand er da gegenüber seinem ältesten Bruder Ulrich? Der hatte zwei Töchter und dreizehn Söhne, von denen einige auf Vetter Kobis Hof arbeiteten wie der Isaak und der Peter; und der Daniel hatte die Käserei gegenüber übernommen und fütterte jeden Morgen und Abend über 150 Säue. Auf ihnen lag ein Segen; dabei war ihr Vater nicht einmal besonders fromm und forderte Gottes Zorn dadurch heraus, daß er mit seinen verfluchten Hunden auf die Jagd ging und harmlose Rehe erschoß. Und wenn Vetter Kobi dann seine Frau beschuldigt hatte - es mußte da eine unklare Sünde geben - dann drehte er sich zu mir um, sah mich groß an und sagte auf Berndütsch: „A settige stiefe Bueb sette mir ou ha." (Einen solchen strammen Knaben sollte wir auch haben.) Denn ich war von dem vielen Käse und der guten Milch tatsächlich gut im Futter. Man schrieb das Jahr 1950. Ich war zehn Jahre alt und lebte nun schon fast vier Jahre als Hütebub bei den Mennoniten im Berner Jura.

Im Frühjahr 1947 hatte mich meine Mutter in Dortmund in einen Zug gesetzt, der mich durch zerbombte Bahnhöfe und weite Ruinenfelder zusammen mit anderen Kindern nach Basel brachte, wo uns die Schwestern vom Schweizer Roten Kreuz in Empfang nahmen. Das Erlebnis dieser ersten Schweizer Stadt war überwältigend: es gab keine einzige Ruine, alles war unvorstellbar reich, die Waren lagen in überquellenden Auslagen sogar vor den Geschäften, ohne daß irgend jemand plünderte, und die Velos (Fahrräder) parkten auf den Straßen, ohne daß sie abgeschlossen werden mußten: Niemand stahl sie. Wir wurden gesundheitlich untersucht, gebadet, desinfiziert und schließlich sortiert: Am Ende wurde ich mit einigen anderen Kindern einer anderen Schwester übergeben, die mit uns einen Zug nach Biel bestieg. Als wir unterwegs in Délémont hielten, sagte die Schwester zu mir: „So, hier wirst Du abgeholt." Ich nahm mein Köfferchen und kletterte auf den Bahnsteig und blieb solange stehen, bis alle Reisenden verschwunden waren. Und dann kam Vetter Kobi auf mich zu. Er war klein, drahtig, sonnengegerbt, hatte - wie alle Mennoniten, wie ich bald bemerkte - einen kleinen Bürstenschnurrbart und trug einen Hut. Als er mich begrüßte, traf mich ein furchtbarer Schock: ich verstand kein einziges Wort. Er muß geglaubt haben, ich sei eine Art Idiot oder durch die Bombennächte sprachlos geworden - wie sich später herausstellte, hatte er die phantastischsten Vorstellungen von den Verhältnissen in Deutschland. So nahm er mich einfach bei der Hand und schleppte mich aus dem Bahnhof zu einem zweirädrigen Pferdewagen, hob mich auf einen mit Schaffell ausgepolsterten Sitz und fuhr los.

Heute weiß ich, daß wir von Délémont über Undervelier durch die grandiose Pichoux-Schlucht gefahren sind. Es ging ständig bergauf. Die Felswände neben uns wurden immer steiler und höher, gleichzeitig wurde es dunkel, und parallel zur Straße schäumte ein ziemlich lauter Bergbach talab. Nach einer endlosen Fahrt wurde es plötzlich hell, und wir erreichten bei Bellelay die Hochebene des Jura. Von Bellelay ging es noch mal ein paar Kilometer in die Berge, und dann wurde es wieder weiter und flacher. Zu beiden Seiten der Straße erstreckte sich eine wellige Parklandschaft mit Weiden, auf denen in Abständen einzelne riesige Tannen wuchsen. Und überall grasten Pferde und Herden von Kühen, wie ich sie noch nie gesehen hatte: Ich kannte nur schwarzbunte oder rotbunte Kühe. Aber diese Kühe waren blond; und sie hatten auch keine Flecken wie die zu Hause, sondern ihre Farbschattierungen gingen changierend ineinander über. Aber das allerschönste war: Jede Kuh trug eine Glocke um den Hals, und die Pferde auch. Schließlich hielten wir vor einem Bauernhaus, wie man es aus Schweizer Bilderbüchern kennt: breite weiße Front aus Stein, eine Unmenge kleiner Fenster, von deren Bänken rote Geranien herabquollen, der Giebel aus Holz mit einem geschwungenen Vordach, darunter ein langer Holzbalkon über die ganze Front, und auch über seinen Rand ergoß sich ein Wasserfall von Geranien. Das Licht, der Baustil, die Tiere (auch die Schweine sahen übrigens anders aus), die Landschaft., die Sprache, die Fortbewegung - alles verkündete mir: Ich war nun in einer anderen Welt.

Im Jahre 1950 hatte ich meine alte Welt in Deutschland mit seinen Ruinen, seiner Hysterie und seinem Chaos fast vergessen. Während des Krieges waren meine beiden Brüder sowieso fast ständig mit der Kinderlandverschickung im Osten, mein Vater war in Gefangenschaft, nur an meine Mutter erinnerte ich mich mit einer Art Phantomschmerz. Aber ich hatte schon jahrelang kein Hochdeutsch mehr gesprochen, ich hatte keine Schule besucht, ich war Hütejunge bei Jakob Amstutz und gehörte nun zur Welt der Täufer und war selbst ein Täufer. Mit 14 Jahren würde ich ein Erweckungserlebnis haben und auch getauft werden.

Das Leben war übersichtlich, plausibel und geordnet. Zum Haushalt von Vetter Kobi gehörten neben der uralten Mutter von Louise, seiner Frau, die Knechte und Mägde. Da waren Kobis Neffen Isaak und Peter Amstutz, der welsche Pferdeknecht Antoine Véja, seine Schwester Annemarie, die mir manchmal beim Kühehüten half, Louises Neffe Res (die korrupte Form von „Andreas"), der alte Karl, der für die Waldarbeit zuständig war, die Küchenmagd Linde Bögli und ich als Hütebub. Zur Ernte kamen immer dieselben Saisonarbeiter: der humpelnde Christian, genannt Chrigu, der verwegen Ötti, ein schweigsamer Typ namens Helkia und mein Liebling, der arbeitsscheue, dafür aber besonders vergnügte Gabriel. Auf irgendeine mir unklare Weise waren die meisten von diesen ebenfalls mit dem Meister oder der Meisterin verwandt. Eigentlich waren die Täufer alle miteinander verwandt. Es gab mehrere große Clans, die Amstutz, die Gerbers, die Wyss, die Bögli - und sie sahen sich auch alle ähnlich. Ihre Höfe streuten sich über die ganze Hochebene in jenem Teil des Jura, der auf welsch Franches Montagnes und auf deutsch Freibergen heißt. Die Mehrheit der Bewohner waren Welschschweizer, aber die Mennoniten waren Deutsche, und sie blieben unter sich, weil die Welschen katholisch waren. Auf sie schaute ich mit endlosem Mitleid. Mir war klar, daß sie als Papisten in tiefer Finsternis lebten. Sie würden in der ewigen Verdammnis schmoren. Daß sie gezeichnet waren, war jetzt schon an eindeutigen Merkmalen zu erkennen: So waren ihre Misthaufen einfach ein Skandal. Während die Täufer aus ihrem Mist kleine Kunstwerke der Architektur machten, indem sie die Ränder durch Fältelung des Strohs wie Mauern hochzogen, schmissen die Welchen ihren Mist einfach auf einen ungeordneten Haufen, ein Greuel vor dem Auge des Herrn. Während wir unsere Kühe fast jeden Morgen nach dem Melken striegelten, waren die welschen Kühe tagelang von oben bis unten beschissen. Direkt neben uns wohnten die Brüder Catin mit ihrer grauenhaften Mutter, deren Gebiß schaurig klapperte, wenn sie eine Flut von unverständlichem Französisch über mich ergoß. Sie war sogar so weit gesunken, daß sie Kautabak kaute. Mit ihnen hatten wir nichts zu tun.

Die Verwandten in der Nachbarschaft dagegen besuchten wir häufig. Vor allem den Samuel in Les Cerniers mit seinen acht Kindern. Mit Christian und Jaköbeli war ich direkt befreundet, und Isaaks Vater verfügte über die besten Deckstiere der Gegend. Ständig mußte ich mit irgendeiner stierigen Kuh über den Berg zu ihm laufen. Das Decken bot dann jedesmal einen Anlaß für die Versammlung der zehn Söhne, die noch auf dem Hof lebten, und meistens kamen noch die Söhne der Nachbarn dazu. Aber man traf sich ja sowieso an jedem Sonntag Nachmittag im Bethaus auf dem Mont Moron. Da oben auf dem Berg, hoch über Bellelay, lag das Gemeindezentrum der Täufer. Vor dem Gottesdienst, der gegen 15 Uhr begann, ging es zu wie auf High Chaparal. Die Mennoniten waren damals so technikfeindlich wie die Amish in Pennsylvania (heute hat sich das etwas gelockert), und niemand fuhr ein Auto oder einen Trecker. So kamen alle mit Pferdekutschen und Zweispännern oder einspännig und trafen sich auf dem Vorplatz des Bethauses in einem wilden Durcheinander von Gewieher und Peitschenhieben und rasselnden Wagen. Es dauerte ewig, bis alle Frauen aus den Kutschen ausgestiegen und alle Pferde ausgespannt waren. Während des Gottesdienstes hörte man dann immer wieder das Gewieher der Pferde, und so manchen Bauern wird das daran erinnert haben, daß der Herr ihn mit gesundem Vieh gesegnet hatte und er gefälligst dankbar zu sein habe.

Das waren jedenfalls Gedanken, die auch der Prediger sehr häufig ansprach. Der Prediger war eigentlich der Lehrer, der die mennonitische Schule betrieb, und ihm gestand man eine Art von Vorrecht zu, die Versammlung zu gestalten. Aber grundsätzlich konnte jedes Gemeindemitglied predigen, wenn der Geist über es kam. Mir fiel erst sehr spät auf, daß der Geist sich immer wieder dieselben Leute aussuchte, während andere nie von ihm erfüllt zu werden schienen. Und über die Frauen kam er überhaupt nie. Aber auf diese Weise konzentrierte sich das rhetorische Training auf diejenigen, denen der Herr die Begabung zum Predigen gegeben hatte. Wenn etwa der Stiereberg-Samuel sich von seinem Sitz erhob, die sechs Stufen zur Kanzel emporkletterte, die neben dem Harmonium das Einzige war, an dem sich der Blick in dem kalkweißen Bethaus festsaugen konnte, wenn er seine Bibel aufschlug, die betreffende Stelle gefunden hatte und den Blick über die Gemeinde schweifen ließ, konnte sich jeder auf eine Strafpredigt voller köstlicher rhetorischer Exzesse freuen. Wegen dieser Praxis der Laienpredigt war das rhetorische Niveau der ganzen mennonitischen Gesellschaft höher, als ich es in irgendeinem Milieu später angetroffen habe.

Um das zu illustrieren, will ich eine Geschichte einflechten: Sechs Jahre nach meiner Rückkehr ins Ruhrgebiet hatte ich mit dem befreundeten Sohn des Zechendirektors von Unna und Werne die Schulferien bei Vetter Kobi verbracht. Im Gegenzug besuchte uns der Meister zum ersten Mal in unserer Bergarbeitergemeinde in Rünthe; und als Ausdruck der Dankbarkeit für die interessanten Ferien seines Sohnes organisierte der Zechendirektor für Vetter Kobi eine große Betriebsführung. Begleitet von der gesamten Chefetage und dem Betriebsrat fuhren wir auf die siebte Sohle auf 1 200 m unter Tage ein. Es war für Jakob Amstutz ein überwältigendes Erlebnis. Wenn er vorher die Technik schon für satanisch gehalten hatte - der Anblick der halbnackten Kumpel mit ihren geschwärzten Leibern und dämonisch funkelnden Grubenlichtern mußte ihn völlig davon überzeugen, daß er es mit einer Version der Hölle zu tun hatte. Am Ende der Führung versammelte sich alles, wie es der Brauch ist, in rußigen Klamotten zum westfälischen Frühstück um den großen Tisch des Festsaales. Man wollte schon zum Schinken und Steinhäger greifen, da stand Jakob Amstutz auf, weil der Geist über ihn gekommen war. Obwohl er fast unter Schock stand, obwohl er noch nie im Ausland gewesen war, geschweige denn solch ein Werk gesehen hatte, obwohl ihn die Menge der Betriebsangehörigen, die er kaum verstand, äußerst einschüchterte, begann er zu ihnen zu sprechen. Und er forderte sie auf, das Werk sofort zu schließen. Er machte ihnen klar, daß es hieß, Gott herauszufordern, wenn man dem Leib der Erde die Kohle entrisse, die der Herr dort hingetan hatte; daß es eine Anmaßung bedeutete, solche monströsen Konstruktionen zu errichten, mit denen das technisch möglich sei, und daß der Geist, der das inspirierte, von satanischer Natur sein müsse. Er fragte sie, ob sie schon jemals über den Sinn ihres Tuns nachgedacht hätten, ob sie in ihrem Herzen Gott um Erlaubnis gebeten hätten, die Ordnung der Natur so zu stören. Er flehte sie an, an ihr Seelenheil zu denken; er erinnerte sie daran, daß es nichts hülfe, wenn sie die ganze Welt gewönnen und doch Schaden nähmen an ihrer Seele - kurzum, er setzte sie solch einem Orkan biblischer Beredsamkeit aus, daß die ganze Führungsetage mitsamt dem Betriebsrat in schuldbewußtes Schweigen verfiel. Das lag nicht daran, daß sie auf Jakobs Argumente auch nur das geringste gegeben hätten. Vielmehr fühlte jeder Einzelne von ihnen, daß er solch einer Beredsamkeit nichts entgegenzusetzen hätte; daß im Vergleich zu diesem kosmischen Sturm der Worte jede Entgegnung kläglich ausfallen mußte. Einem jeden war klar, sie hatten zum ersten Mal einen Mann kennengelernt, der vor nichts Angst hatte; der mit sich selbst in völliger Übereinstimmung lebte; und der in der Mitte der Wahrheit wohnte. Solch ein Mann würde auch dem Kaiser selbst widersprechen, wenn er das für richtig hielt (nebenbei gesagt: Vetter Kobis Befehl ist längst ausgeführt worden, und der Pütt wurde geschlossen).

Das Leben der Täufer ging in den Erlebniskategorien, die das alte Testament liefert, restlos auf: Es gab die großen Familien, es gab die großen Herden, und es gab das dauernde Gespräch mit Gott. Wenn man sich nicht im Bethaus traf, dann reihum auf den Höfen zur abendlichen Bibelstunde. Und es gab die Lesungen zu den Mahlzeiten. Sie wurden strikt eingehalten. Es gab das Morgenessen, das „z'Nüni" (Frühstück um neun), das Mittagessen, das „z'Vieri" (um vier Uhr) und das Nach-

tessen. Bei jeder Mahlzeit wurde vorher und nachher ein Gebet gesprochen, und zu den drei Hauptmahlzeiten gab es nach dem Essen die Lesungen: Morgens wurden das Kalenderblatt und die dazugehörigen Bibelstellen gelesen. Am Mittag wurde das Losungsbuch verlesen, und am Abend wurde aus der Bibel und einem Erbauungsbuch gelesen. In aller Regel tat das der Meister selbst. Während wir alle auf langen Bänken längs des Tisches saßen, präsidierte er am Kopfende auf dem einzigen Stuhl und hatte die Bibel vor sich. Seine Frau saß ums Eck und las mit schräg gelegtem Kopf leise mit, um ihm über die schwierigen Stellen hinwegzuhelfen, wenn er steckenblieb. Davon hatte sie im Laufe der Jahre einen ganz schiefen Hals bekommen. Wenn vornehme Gäste zum Essen kamen, wurden sie dadurch geehrt, daß ihnen die Lesung überlassen wurde. Als ich als erwachsener Mann Vetter Kobi später besuchte, wurde mir diese Ehre immer wieder zuteil. Sie hat mir mehr bedeutet, als ich sagen kann.

Der Rhythmus des Tageslaufs war von der Arbeit und dem Vieh bestimmt. Die Hauptwirtschaftsgrundlage der Täufer waren die Milchwirtschaft und die Pferdezucht. Gegenüber von Vetter Kobis Hof lag die Käserei, in der bis heute der Tête de Moine hergestellt wird. Er gilt als besondere Delikatesse. Man schneidet vom Mönchskopf den Skalp ab, schabt seinen Käse herunter und legt danach den Skalp wieder auf die Schnittstelle zurück, damit der Käse nicht austrocknet. Das ist die Spezialität der Gegend, und sie ist sehr zu empfehlen. Aber natürlich fabrizierte man auch Emmentaler und Gruyère, die in Mengen großer Wagenräder in dem Kellergewölbe der Käserei vor sich hin reiften. Zweimal am Tag schleppten wir nach dem Melken unsere großen Milchkannen in die Käserei. Gemolken wurde per Hand, und so molk ich jeden Morgen und Abend fünf Kühe, während der Meister und Peter jeweils die doppelte Menge in der gleichen Zeit schafften. Zwischen der Heuernte und dem Winter hatte ich die Kühe in die Berge zu treiben und zu hüten. Wer nie Kühe gehütet hat, weiß nicht, wie langsam die Zeit vergehen kann. Da lernt man beobachten, wie die Erde atmet; die Wolken ziehen, die Käfer krabbeln, der Regen regnet und die Kühe grasen, legen sich hin und käuen wieder und betrachten einen mit einem nachdenklichen Blick aus ihren schönen sanften Augen. Wir hatten schöne Kühe; sie sahen wirklich gut aus. Zur Verteidigung ihrer Schönheit hätte ich mich auf einen Faustkampf eingelassen. Jedes Jahr bei der großen Prämierung aller Kühe der Franches Montagnes in Saignelegier gehörten wir zu den Preisträgern. Am Tage vor dem Auftrieb wuschen wir jedes einzelne Tier, so daß sie alle vor Sauberkeit leuchteten. Am nächsten Morgen wurde früher als gewöhnlich gemolken, und dann begann der große Treck. Nach etlichen Stunden im Morgennebel hörten wir in der Ferne das Blöken der anderen Herden, die durch die Tannen zogen, demselben Ziel entgegen. In Saignelegier ging es dann zu wie im Wilden Westen. Über 2000 Kühe wurden dort zusammengetrieben. Man pflockte sie in endlosen Reihen an, und dann schritten die Preisrichter die Fronten ab. Das dauerte den ganzen Tag. Inzwischen mußten sie gefüttert werden. Gleichzeitig war es der große Viehmarkt. Überall sah man die Bauern feilschen. Sie taxierten die Kühe, fragten nach dem Preis, wandten sich empört ab, kamen wieder zurück - das dauerte Stunden. Am Nachmittag begann die Zeit der großen

Geschäftsabschlüsse. Sie wurden mit Kirschschnaps - Chriesiwässerli - besiegelt. Die Täufer waren asketische Leute und tranken nicht viel: Wein zum Essen und sauren Most bei der Feldarbeit. Aber um einen erfolgreichen Geschäftsabschluß zur Ehre des Herrn zu feiern, ließen sie sich nicht lumpen. Um fünf Uhr nachmittags waren alle betrunken. Da gingen sie aus sich heraus. Da sagten sie so manch einem die Meinung, die sie ein Jahr lang um des Friedens willen zurückgehalten hatten. Da fiel so manch einem ein, daß der Herr auch ein zorniger Gott sein konnte, und sie stellten sich in seinen Dienst. Ein Wort gab das andere, und manche prügelten sich wie die Kunden in einem Western Saloon. Die Schweizer Täufer waren an sich Pazifisten, aber sie leisteten ihre Wehrübungen in der Schweizer Milizarmee wie jeder andere. Jeder hatte seine Uniform und seinen Karabiner zu Hause im Schrank. Und so verstanden sie diese gelegentlichen Ausbrüche von Kampfkraft als eine Art von Wehrübungen, zumal es häufig gegen die papistischen Welschen ging. Gegen Ende des Nachmittags wurden die Kühe losgebunden, die vor lauter Sehnsucht nach den Ställen blökten, als sei der letzte Tag gekommen. Von nun an brauchte man sich nicht mehr um sie zu kümmern: Man hätte es auch nicht gekonnt, weil sie nicht zu halten gewesen wären. Sie liefen die ganze Strecke im Galopp allein nach Hause in ihren Stall.

Meine Domäne waren also die Kühe. Aber während des Frühsommers und im Winter brauchte man sie nicht zu hüten, und da gab es anderes zu tun. Bei den Täufern arbeitete jeder, ob Mann, ob Frau, ob Kind oder Erwachsener von morgens halb sechs bis abends halb neun. Das klösterliche Gebot des „Bete und arbeite!" war zur Lebensform geworden. Arbeit war auch eine Form des Gemeinschaftslebens, denn meistens arbeitete man zusammen. Es gab zwar komplizierte Maschinen wie Sämaschinen oder Bindemäher, aber sie waren mechanisch und die Antriebskraft war natürlich. Auch an solchen Maschinen mußte man zusammenarbeiten. In dieser Zeit gab es noch keinen Arbeitskräftemangel, aber die meisten Täufer hatten so große Familien, daß sie keine Knechte brauchten. Bis zu zehn Jahren besuchten die Kinder die welsche Schule, dann wechselten sie zur mennonitischen Schule, auf der auch Deutsch unterrichtet wurde. Das war übrigens der Grund, aus dem man mich gar nicht zur Schule schickte: die welsche Schule wollte man mir wegen des französischen Unterrichts und des papistischen Einflusses ersparen, für die Mennonitenschule war ich noch zu jung. In Wirklichkeit ging es wohl darum, daß die Kühe auch während der Schulzeit gehütet werden mußten. So habe ich nie eine Volksschule besucht. Wie sich später herausstellte, war das auch nicht nötig. Ich hatte genausoviel durch die Bibellektüre gelernt: alte Geschichte, Religion, Deutsch, Moralphilosophie und Geographie. Den Rest lernte ich auf der Sonntagsschule, und durch die Auseinandersetzungen mit den Welschen schnappte ich auch etwas Französisch auf.

Als ich im Sommer 1950 schließlich alt genug war, die Mennonitenschule zu besuchen, stellte Vetter Kobi meinen Eltern ein Ultimatum: (mein Vater war inzwischen aus der Gefangenschaft heimgekehrt). Entweder mußte ich zurück nach Deutschland, um das Gymnasium zu besuchen, oder er würde mich adoptieren, so daß er endlich einen Hoferben hatte. Ich selbst wurde nicht konsultiert. Es war keine Frage, wie ich mich entschieden hätte:

Ich wäre Täufer geblieben und hätte den Hof übernommen. Gott aber hatte etwas anderes für mich vorgesehen, und so kam es, daß ich wieder nach Deutschland zurückkehrte. Ein liberaler Gymnasialdirektor und ein tollkühner Klassenlehrer, der wissen wollte, wie ein ungebildeter Kuhhirte mit dem Lateinischen zurechtkommt, bewerkstelligten etwas, was bei der heutigen Bürokratie völlig unmöglich wäre: nämlich daß ich ohne die obligatorische Aufnahmeprüfung ins Gymnasium kam. Bei den Täufern hatte ich arbeiten gelernt, und nach einigen Monaten war der Schulstoff nachgeholt. Latein zu lernen, war gleich am Anfang interessanter, als beim Kühehüten die Wolken zu zählen.

Es gibt keine einzelne Phase meines Lebens, die für mich wichtiger gewesen wäre als meine Zeit bei den Schweizer Täufern. Ich hatte die Erfahrung gemacht, daß es verschiedene Welten gibt. Für einen Jungen meines Alters war die Welt der Täufer wesentlich geschlossener, plausibler und verständlicher als die Welt meiner Herkunft. Ihre Bewohner schienen mir auch im Rückblick seelisch gefestigter und vor allem moralisch unvergleichlich überlegen. Ich will das nicht sentimentalisieren: auch ich habe unter der Härte, dem unerbittlichen Patriarchalismus, der Arbeitsaskese und dem Mangel an Einfühlung in die kindlichen Erlebniswelt gelitten. Man feierte keine Geburtstage, die Festbräuche um Weihnachten und Ostern galten als heidnischer Firlefanz, und emotionale Probleme wurden ignoriert. Aber es war eine sozial hoch integrierte Welt. Äußere und innere Welt wirkten nicht getrennt: Die Religion war allumfassend, und ihre Rhetorik beherrschte den äußeren Diskurs ebenso wie sie das Medium für die Artikulation innerer Auseinandersetzungen lieferte. Eine Welt mit solchen Außenstützen braucht keine Psychologie. Es war zwar eine patriarchalische Welt, aber in der Gemeindeverfassung herrschte ein demokratischer Geist, der ein grundsätzliches Mißtrauen gegen jede amtliche Hierarchie schuf. Im Zentrum stand die Unmittelbarkeit der Gotteserfahrung durch die Schrift. Das begründete eine Allergie gegen jede Autorität, die sich als Deutungsinstanz zwischen den einzelnen Menschen und die Wahrheit schob. Hier sprudelte die Motivquelle für jene Abneigung gegen den Papismus mit seinen Ritualen, Prälaten und Priestern. Im übrigen haben meine Erlebnisse die Analysen von Max Weber über den Geist des Puritanismus bestätigt.

Die Andersartigkeit dieser Welt gegenüber der, in die ich zurückgekehrt bin, hat in mir einen Sinn für die Unwahrscheinlichkeit der Moderne begründet. Nachdem ich eine Weile in der Welt des 17. Jahrhunderts gelebt hatte, habe ich mich nie mehr ganz an die Welt des 20. Jahrhunderts gewöhnen können. Als ich später Anglistik und Geschichte studiert habe, habe ich diese Welt wiedergefunden: im England des 17. Jahrhunderts und im Amerika des 20. Ich habe eine Weile in Philadelphia gelehrt und die Amish in Lancaster County besucht. Einige von ihnen saßen in meinen Deutschkursen in der University of Pennsylvania. Ich habe Vertreter der Hutterer und de Mennoniten in Winnipeg kennengelernt. Und wenn ich im Hörsaal über Cromwell und die englische Revolution spreche, kann ich das nicht tun, ohne an Vetter Kobi zu denken. Und hin und wieder bitten mich meine Kinder immer noch: „Papa, erzähl mal von früher!" Dann berichte ich von einer Welt, die niemanden mehr losläßt, der mal in ihr gelebt hat.

Gudrun Voegeli

Die Blechkännchen in der Schule

Lang ist es her, daß Schulspeisung zum Alltag gehörte. Es war selbstverständlich, daß Schüler außer dem Schulranzen auch ihre Blechkännchen mitführten, welche vielfach Beulen und Kratzer aufwiesen.

Auf dem Schulweg wurde gestritten, gerungen, gealbert und herumgezerrt, so daß die Essenkännchen oftmals auf den Bürgersteig purzelten und dadurch immer neue Beulen bekamen. In der Schule selbst waren wir hungrigen Kinder nicht sehr konzentriert. Trotzdem lief der Unterricht fast normal ab.

Jedoch sobald das Geräusch des Kesselaufstellens in das Klassenzimmer drang, wurde es besonders unruhig. Als dann endlich die Pausenglocke läutete, öffnete der Lehrer die Klassenzimmertür; nun rannte jeder Schüler um den 1. Platz. Nur mit Mühe konnte der Lehrer uns Kinder im Zaum halten und etwas System in den wilden Haufen bringen. Die Schüler, welche den Unterricht gestört hatten, mußten am Ende der Reihe auf ihre Zuteilung warten.

Ich kann mich noch gut erinnern, wie die füllige Küchenfrau den Schöpfer durch den Kessel schwang, um immer wieder die am Rande hängende Speise zu lösen, ehe sie ein weiteres Kännchen füllte. Diese Eintöpfe waren damals eine Köstlichkeit. Besonders gut war das Rosinenbrot mit Kakao, und einmal pro Woche gab es zwei Riegel Schokolade. Fest in die Schokolade zu beißen war der Traum jedes Kindes. Manches Kind sparte von seinem Essen etwas auf, um einem Geschwisterchen oder einem kranken Familienmitglied etwas mit nach Hause zu bringen.

Viele Eßwaren, die heute selbstverständlich sind, haben wir damals nicht gekannt. Südfrüchte und Süßigkeiten aller Art gab es nicht. Das Angebot an Spiel- und Freizeitmöglichkeiten war nicht so groß wie heute. Wir benutzten unsere Freizeit zum Lernen. Wir Kinder waren im Gegensatz zu den Kindern von heute sehr farblos gekleidet. Aus abgetragener Erwachsenenkleidung wurde meist von Mutter oder Großmutter Kinderkleidung angefertigt. Ein Pullover aus bunten Wollresten war schon etwas besonderes. Hin und wieder sah man vielleicht eine farbige Haarschleife, viel mehr gab es nicht. Was wir nicht kannten, haben wir auch nicht vermißt - wir waren sehr bescheiden.

Einmal reichten die Schokoladenriegel nicht, weil eine neue Schülerin in unsere Klasse kam. Ich erklärte mich bereit, meine Schokolade mit ihr zu teilen. Als ich nach Hause kam, glaubte mir meine Mutter nicht, daß ich einen Riegel Schokolade an eine Klassenkameradin abgab. Diese Begebenheit hat mich sehr betroffen gemacht, und ich habe dies bis heute nicht vergessen.

Das dieser Lebensabschnitt fast 50 Jahre zurückliegt, kann ich kaum glauben. Noch immer habe ich den Geruch der dampfenden Kessel in der Nase und bin froh, diese Zeit erlebt zu haben, denn dadurch fällt mir heute einiges leichter.

Zeitzeugen erzählen - Persönliche Erlebnisse und Einschätzungen

Kakao mit Weißbrot, dick mit Butter bestrichen sowie Reisbrei mit (der mir bis dahin unbekannten Frucht) Aprikosen , waren meine Lieblingsgerichte.
(Herr M:G am 18.9.1996)

Die allgemeine Situation

- Es war ein lauer, etwas regnerischer 1. März 1946, als ich zum Dienstantritt morgens durch das Bindersbacher Tal marschierte. Ich war im Begriff, in meinem Beruf selbständig zu werden. Meine Gedanken kreisten um den kaum beendeten Krieg und seine verheerenden Folgen für das deutsche Volk. (...) So war es also gekommen. Die Städte alle Trümmerhaufen, auch Annweiler in seinem Stadtkern. Die Menschen zerschunden an Leib und Seele, Millionen tot oder verkrüppelt. (*)

- Man war ja so glücklich, daß man überhaupt überlebt hat. Man wußte, jetzt geht's weiter. Es kann jeden Tag nur schöner werden.

- Dort hat man Kräfte entwickelt, die man heute nicht mehr hat.

- Also, die Heimkehrer haben entsetzlich ausgesehen, Flüchtlinge auch, also ganz verhärmt.

- Da kam die nächste Schreckensbotschaft: Also, die Franzosen sagen, das deutsche Abitur taugt nichts, das hat noch nie was getaugt, das hätte man ja gesehen, sonst wäre der Nationalsozialismus nicht aufgekommen. Also: wir müssen nach französischem Vorbild das Abitur machen. Und zwar gibt's da Punkte. Das Höchste ist zwanzig Punkte - kann aber niemand erreichen, das ist nur für den lieben Gott.

- Ich kam in der Nacht zu Führers Geburtstag ins Lager Böhl und vergesse nie, wie ein rothaariger Hauptmann gesagt hat: Das haben wir alles diesem Verbrecher zu verdanken. Das war was Ungeheures, daß einer in aller Öffentlichkeit jetzt den Hitler beschimpfte. Das hatte vorher nie einer gewagt, und der hat den beschimpft. Manche haben dann doch irgendwie einen kleinen Schock bekommen. Aber für mich war es eine Befreiung, daß das jetzt so gesagt werden konnte.

- Wir haben Reifen bekommen, nur aus der französischen Zone, mit der Bitte, die doch wieder herzustellen. Bei solchen Versandstücken waren alle möglichen Naturalien im Inneren des Reifens. Bis zu Schinkenteilen. Im Vertrauen darauf, daß das als Bestechungsgut reicht, um den Reifen wiederherzurichten.

- Das ist das Geheimnis überhaupt: Wenn Du was weggibst, bekommst Du auch was wieder!

- Aber nach dem Krieg, also da war ich ja bei der Gemeinde angestellt, und dann mußte ich bei der Landwirtschaft Bestandsaufnahmen machen, Land zählen, Viehzählungen machen, und dann war es auch so mit dem Schlachten. Es konnte nicht mehr jeder schlachten; man konnte schlachten, aber das wurde in der Lebensmittelkarte angerechnet, und dann wurde so ein Schwein je nach Größe der Familie ausgerechnet.

- Aber wenn man so zehn Jahre mit Nachrichten bombardiert worden ist, also im Sinne der damaligen Hitlerdiktatur, wer sollte da noch durchsehen.

- Es wäre natürlich interessant, das psychoanalytisch zu untersuchen, wie das gegangen ist. Wie wird ein Mensch mit neuen Wahrheiten fertig, die er vorher nicht wissen konnte, die er jetzt glauben soll, für die er aber jetzt noch keinen evidenten Beweis hat, außer daß der Krieg verloren war.

- In der Küche hat man sich gewaschen, in so einer Badewanne, so einer Zinkwanne, da ging es dann los. Da wurde dann Wasser auf dem Herd gekocht, und da ist dann einmal in der Woche gebadet worden. So war das!

- Wir hatten ja überhaupt kein Spielzeug. Mein Vater kam vom Krieg nach Hause, das war `49 im Spätjahr, und an Weihnachten `49 bekam meine Schwester die erste Puppe und ich von Märklin eine Eisenbahn zum Aufziehen. Da konnte man gerade so einen Achter machen und einen Kreis, mehr war da nicht. An Weihnachten durften wir zwei, drei Tage damit spielen, dann wurde sie wieder eingepackt, dann haben wir sie an Ostern, an Geburtstagen und an Weihnachten wieder ausgepackt.

- Wir hatten Streichholzschachteln gesammelt, Zigarettenschachteln auf der Straße gesammelt. Damit haben wir dann gespielt, Kaufläden gemacht, mit Steinen verkauft, das war das Geld. Und so hatten wir da gespielt.

- Die jungen Leute wollten überall irgendwie mitmachen und haben auch nicht nur Politik gemacht, sondern wir haben auch mal eine kulturelle Veranstaltung gemacht und etwas Musik. Damals waren die Deutschen eine Gemeinschaft. Sie waren keine Beden-

kenträger, sondern waren Dynamiker und haben die Ärmel hochgekrempelt und versucht, was zu bewegen.

- Die Zeit damals war eine Zeit völliger Demoralisierung, es gab fast keine Initiative, weil Menschen mit Überblick fehlten.

- Das war damals eine geschichtslose Zeit, eine Zeit der totalen Lähmung.

- Nach dem Krieg von 1947 - 48 war ich von Rhône - Poulenc als Chemiker in Ludwigshafen bei I.G. Farben. In der französischen Zone hatten die Militärbehörden ein autoritäres Regime aufgezogen, und die Fabrik stand unter Sequester. Ich war kein Soldat dort. Als Kriegsbeute wollte man Patente und Rezepte mitnehmen. Im Juli 1948 war in Ludwigshafen die schreckliche Explosion. Das war schlimm für die Deutschen, die im Krieg schon so viel gelitten hatten. Die französischen Ärzte zeigten viel Solidarität. Man versorgte die Verletzten, überall, im Hof, auf den Gängen. Und plötzlich waren das Menschen, keine Feinde. Es gab keine Trennung mehr zwischen Besetzten und Besetzern.

Um 3 Uhr nachmittags war die Explosion, und alles war dunkel wie in der Nacht. In einer Buchhandlung in Narvik sah ich die Zeitung Humanité. Darin hieß es: La Morte Rouge à Ludwigshafen. Das war deshalb, weil Rohre mit rotem Farbstoff geborsten waren. Ich bin sofort zurückgefahren. Alle Fenster waren kaputt, und vier meiner Kollegen waren tot. Ich sah Luftbilder, wie nach einer Atomexplosion, schrecklich.

- Wenn man nach Mannheim fahren wollte, brauchte man einen Paß. Einmal hat mich die MP ohne Papiere aufgegriffen. Ich mußte vor einem Militärgericht erscheinen, weil die mich für einen Spion hielten.

- Direkt nach dem Krieg dachte man in Frankreich, das Leben wird wieder schön. Die Leute dachten nur noch daran, gut zu leben und in Urlaub zu fahren.

- Aber damals ist man mit dem Geld ausgekommen. Heute haben die Leute Geld und doch Probleme.

- Das war '47. Die Weinlese hat am dritten September begonnen, und es waren lauter ganz kleine Trauben, und das Laub, das nicht schon abgefallen war, ist nicht mehr saftig grün, sondern bläulich gewesen, weil das Grüne einfach vertrocknet war. Die Stücke hingen welk da, der Wein hat zwar hohe Öchslegrade gehabt, aber es war kein großes Bouquet da. Es gab nur ganz wenig. Jedenfalls war in manchem steilen Weinberg überhaupt nichts mehr zu ernten. Die Rieslingtrauben waren alle zusammengeschrumpft. Die Beerchen waren höchstens so groß wie kleine Heidelbeeren.

- Wir durften hier in Weyher vom Mai ab den Garten nicht mehr gießen, weil das bißchen Wasser, das wir noch bekommen haben, notwendig für Mensch und Tier war. Man hat sehnlichst auf den Regen gewartet.

- Es standen Überlegungen von uns jungen Leuten an, was ist die Ursache dafür. Ist das so etwas wie eine Strafe der Siegermächte an der Bevölkerung? Und deshalb bewegt mich das also immer wieder und ich erinnere mich auch immer, wie es damals bei uns war, und wie wir eine Gemeinschaft geworden sind. Ich will mal so sagen: Durch diese Not haben die Menschen zusammengefunden und haben das miteinander ertragen, dieses Los, dieses Schicksal. Es gab ja gar nichts! Wir hatten keinen Garten, wir hatten kein Land, Wir hatten nichts! Sie müssen sich vorstellen: Nichts wie nur diese zwei Mansardenzimmer und diese Einheitsmöbel, und meine Mutter ging dann putzen und waschen, damit sie uns also ernähren konnte, von dem, was sie zusätzlich noch kaufen mußte.

- Es war vieles kaputt. Wenn wir in die Schule gegangen sind, mußten wir über Trümmerhaufen steigen. Jeden Tag bekamen wir gesagt, wir dürfen da nicht durchkrabbeln. Aber wir haben es doch immer getan.

- Wir waren dann, als wir in der Schule waren, eine Kapelle und haben dann bei den Franzosen Musik gemacht für ein bißchen Geld, für viel Zigaretten und viel Essen. Da haben wir also Zusatzverpflegung gehabt.

- Man war ja jung und wollte etwas tun.

Und das Erste, was wir dann offiziell tun mußten, das war die Stadt entrümpeln. Wir waren eingesetzt in der Reiterstraße, die sehr zerstört war, da wurden Loren über die Straßen gezogen und das Material , das wir dort auf die Loren aufluden, das wurde am heutigen Kanalweg in der Gegend abgelagert.

- Mir ist es immer gut gegangen, weil ich immer gearbeitet habe.

Die Besatzungsmächte

Die Amerikaner

- Wir waren ja die deutschen Soldaten gewöhnt, und plötzlich kamen ganz andere. Andere Uniformen. Allein die Schuhe. Wir waren diese Marschstiefel gewöhnt, und da kamen die mit ihren Schleichschuhen an. Die Gewehre, die Uniformen, alles war anders. Man kannte keinen Dienstgrad mehr. Und plötzlich standen da ganz fremde Männer da. Es waren sehr viel Schwarze dabei. Vor denen hatten wir natürlich Angst.

- Urgetüme, Menschen, die Amis, die Amis. Und da sind die Amis mit den Jeeps, das sehe ich heute noch, durch Sarnstall gerast, und vorne drauf haben sie unsere armen Soldaten gesetzt, als Gefangene.

- Sie haben uns nichts gemacht. Nein, gar nichts, im Gegenteil, sie haben, ach Gott, man hat ja vier, fünf Jahre gar keine Schokolade gesehen. Und der erste, ich weiß noch, da vorne an der Ecke, da hat mir einer so eine halbe Tafel Schokolade gegeben „Da bin ich heim und habe gesagt: „Mutter, gell, die können wir nicht essen, die ist vergiftet?" Und auf einmal hat sich das doch ein bißchen gelöst.

- Dann kamen die Amerikaner. Sie haben sich sehr arrogant verhalten. Sie sind als Besatzungsmacht aufgetreten und haben unser Haus am Tag bestimmt zweimal durchsucht. Ohne Durchsuchungsbefehl. Und zwei Amerikaner haben einmal unter anderem wertvollen Schmuck mitgehen lassen und die Offiziersjacke und -mütze meines Vaters. Die haben sie angezogen, als sie fortgingen.

- Die haben immer nach Soldaten gesucht. Die Amerikaner haben mal eine Reihe deutscher Soldaten im Wald gefangengenommen und haben sie einen Tag lang unten an unserem Haus stehen lassen und das Gewehr auf sie gerichtet.

- Die kamen mal und haben unser ganzes Haus als beschlagnahmt erklärt. Die kamen morgens, und wir sollten bis abends das ganze Haus geräumt haben. Wir können mitnehmen, was wir wollen. Alle Kartoffeln, alle Kohlen. Es wird hier ein amerikanisches Hauptquartier eingerichtet. Dann hat ein Offizier das ganze Haus besichtigt, und im 2. Stock war ein kleiner Junge, der lag im Bett, weil er Fieber gehabt hat. Dann haben sie gefragt, was er hätte, und da hat meine Mutter, die gut Englisch konnte, gesagt, der hätte Fieber, *scarlet fever*. Dann sind sie fort und kamen nie wieder.

- So ein schwarzes Gesicht habe ich nie wieder gesehen wie das. Richtig schwarz und glänzend.

- Also, es waren nette junge Männer. Ich erinnere mich an einen, der war blond, zierlich, ganz jung, und der hat mit uns gespielt. Und der hat uns Schokolade geschenkt, hat uns Kaugummi geschenkt.

- Also, die waren sehr reserviert. Da wurde ja jedes Haus durchsucht, auch nach deutschen Soldaten, alle Scheunen und alles. Also, die kamen dann mit langen Stangen und haben im Stroh rumgestochen und haben also die Häuser durchsucht, aber kein Wort ist da gefallen. Die gingen ganz stumm von Haus zu Haus, mit ihrem ihren Helmen auf und den Tarnnetzen darüber. Also, es war ein beklemmendes Gefühl.

- Das war schon schlimm mit den Amerikanern. Wir haben uns ja nicht wehren können in so einem kleinen Ort. Es war eine sehr schlimme Zeit. Wir haben alles verbarrikadiert. Ich habe immer, immer Angst gehabt. Ich habe abends immer einen Strick am Bett gehabt, damit ich mich hinten runterlassen kann in den Garten.

- Ja, Frauen sind vergewaltigt worden. Aber das war auch an den Frauen gelegen, das muß man sagen. Die haben sich präsentiert, und wenn es drauf und dran gegangen ist, wollten sie nichts mehr wissen. Bei meinem Großvater haben sich immer mal zwei, drei Frauen in der Scheuer versteckt. Unterm Heu. Da sind die Amerikaner nächtelang rumgelaufen und haben die Frauen gesucht. Wir haben am Rand von den Gärten gewohnt, und die Frauen sind dann hintenraus ins Feld und nachts übers Feld wieder nach Hause.

- Es gab strenge Ausgangssperren. Morgens zwei Stunden, nachmittags zwei Stunden. Die Amerikaner waren draußen mit ihren Fahrzeugen und Panzern im Westring. Im Schillerpark war ein großer Parkplatz für die Amerikaner. Da sah man sie dann draußen auf und ab fahren. Schwarze Soldaten haben sich Fahrräder besorgt und haben hier Fahrrad fahren gelernt. Irgendwo hat es mal gekracht, dann haben die sich sofort mit ihren Fahrrädern flach auf die Erde gelegt. Das hat damals so einen großen Eindruck auf mich gemacht. Das waren halt Soldaten, das war eingeübt.

- Sie kommen immer am Schluß, wenn schon alles, das Große, die großen Schlachten vorbei sind, und sie haben auch einen anderen Lebensstil mitgebracht, der zweifellos ambivalent ist. Er ist nicht europäisch.

- Und ich hatte immer Angst vor den schwarzen Männern. Als Kinder haben wir die vorher nie gesehen. Ich habe gedacht, wie werde ich denn mit meinem Velo von Mannheim hierher kommen. Und auf einmal bin ich mit meinem Rad in der Schiene der Straßenbahn hängengeblieben. Und mein ganzer Pack ist auf den Boden gefallen. Und da waren viele Leute, auch Schwarze, auch die vom französischen Zoll, die aufgepaßt haben. Und ich dachte, wer hilft mir? Da kam so ein großer, schwarzer Mann her und hat mir so lieb geholfen, hat mir alles zusammengelesen und hat mir die Schnüre darumgebunden, und ich konnte weiterfahren. Seitdem liebe ich die schwarzen Männer.

- Die waren überall, sind mit den Panzern bis in die Straßen reingefahren und haben alles aus den Wohnungen geworfen. Haben alles zertrümmert. Auf den Straßen lag Schmuck. Die Leute haben sich furchtbar gefürchtet.

- Die Amerikaner sind an den Außenwänden hochgeklettert wie die Katzen und haben Frau gerufen.

- Die Amerikaner waren irgendwie steifer, nicht so persönlich. Den Franzosen, den Eltern hat man, wenn man mit dem Kinderwagen durch die Stadt gegangen, angemerkt, daß die nach ihrer Familie Heimweh haben. Das kennen die Amerikaner, glaube ich. gar nicht.

- Sie waren Befreier bei uns in Frankreich, immer korrekt.

- Meine Tante in Paris bügelte für sie, und sie bekam Dollars. Das war gut.

- Da habe ich mir keine Gedanken gemacht über die Amerikaner.

- Wir haben dreimal am Tag zu essen gekriegt, morgens, mittags und abends, und sind gut versorgt worden. Erst haben wir nichts zu schaffen gehabt, da waren wir auf der Wiese gelegen und haben uns gesonnt. Also dann habe ich gesehen, daß da manche Mädchen den Tisch abputzen, und da habe ich gefragt, ob ich da nicht helfen könnte. Dann haben wir eine Wäscherei eingerichtet; die amerikanischen Offiziere aus den anderen Lagern wollten ihre Wäsche gewaschen haben. Ja, und das war schön, ich habe es gerne gemacht, und es ist mir gut gegangen.

- Ich bin bewacht worden von den Negern. Die waren wirklich nett, der Captain, der hat mit den deutschen Soldaten, mit der Küchenmannschaft, immer Handball gespielt, jeden Mittag, und wir haben zugeguckt, und die anderen sind auch dabeigesessen.

Die Franzosen

- Mein Vater kam nach seiner Gefangenschaft aus Ägypten nach Hause und wurde in unserer Küche von französischen Soldaten verhaftet. Und das habe ich hautnah miterlebt, wie er mit Handschellen abgeführt worden ist. Und da hat sich ein Feindbild gegen die Franzosen ganz stark aufgebaut. obwohl wir jetzt mit den Franzosen eine tiefe Freundschaft haben. Über Schüleraustausch haben wir seit über 30 Jahren mit unseren französischen Freunden ein sehr gutes Verhältnis.

- Wir haben französisch gelernt, aber wir waren innerlich gegen die Franzosen. Wir haben nicht gern französisch gelernt. Im Nachhinein finde ich es ganz schade, daß man seine Kraft nicht da eingesetzt hat.

- Nach dem Krieg habe ich dann direkt mit Franzosen zu tun gehabt, und heute bin ich sogar mit einer Französin befreundet. Das hätte man damals nicht gedacht. Mein Großvater hatte sehr viel gegen die Franzosen. Er hat den `70er/`71er Krieg noch als Kind erlebt. Mein einziger Onkel ist `17/`18 in Verdun gefallen. Und so hatte mein Großvater gegen die Franzosen eine große Aversion. Das war doch der Erzfeind! Mein Großvater könnte sich heute gar nicht vorstellen, daß man mit Franzosen Freundschaft schließen kann. Man wurde so erzogen. Aber heute befürworte ich das sehr, daß die Grenzen geöffnet sind.

- Als die Marokkaner kamen, das war sehr schlimm. Die haben den Mädchen nachgejagt und Essen aus den Häusern herausgeholt.

- Weil wir vor denen Angst hatten. Zum Beispiel ein kleiner Franzose, der stand Wache vor der Kommandatur, im jetzigen Stadthaus. Wenn man da vorbeiging, mußte man die Fahne grüßen. Und wenn man das nicht gemacht hat, konnte der ganz schön giftig werden.

- Die Franzosen, die waren so ein bißchen arrogant und so, so, ich weiß nicht, so Haß, den hat man ihnen so angesehen.

- Das war ein Algerierfranzose mit Frau und Kind, und der war sehr deutschfreundlich. Die Frau hat uns Kinder oft eingeladen, und wir bekamen auch viel von denen. Als ich Tanzen gelernt habe, hat sie mich frisiert, und später haben sie uns besucht und nach Paris eingeladen.

- Damals versuchte die französische Militärregierung eine Annäherung an Frankreich zu erreichen. Die Pfarrer wurden als Kulturträger angesehen, was sich darin äußerte, daß sie jeweils zu Weihnachten ein großes Bücherpaket erhielten mit französischer Literatur.

- Die Franzosen haben meine Violine kaputtgeschlagen, wie sie kamen, und meine Schwester war ganz empört, da haben sie die Violine genommen und haben sie einfach kaputtgeschlagen.

- Also der General kam mit seinem Adjutanten, das war der Batzenschlager, das war ein Elsässer, der war gleichzeitig Dolmetscher. Der hat ihn mitgebracht, der hatte wahrscheinlich Zahnweh. Mein Schwiegervater hat ihm eine Spritze gemacht. Der Adjutant hatte den Befehl, nicht von seiner Seite zu weichen. Denn er wußte ja nicht, wie das war mit den Deutschen. Er war ja mit den Leuten nicht vertraut. Also der Batzenschlager mußte daher dolmetschen und dabeibleiben. Es wurde dann die Spritze gemacht, und er ist umgekippt. Er war bewußtlos. Eine Ohnmacht. Ja, also er ist wahnsinnig erschrocken aufgewacht, wie er gesehen hat, wo bin ich denn hier, und der Batzenschlager war nicht mehr da. Er war dermaßen erbost, daß der Batzenschlager nicht da war, da ist er aufgesprungen und zur Tür und hat die Tür zugeknallt, und weg war er. Aber am nächsten Tag kam er persönlich vorbei, mit einem großen Blumenstrauß.

- Ich habe vor der Sperrstunde meine Freundin besucht und bin nach der Sperrstunde nach Haus. Da war Stille, dunkel, da war nix. Ich habe mich die An 44 hochgeschlichen und merke, so 50 bis 100 Meter hinter mir geht auch einer. Ich habe vorsichtig rumgeguckt. Der ging schneller, da ging ich auch schneller. Hab ich angefangen zu rennen, da ist der auch gerannt. Ach, du lieber Gott, das kann nur ein Franzose sein. Es war tatsächlich einer, der hat auch den Zapfenstreich über-

schritten gehabt. Ich bin durch den Park abgebogen, und der ist weitergerannt in die Kaserne.

- Wir haben damals in der Badstraße gewohnt, unser Nachbarhaus war die Villa Ufer. Diese Villa war beschlagnahmt vom Gouverneur von Landau für seine Familie. Jede Familie, die dort gewohnt hat, die Kinder, waren gut mit uns befreundet. Wir haben bei denen drüben gespielt, die haben bei uns gespielt. Da gab es keine Grenzen, hier Franzosen, hier Deutsche. Meine Eltern waren auch verschiedentlich bei denen eingeladen. Abends.

- In Rhodt hat es sogar eine Eheschließung gegeben. Die Frau wohnt jetzt im Elsaß.

- Wir waren am Bahnhof gesessen in Reih und Glied, und auf einmal hieß es, daß eine Kontrolle kommt, und da sind die Franzosen gekommen, haben den Bahnhof abgeschlossen und haben den Leuten die Sachen abgenommen. Zum Teil haben sie alles zum Fenster hinausgeschmissen.

- Also, es gab Gebiete, die nicht kontrolliert waren, oder fast nicht. Ich hatte auch schon Zivilkleidung an und habe dann gehört, daß in Knöringen Franzosen waren, Marokkaner hauptsächlich. Und da dachte ich, daß es allmählich Zeit wurde, daß ich Französisch anfing. Aber ich hatte ja kein Buch, damals waren Bücher irgendwie rar. Ich habe dann eins gefunden, bei jemandem in Edenkoben, glaube ich. Habe dann angefangen, und nach vier Wochen schon konnte ich immerhin so als Not- Not- Dolmetscher im Dorf fungieren, wenn Leute in Verlegenheit waren, die mußten wieder Hühner abgeben, dann bin ich halt mitgegangen, denn eine Verständigung ist eine erste Basis.

- Als der Krieg 1945 fertig war, sind sie gekommen. Marokkaner. Die hatten von der

Regierung, die Vollmacht, alles zu plündern, die Frauen zu vergewaltigen, ob das Alte oder Junge waren, alles zu tun, was ihnen Lust machte. Die sind auch hier vorbeigekommen. Wir haben einmal eine alte Frau von 80 Jahren auf dem Feld schreien hören.

- Wir hatten Schnecken gesammelt und haben dann eimerweise den Franzosen die Schnecken verkauft.

- Der Franzosenkoch hat manchmal Schokolade mit ins Bad gebracht; auch unter dem Handtuch hatte er Sachen für uns dabei.

- Es war damals eine große Wildschweinplage. Auf diese Weise hatten wir immer ein bißchen Fleisch zu essen. Manchmal brachten wir auch eine Sau beiseite. Die Franzosen gingen in diesen Wäldern überhaupt nicht jagen, weil sie Angst hatten vor den Minen. Wir hatten zum französischen Förster ein gutes Verhältnis. Die deutschen Förster erzählten uns außerdem, wo die Minen waren, und wir glaubten, daß wir immer drum herum gegangen waren. Später stellten wir aber fest, daß die Sache doch ganz gefährlich gewesen war. Die Franzosen hatten damals auch nicht sehr viel zu essen. Nach dem Krieg war in Frankreich die Verwaltung zusammengebrochen, es gab keine zentrale Organisation und durch die fehlende Logistik hatten sie es sehr schwer, Lebensmittel zu ihren eigenen Truppen hier in der Pfalz zu bringen.

Tauschgeschäfte - Essen

- Die Mutti hat unendlich Frauenstunden und Fachfrauenfreizeiten gehalten, und weil das oft auf dem Land war, kam sie auch mal mit Eiern oder mit Mehl oder Weizen heim. Sie hat viel zu unserer Ernährung beigetragen.

- Dann hatten wir in Queichheim eine Geis stehen. Und ich mußte als Schüler in den Ferien ständig diese Geis hüten. Auf den Queichwiesen, an den Gräben durfte man sie fressen lassen. Ich hatte sie an der Leine und aus meinem Vokabelheft lernte ich lateinische Wörter. Wie im Märchen! Geis bist du auch wirklich satt? Da stand eine einzelne Silberpappel, und die Geis ist daran immer hochgestiegen und wollte an den Blättern fressen. Ich bin hochgeklettert und habe ihr ein paar Äste abgeschnitten und habe sie direkt gefüttert mit diesen Blättern. Jedenfalls hatten wir täglich Geisenmilch. Morgens bevor ich in die Schule gegangen bin, hatte ich eine große Tasse warme Geisenmilch, und da habe ich Brot hineingebrockt. Das war das Frühstück.

- Jeden Tag in der Woche bin ich herumgefahren, weil ich das älteste der Kinder war, habe Milch geholt bei Bauern, einmal in Queichheim, einmal in Mörlheim, einmal in Offenbach und einmal in Bornheim.

- Wir haben nach dem Krieg allerhand im Garten angepflanzt: Kartoffeln, sogar Tabak und Topinambur. Die waren aber nicht so gut.

- Es war schwer, Fleisch, Brot, Zucker, Käse und Mehl zu kaufen. Dann ging man auf den Schwarzmarkt.

- Aber zu Hause hielten wir Hühner, Gänse und Kaninchen; sogar eine Ziege war in unserem Stall für Milch. Nur ich konnte Florette melken, bei anderen war sie bockig.

- Aber unsere Verwandten aus Amerika haben uns Pakete geschickt, wunderbares weißes Mehl, Kaffee aus Louisiana, das waren Schätze.

- Gemüse, Gemüse. Meine Tante in Mühlhofen hatte einen großen Garten, da haben wir immer unser Gemüse geholt. Und hier im Garten hatten wir auch ein bißchen gepflanzt.

- Also während des Krieges ist es uns ja verhältnismäßig gut gegangen. Aber in der Nachkriegszeit war's halt schlimm, und ich habe eine große Familie gehabt. Zehn Personen in dieser Hungerzeit. Und wir haben unsere Rationen bekommen, und da habe ich oft nicht meine ganze Ration bekommen, damit andere Leute auch noch was kriegen. Ich habe morgens das Brot für die Kinder eingeteilt. Mein heranwachsender Sohn hat's etwas dicker bekommen und die anderen eine etwas dünnere Scheibe, und da mußten sie damit auskommen.

- In der Nähe hat man Bekannte gehabt, zu denen man hingegangen ist, was holen. Auch in der Weinlese zum Beispiel. Da hat man dann geholfen und hat einen ganzen Korb voll Trauben mitbekommen. Das war auch was für die Ernährung der Familie.

- Aber die Not bringt einen auf alle Schliche. Und dann ist die Mutter auch mal um sechs aufgestanden und hat die Kühe vorgemolken. Dann ist die Milch mal verschwunden, so drei Liter.

- Wir durften mit unseren vier Personen zwei Zentner Getreide pro Vierteljahr mit einem Mahlschein mahlen lassen. Aber man hat die Müllersfamilie von früher her sehr gut gekannt, und dann haben die uns auch manchen Zentner gemahlen ohne Schein.

- Wenn wir keine Schule gehabt haben, sind wir mit raus aufs Feld und haben auch Krumen zusammengelesen, wenn Tabakernte war, die kleinen Blätter, die die Bauern fortgeschmissen haben. Mit denen konnte man tauschen.

- Wir hatten eine Presse für Zuckerrüben. Jeder, der dran vorbeiging, hat mal an dem Ding gezogen. Immer mußte das gedreht werden.

- Wir haben vor allem das Glück gehabt, einen großen Garten zu besitzen. Mit vielen Obstbäumen, und wir haben uns oft am Obst satt gegessen.

- Ich habe dann Kinder gehütet, und da war ich froh, daß hat ich auch mal ein Wurstbrot gekriegt. Da war ich selig!

- Und da wir in der Stadt wohnten und keinen Garten hatten, war das Überleben für uns sehr hart. Das war '48. Meine Mutter hat auch Nachhilfestunden gegeben, unter anderem auch einer Metzgerstochter aus Zeiskam. Meine Mutter hat kein Geld verlangt. Sie fragte nur nach etwas zu essen. Sie hat aber keinen Blumenkohl oder Rotkraut gebracht, sondern sie hat die Strunken gebracht. Die haben wir gekriegt. Und die übriggebliebenen Blätter, die man abgebrochen hatte. Aber das haben wir sackweise gekriegt. Meine Mutter hat davon immer Suppe gekocht. Wir haben sie halt gegessen. Einmal ist die Metzgerstochter gekommen und hatte 2 oder 3 Liter Wurstsuppe dabei. Für uns war das Himmelreich offen! Meine Mutter hat die Suppe in die Speisekammer gestellt und abends hat sie nochmal danach geschaut. Wunderbar, morgen gibt es Wurstsuppe. Festessen. Da war sogar ein Würstchen drin. Sie hat mit dem Löffel hineingelangt, um uns das Würstchen zu zeigen, und es war eine tote Maus. Die war in der Wurstsuppe ersoffen. Meine Mutter sagte immer, wenn wir nicht mit großen Augen drum herum gestanden hätten, sie hätte uns die Suppe zu essen gegeben. Sie hätte uns nicht verraten, daß da eine Maus drin war. Aber so mußte sie sie halt wegschütten.

- Manchmal haben wir den Bauern eine Flasche Wein gegeben. Gegen Äpfel eingetauscht. Den Wein haben wir von hier mitgebracht.

- Damals haben wir Kürbisse entdeckt. Ich habe die alle gekauft. Jedenfalls hatten wir 12 Kürbisse. Die haben wir unter unserer Sitzbank gelagert. Sonntags gab es Kürbisgemüse. Die Kürbisse wurden nur geschnitten und gekocht, mit etwas Salz. Das hat uns wunderbar geschmeckt. Wenn wir Besuch hatten, hatten wir Kürbisgemüse. Das war etwas Besonderes. Und damit haben wir uns auch ziemlich gerettet, zumindest über den halben Winter. Weil das so gut war, habe ich, als ich jung verheiratet war, mal Kürbisgemüse gekocht. Mein Mann meinte, daß das ja damals gut geschmeckt haben könnte.

- In Heidelberg habe ich Erbsen gepflückt. Ich wußte, man konnte zu Bauern gehen, wenn sie gerade auf den Feldern waren und Erbsen pflücken, und einen Teil davon konnte man behalten. Ich bin dann mit dem Rad rausgefahren und habe auch ein Erbsenfeld gefunden. Ich hatte aber das Pech, daß das sehr schlechte Erbsen waren. Die waren so schlecht, daß die Bauern sagten, ich dürfte alles behalten. Ich bin dann doch mit etwa 1 1/2 Zentner Erbsen mitsamt Schoten weg. Die kann man ja nicht aufheben. Die habe ich dann auf meinem Zimmerboden auf Zeitungen ausgebreitet. Wenn ich dann Zeit hatte, habe ich sie entschotet. Davon haben wir dann an Weihnachten Erbsensuppe gekocht. Herrlich! Sehr nahrhaft! Aber da schwamm so komisches schwarzes Zeug drin. Mein Bruder hat als erster festgestellt, daß das Zeug Beine hatte und einen Kopf. Das war der Erbskäfer. Ich höre noch Tante Liz sagen, es hilft uns nichts, die Erbsensuppe müssen wir essen. Wir brauchen das. Wir haben dann mit den Käfern unseren Teller garniert, manchmal haben wir auch mit geschlossenen Augen gegessen. Dann kamen wir auf die Idee, die Erbsensuppe durch die Fleischmaschine zu drehen. Manchmal ein Bein, manchmal ein halber Panzer. Das hat man aber mit runtergegessen.

- Ich will Ihnen mal was sagen: Wir haben keine Not gelitten. Wir haben Wein gehabt. Mein Mann ist immer rüber gefahren an die tschechische Grenze und hat einen Zentner Mehl gebracht, und ich bin ins Allgäu gefahren, zu Bekannten. Geld habe ich nicht genommen. Aber ich habe dort zwei, drei Tag gewohnt, ja, und hab gut zu essen bekommen. Und da drüben habe ich dann Fleischmarken gekriegt, Fleisch hätte ich ja nicht rüberschaffen können. Ich habe immer zwei große Schinken vorrätig gehabt.

- Am Rhein sind wir immer kontrolliert worden. Das war gefährlich. In Karlsruhe war Kontrolle gewesen. Und da haben wir uns wehren müssen, da hat es immer Verspätung gegeben. Ach Gott! Meinen Sie! Und da hat es geheißen der Zug, der geht jetzt ab. Und wir sind noch mit den Korbflaschen gerannt, und da bin ich einmal gerade so in den Zug reingefallen, weil ich keine Luft mehr gehabt habe.

- Ja. Ein bissel raffiniert, das wird man mit der Zeit.

- Die Bauern haben ganz gerne Schuhe genommen. Dafür hat man Butter bekommen. Da sind wir manchmal mit dem Zug gefahren und haben etwas mitgenommen.

- Die alte Dame, die hat manchmal den Kaffeesatz mit heim genommen, daß sie mal Bohnenkaffee schmecken konnte.

- Aber ich bin mit meiner Großmutter auf die abgeernteten Weizenfelder gegangen. Mit dem Fahrrad sind wir dahingefahren. Ich selbst hatte kein Fahrrad, ich durfte hintendrauf sitzen. Wir sind dann über die Stoppelfelder gegangen und haben die Ähren, die liegengeblieben waren, aufgelesen. Wenn wir ein Säckchen voll hatten, sind wir wieder heim. Meine Großmutter hat dann alles rausgemacht und geblasen, damit die Spreu davongeflogen ist. Dann hat sie die Körner in der Kaffeemühle gemahlen. Sie hat immer gesessen und gemahlen, mit einer Handkaffeemühle. Und dann hat alles das gewogen und hat zu meiner Mutter gesagt, sie könne einen Kuchen backen, das seien ein 3/4 Pfund weißes Mehl. Meine Mutter hat immer etwas daraus gezaubert. Die Zutaten, Eier und Fett hat sie im Dorf immer eingetauscht. Kinderkleidung von mir, ihr Silberbesteck und ihre Bettwäsche hat sie verhökert. Ich mußte immer mit. Wenn man ein Kind dabei hatte war das immer ein bißchen mitleiderregend.

- Ich mußte in Böchingen, Flemlingen damals bei den Leuten immer erst Milch trinken, weil ich so unterernährt war. Auf der Milch war Haut. Davor habe ich mich immer so geekelt. Und auch verschiedene Sachen aus dem Hausrat. Ungebrauchte Bettwäsche ist sie auch losgeworden. Wenn wir heimgekommen sind, hatten wir alles mögliche.

- Mit meinem Fahrrad bin ich da nach Offenbach gefahren, mit dem Rucksack, da haben wir jemanden gekannt, die konnte uns ein paar Zuckerrüben besorgen. Aber ich mußte sie immer rucksackweise holen, mit dem Fahrrad. Die waren sehr knickrig dort unten in Offenbach, die haben nichts hergegeben. Und daraus haben wir diesen Sirup gemacht.

- Die sind erst mal zerhackt worden, kleingeschnitten, das ist ja eine zähe Frucht, das ist ja unglaublich. Dann wurden sie gewaschen und dann in einen großen Topf gekocht, bis sie weich waren. Die ganze Masse hat man dann durch ein Sieb laufen lassen und hat den Sirup aufgekocht, bis er dann soweit war, daß er dann sämig war.

- Wir haben einen riesigen Garten angelegt, ich war dauernd im Garten beschäftigt. Wir hatten alle Gemüsesorten, die Sie sich vorstellen können, Spinat, Karotten, Schwarzwurzeln, Rotrüben, Kraut, jede Sorte Kraut, Lauch, Erbsen, Bohnen, Stangenbohnen, Buschbohnen, Kartoffeln. Das Wasser mußte man immer aus dem Wiesengraben herbeischleppen, das war eine Riesenarbeit.

- Wir hatten vor allen Dingen in diesen Hungerjahren eine Tante, die hat mit uns 1947 auf den Äckern Richtung Mörlheim, Ebenberg, Queichheim Ähren gestoppelt. Ähren lesen durfte man. Wir haben sie gedroschen, haben die Körner in die Offenbacher Mühle gefahren, haben sie mahlen lassen; oder wir haben sie stundenlang in einer Kaffeemühle selbst gemahlen, die an einem Balken auf dem Speicher fest angebracht war. Da hat man also gedreht und geschrotete Körner rausgeholt. Vor allen Dingen Kuchen hat man davon gebacken, kräftigen Kuchen. Oder Weizenfrikadellen.

- Vor allen Dingen hatten wir sehr viele Kartoffeln gestoppelt. Da hatten wir einmal einen Winter, das war der Hungerwinter 47/48, da hatten wir 20 Zentner so kleine „Klickerchen" im Keller liegen.

- Beispielsweise im September bin im mit meinem Vater mit dem Fahrrad morgens um 6.00 Uhr losgefahren, dann haben wir Fallobst gelesen, und die Bauern in Godramstein sind uns nachgegangen, die Leute haben aufgepaßt; was auf den Straßen lag, das haben wir mitgenommen. Zuhause wurde das Obst dann geschnitten und auf Darren gelegt und gedörrt oder auch auf Bindfäden auf dem Balkon aufgehängt, da gingen dann auch die Wespen dran und hatten dadurch auch ihren Vorteil.

- Wenn die Bauern schlachteten, gab es manchmal Wurstsuppe. Dies alles war natürlich streng verboten, aber wir hätten von den Lebensmittelzuteilungen nicht leben können.

- Weiter bekamen wir auch Obst, meistens Äpfel. Wir holten sie mit einem großen Handwagen. Meine Mutter und ich waren mit Rucksäcken hochbepackt. Ich erinnere mich deshalb so genau, weil ich eine Bekannte traf, und ich schämte mich wegen des Rucksacks. Wir sahen wie die richtigen Hamsterer aus.

- Wir haben uns von der Pfalz zwei Koffer mit Zwiebeln mitgebracht und sind dann damit von Dorf zu Dorf gezogen. Es war ziemlich schwer zu tragen. Von Haus zu Haus haben wir gesagt: „Wir tauschen Zwiebeln gegen Butter oder gegen Brot." Mein Traum war in Tübingen, wenn ich sonntags spazierengegangen bin: „Wenn nur einer käme, der mich zu Bratkartoffeln einladen würde!" Aber die Bratkartoffelbekanntschaft kam nicht.

- Da war im Keller ein Riesenschrank, und da wurde alles verwahrt hinter Schloß und Riegel, was wertvoll für die Ernährung war. Und für Tauschobjekte. Zigaretten zum Beispiel. Aus der Gefangenschaft habe ich einen Haufen Zigaretten mitgebracht. Die wurden auch da drin verschlossen.

- Einmal waren wir im Allgäu. Wir haben einige Liter Wein mitgenommen. Wir hatten nur ein Ziel mit dem Wein: Den umzutauschen in Käse. Allgäuer. Unsere Vorstellungen, was man an Käse alles kriegen könnte, die waren sehr vielfältig aber die Sortenauswahl wars Gegenteil. Es gab nur eine Sorte, und zwar Limburger. Das Ganze war im Sommer! Die Grenzwächter am Rhein waren aber schlimmer als der Gestank.

- Bekannte von uns haben heimlich ein Schwein gefüttert. Die hatten einen Garten, da hinten am Friedhof, da hatten die einen Verschlag. Wir waren eine große Familie, wir waren sechs Kinder daheim. Jede, Kartoffelschale, alles, was wir nicht selbst essen konnten, ist gesammelt worden, in einem großen blaugrauen Emailleeimer, für das Schwein. Viel war es nicht. Mein Bruder und ich mußten vom Ostring in die Gymnasiumstraße über den Paradeplatz, mit dem Eimer. Wir haben da geschleppt. Alles wurde heimlich zu dem Schwein geschafft. Die Franzosen haben ja nichts erlaubt. Dann haben wir, wenn das Schwein fett und dick war, nicht etwa eine Wurst gekriegt, sondern wir haben Brot gekriegt. Meine Mutter sagte, was tun wir mit zwei oder drei Leber- und Griebenwürstchen. Das bringt unserer großen Familie nicht so viel. Wir hätten gerne ein 6-Pfünder Brot.

- Manchmal haben wir Schwierigkeiten gehabt. Dann ist wieder die Kontrolle von den Franzosen gekommen, und in Friedrichshafen stehe ich in der Reihe und warte, bis wir drangekommen sind, eine Zulassungskarte hat man doch gebraucht für den Kartoffelexpress. Ich war eine ganze Fahrt bis nach Friedrichshafen auf dem Klo gesessen. Andere hingen auf dem Trittbrett. In Friedrichshafen war ich in der Schlange gestanden, und die Frau war beim Gepäck. Plötzlich sehe ich, wie ein junger Mann hin rennt an unser Gepäck und mein Gepäck nimmt und damit abhaut. Ich bin dem Mann nach, und der war verschwunden, und ein paar Minuten später kommt er und sagt, daß ich keine Angst haben muß. Er hätte nur meine Sachen in den Park gestellt, daß die Franzosen nicht drangekommen sind.

- Die Städter haben alles getauscht. Meine Tante hat so einen Stall gehabt, die hat alles gehabt, was man sich nur denken konnte. Da hieß es doch mal: „Jetzt fehlt den Bauern nur noch der Teppich im Kuhstall."

- Manchmal sind wir gut über die Grenze gekommen. Manchmal haben sie uns durchgelassen, und ein anderes Mal haben sie uns das Brot durchgebrochen und in den Rhein geworfen. Es gab eben sehr viele arme Leute. Wenn die nichts heimgebracht haben, habe ich ihnen mein Brot gegeben.

- Wenn die Leute kamen, war es oft ein trauriges Bild auf dem Bahnhof. Die hatten sich die Tabakbänder um den Bauch gebunden, und man hat am Umfang gesehen, daß dies kein normaler Umfang war. Rucksäcke mit Krautköpfen. Was sie halt bekommen haben. Jedes Bettuch und jede Kaffeetasse wurde getauscht gegen Essen.

- Bis wir vom Bodensee nach Rhodt gekommen sind, hatten wir schon alle Äpfel gegessen.

- Man ist nach Offenbach in den Nachtstunden mit dem Handwagen gefahren, und da wurde ein Kompensationsgeschäft gemacht. Da wurde etwas gegen Zuckerrüben eingetauscht. Es könnte sein, daß damals von meinem Vater irgendwelche mechanische Dinge hergestellt wurden gegen Lebensmittel. Denn in unserem Besitz ist heute noch von meinem Vater eine sogenannte Tabakschneidemaschine, die er damals hergestellt hatte und eine Ölpresse, die auch heute noch da ist. Zum Pressen von Bucheckern Mohn. Mein Vater war von Beruf Maschinenschlosser gewesen und hat damals selbst alte Nägel wiederverwendet. Und da waren ja soviel Sachen in den Trümmern gelegen, so daß er doch noch Materialien gefunden hat.

- Nach Gossersweiler kam ich mit dem Fahrrad, das ganze Strecken geschoben werden mußte, denn es ging vom Kurhaus Trifels zunächst steil den Fußweg durch den Wald hoch bis zum Asselstein. Erst dann konnte ich fahren, zunächst auch nur schlechten Waldweg bis zur Ebersbachhöhe. Oder wir fuhren, in Begleitung von Schwestern, mit einem Handwagen zum Paulusstift, wo wir Gemüse für das Krankenhaus bekamen. Aber ohne Gegengabe ging das bei den frommen Brüdern auch nicht. Wir brachten Rasierklingen, Seife, die wir aus unseren Care-Paketen hatten. Später lieh mir eine Frau in Bindersbach, deren Mann gefallen war, ein altes, aber noch fahrbares NSU- Motorrad. Damit fuhr ich dann auch zwei-, dreimal zu ehemaligen Patienten nach Hofstätten. Die Hofstättener waren sehr hilfsbereit, ich kam nie mit leeren Händen nach Hause. Das Dorf lag damals weit abseits. Es war nicht überlaufen, hatte genügend Landwirtschaft und vor allem Holz als Tauschmittel für die „Vorderpfalz". Wer weiß heute noch, daß man sich mit einem Kilo Rindertalg wie ein König fühlte? (*)

- Es war in der unteren Hauptstraße, dieses Geschäft, in dem man tauschen konnte. In den Geschäften hingen lange Listen. Man konnte sich dann was auswählen. Das waren Geschäftsleute, die haben nichts mehr zum Verkaufen bekommen. Die haben sich darauf dann spezialisiert. Die haben auch bestimmt etwas verlangt dafür. Vielleicht hat man 5,- Mark bezahlt. Geld war ja damals reichlich da. Aber es war verboten, Essen gegen Tabak, Wein oder Schnaps zu tauschen. Nein, das war ja verboten. Das war Schwarzhandel.

- Wir haben im Sommer '47 hauptsächlich von Mangold gelebt. Den haben wir von einer Bekannten bekommen. Die hat auf ihren ausgedehnten Ländereien des Gleisweiler Parks Mangold angebaut. Aber weil es so ein wahnsinnig trockener Sommer war, ist nichts anderes gewachsen als dieser Mangold. Die Karotten waren winzig. Aber der Mangold gedieh und wurde uns in großen Jutesäcken gebracht, und das hat dazu geführt, daß wir morgens zum Frühstück Mangoldsuppe aßen, mittags Mangoldgemüse, abends Mangoldsalat. Oder auch einen Eintopf, so daß uns der Mangold gründlich zum Hals raushing.

- Und das Brot war natürlich furchtbar gelb und hat nicht gut geschmeckt, aber man mußte Schlange dafür stehen.

- Da war in Landau eine Suppenküche vor allen für ältere Leute. Es gab Brotsuppe, es gab Gemüsesuppen, wir haben versucht, Fleisch und so was manchmal zu besorgen, und das wurde im großen eingekauft. Ich glaube, die Leute haben eine kleine Spende gegeben, so 30 Pfennig oder 40 Pfennig die Mahlzeit.

- Auf dem schwarzen Markt konnte man mit gefälschten Scheinen auch Schuhe kaufen. Mein Vater kaufte Holzsohlen und machte uns dann mit Kautschukbändern Sandalen.

- Da gab es da draußen am Westbahnhof einen großen, roten Bucheckerbaum. Da haben sich die Frauen um die Bucheckern geschlagen.

Der Speisezettel

- Krautsuppe, ein großer Topf. Da ist Weißkraut reingeraspelt worden. Ich hatte eine Bekannte, die hatte hier in der Nähe einen Bauernhof, da habe ich mal 3 oder 4 Kartoffeln bekommen, die sind reingerieben worden, damit die Suppe so schön schleimig war.

- Dann bekamen wir eine Zuteilung, eine Kartenzuteilung Linsen. Die mußte man zuvor einweichen, da kamen haufenweise Käfer raus. Die hat unsere Mutter immer erst abgeseit und dann sind die Linsen gekocht worden, und das war die Linsensuppe.

- Einmal haben Mutti und Liz Kartoffeln gestoppelt. Und da hieß es, daß es heute mal Kartoffelsuppe gibt. Das war was ganz Feines. Die Kartoffeln wurden mit der Schale verwendet. Aber zuerst mußte jeder eine Portion Zuckerrübenschnitzel essen. Die Kartoffelsuppe gab es als Nachspeise. Deshalb sind wir nicht verhungert.

- Was wir noch gegessen haben, waren Kartoffeln, die wurden zuerst gekocht und danach auf dem Reibeisen gerieben und mit Majoran gewürzt. Ohne Fett wurden sie dann im Topf geröstet.

- Es gab morgens Haferbrei oder Haferschleimsuppe; bei jedem Löffel, den ich zu mir nahm, hatte man die Spreu, die da noch mittendrin war, ständig auf der Zunge.

- Was mich heute noch mit Alpträumen erfaßt, ist der Rhabarber. Ich kann heute keinen mehr sehen. Der war damals mit Süßstoff oder mit diesem Sirup angemacht und als Brotaufstrich gegessen.

- Bei uns gab es Pellkartoffeln und Sauerkraut. einen ganzen Winter lang!

- Aber wir haben wirklich Kartoffelschalen gegessen. Was man auf die Marken bekommen hat, war nicht viel.

- Da gab es auch mal Fleisch, auch mal ein Brot. Es war auch nicht viel.

- Mein Bruder war inzwischen geboren, er war schon 8 Monate alt, und man hatte kein frisches Gemüse und auch sonst nichts zu essen. Meine Mutter hat dann mal so eine dicke Bohnensuppe gekocht. Der Bub mußte die Bohnensuppe essen. Er hat sie gut vertragen.

- Es gab sehr viel weißen Käse, weil man da die Milch ergattern konnte. Da wurde dann Quark draus gemacht. Dann gab es auch irgendwas mit Mais und Haferflockenkuchen. Und da ich ein schlechter Esser war, war das Essen für mich nicht etwas, was in Erinnerung geblieben ist. Ich hab' dann von dem Zeug gar nichts gegessen.

- Da war mal ein Mißjahr mit Hitze, und statt richtig großer Kartoffeln waren da nur so Klicker. Da hat man oft stundenlang gehockt und hat die Kartöffelchen geschält. Oder man hat sie geschrubbt und mit der Schale gegessen, oder durch die Fleischmaschine gedreht, und mit einem bißchen gemahlenen Weizen hat man Frikadellensalat gemacht.

- Wir haben halt immer viel von unseren Kühen gegessen. Jeden Abend hat es Kartoffeln gegeben, einmal mit Buttermilch, dann war es die Sauermilch, dann haben wir den weißen Käs gehabt. Dann hat es auch mal nur selbstgeschlagene Butter gegeben und Kartoffeln.

- Oder morgens, wenn mal kein Brot da war, hat man auch Kartoffeln gegessen und Kaffee getrunken. Daran dankt man auch noch. Wenn man es auch nicht gerne gegessen hat.

- Wir haben über eine Tante, deren Schwager in Amerika war, jede Woche Pakete bekommen. Da war meistens der Kaffee in den grünen Dosen drin, auf den wir sehr scharf waren, dann Butter in Dosen, Tee und Milchpulver. Und Kleider.

- Einmal gab's im Krankenhaus Eierpfannkuchen, aber mit brauner Soße dazu. Die hat nach gar nichts geschmeckt, und zu dieser braunen Soße Karottengemüse. Das war furchtbar. Naja! Wir haben ja dann Abnehmer gehabt, die waren hungrig genug; z.B. der große Bernhardiner.

- Es gab abends Rotrüben, und die haben wir von einem Bauern mitgebracht bekommen, und ich habe sie mit viel Salz und Pfeffer und was ich noch so gehabt habe, eingelegt.

- Roggen und Weizen wurden auf einer Kaffeemühle gemahlen und zusammen mit Dörrobst zu einer breiigen Suppe gekocht, meistens für abends.

- Das Brot war zum großen Teil mit Maismehl gebacken, war schwer und feucht. Es gab immer nur abgezählte Schnitten.

- Kuchen ist mit Schwarzmehl gebacken worden, ohne Zucker, sehr gesund.

- Aus den Rüben ist ja auch Sirup gekocht worden, in einem großen Kessel auf dem Kanonenofen. Wir hatten einen Bauern in Bornheim, ohne den wären wir verhungert. Wir mußten als Kinder Zwetschgen ernten und Birnen. Wir haben immer so große Zinkwannen damit vollgemacht. Und der hat uns manchmal Zuckerrüben gebracht. Die wurden geschnipselt und auf dem kleinen Kanonenofen, im Wohnraum, wo wir zu acht gesessen haben, gekocht. Ich habe heute noch den Geruch vom Zuckerrübensirup in der Nase. Das war ja dann praktisch Zuckerersatz.

- Ansonsten hatten wir tagelang, das weiß ich, tagelang, und ich möchte auf der Stelle umfallen, wenn es nicht wahr ist, morgens Schlottengemüse, mittags und abends, nichts wie nur Schlotten, gekochte Schlotten, zum Frühstück Kaffee und Schlotten.

Haus und Heizung

- An der eigenen Wohnung habe ich nichts machen müssen, da habe ich nur sehen müssen, daß ich Fenster bekomme oder Pappe. Pappe hat man bekommen. Aber ich habe auch Fensterglas gebraucht, daß man wenigstens in einem Zimmer was sehen konnte. Eine Bekannte hat mir ein großes Bild gegeben, da konnte sie dann die Scheibe rausnehmen, also man hat's gesehen. Aber man hat sich helfen können.

- Dann hatten wir auch von der Stadtverwaltung solche Einheitsmöbel bekommen; wie die Flüchtlinge konnten wir eine Küche, eine Schlafstube und so eine Kammer einrichten. Eine Dusche oder ein Bad gab es nicht, aber eine Gemeinschaftstoilette für drei oder vier Wohnungen. In der Küche hat man sich gewaschen.

- Und die dünneren Äste hat dann der Großvater alle holen dürfen. Dann haben sie es sich gleich auf so Haufen gesetzt, und im Frühjahr ist das mit den Kühen geholt worden. Da haben die immer Holz umsonst gehabt.

- Und was eigentlich war, in der Zeit war das Heizmaterial knapp. Ein Onkel, der eine kleine Fabrik betrieb, der hat uns mit Kohle versorgt.

- Da gab es kein Stück Holz. Ich kann mich erinnern, wir sind dann durch die Ruinen gegangen, mein Freund und ich, dort hatten wir dann so Holzstücke herausgeholt, die wir nach Hause gebracht haben. Die Mutter hat sich gefreut.

- Im Sekretariat hatten wir richtige Heizöfen, und da bekamen wir von der Stadtverwaltung eine Zuteilung mit Briketts und Holz, und das habe ich immer sehnsüchtig ange-

schaut und gedacht, wenn du nur auch so etwas zu Hause hättest.

- Wir haben geschaut, wo wir Kohlen aufgetrieben haben, an der Bahn, wenn mal ein Zug vorbeigefahren ist und mal was runtergefallen ist, das haben wir geholt. Und sonst haben wir im Wald was geholt. Das war zwar verboten, aber wir sind dann um vier oder fünf Uhr morgens in den Wald gegengen, da war noch niemand, und haben uns dann das Holz geholt.

Kleidung

- Ich weiß auch jetzt noch die Form der Schuhe, es waren schöne Sportschuhe. Die waren vorne geschnürt, und die hatten Gummisohlen. Und bei uns war es damals noch nicht so üblich, Gummisohlen zu haben. Das Mädchen hatte auch viel, viel Spaß an diesen Schuhen. Wir anderen haben es ihr wohl gegönnt aber in gewisser Hinsicht waren wir doch ein bißchen neidisch.

- Mein Schwager hat einen Mantel bekommen. Einen Mantel mit Raglanschnitt. Er hat ihn lange Jahre getragen. Er war so dankbar.

- Für die Kleider von Amerika, für diese Kleider wurde eine Kleiderkammer eingerichtet. Ich war mal da. Es hat mich interessiert, was die da so aufstapelten, was könnte da jetzt passen, was könnte die Familie brauchen.

- Der Albert, wir haben immer gesagt, der kommt in der Viehhändlerjacke. Das war so 'ne alte braune Lederjacke, die also völlig schäbig war. Vorne hat ein Lederknopf gefehlt. Das war nicht anders zu machen.

- Ich hab immer Knickerbocker angehabt, das war die Mode von 1942. Die andern sind auch so gekommen. Manche hatten auch umgearbeitete Militäruniformen. Einer, der ist Leutnant gewesen, hat aus ganz gutem Stoff eine Uniform gehabt. Die ist dann umgearbeitet worden. Da hat er oben so ein dunkelgrünes Eichenblatt gehabt, da hat das ausgesehen wie so ein Försterrock.

- Die Jugendlichen waren eingeteilt, abwechselnd dienstags und donnerstags zur Kleiderausgabe. Wir haben auch die Kleider sortiert. Ich will mal sagen, da ist alles gekommen und auf so einen Berg geschüttet worden. Das war im Branchweiler Hof, in einem Haus, in drei Zimmern. Die waren hoch vollgeschüttet.

- In den Baby-Paketen war immer wie eine große Decke, wie man sie über den Kinderwagen so drüberzieht, so eine größere zum Einschlafen. Das waren entweder kleine Patchwork Decken oder gehäkelte. Und sechs Windeln, eine Art Mullwindeln, und sechs dickere Jäckchen, Hemdchen und immer ein Malbuch.

- Das waren meistens getragene Sachen, aber sehr gute auch. Also, für uns waren das fast neue Sachen, auch die Schuhe.

- Vor allen Dingen habe ich geträumt. Ach, wie gerne hätte ich auch so ein Kleid oder so ein Paar Schuhe. Da haben wir schon mal die Schuhe angezogen. Und ich habe mich manchmal in dem großen Spiegel betrachtet und gedacht, ach, die hätte ich so gerne. Ich glaube, ich habe dann auch mal ein Paar Schuhe bekommen. Das waren richtig schöne Schnürschuhe. Die hatten links und rechts so ein bißchen Leder, wie Schlangenimitation.

- Und ich mußte beispielsweise die Kleider meiner Schwester tragen, weil die ein Jahr älter war. Die Strümpfe, die Schuhe, alles, die Unterwäsche bekam ich auch von meiner Schwester.

- Meine Mutter hat dann, wenn ein Pullover kaputt war, der wurde aufgezogen, die Wolle wurde aufgewickelt, und dann wurden Strümpfe oder Handschuhe daraus gestrickt. An den Hosen waren Knöpfe, in die man so Strapser eingehängt hat.

- Und gestopft wurde nicht immer mit der gleichen Wolle; da war auf einem roten Strumpf schon mal ein grüner Fleck drauf, oder blau und dunkelbraun. Es war schon sehr, sehr arm. Aber ich muß Ihnen eins sagen, wir waren glücklicher als heute.

- Und meine Eltern machten mir immer Vorhaltungen: Heb Deine Füße! Stolper nicht!. Denn wir hatten ja keine Schuhe. Und wenn wir Schuhe hatten, waren die Zehnägel gewachsen. Dann wurden sie vorne aufgeschnitten, damit die Zehen herausschauen konnten oder die Kappe wurde hinten aufgemacht. Holzpantinen hatte ich damals. Aus dem Fahrradschlauch wurden Schlaufen gemacht, damit man hineinschlüpfen konnte.

Die Mennoniten helfen

Mennonitenspeisung

- Manchmal konnte ich auch Kinder zur Speisung nicht zulassen, weil sie zu gut ernährt waren; und so ist mir noch in Erinnerung ein Vater, der sich fürchterlich über mich beklagte, aber es half ihm doch nichts. In dieser Zeit mußte ich manchmal den lieben Gott spielen und autoritär verfahren.

- Die Brötchen wurden peinlichst genau gezählt. Wir konnten keine Brötchen ergattern. Aber die Kinder waren ja auch wichtig. Wir haben uns anderweitig behelfen können, um unseren Hunger zu stillen.

- Ich konnte mir unter den Mennoniten nicht viel vorstellen. Die lebten in den fruchtbarsten Gebieten in Amerika, es waren meistens Landwirte. Die hatten genug Weizen. Und da haben die halt geschickt, was übrig war. Butter, Backfett und Rosinen. Wir hatten ja nichts. Hätten Sie die Kinderchen mal sehen sollen, als die die Dinge in Empfang genommen haben! Mein Gott, haben die da reingebissen.

- Man ist ausgesucht worden. Nach Gewicht. Und dann gab es eine ärztliche Untersuchung. Ich weiß nur, ich war so aufgeregt, wir mußten uns mit entblößtem Oberkörper hinstellen, wir haben uns ja auch geniert, zum damaligen Zeitpunkt waren wir schon in der Entwicklung; als ich da rein kam, lang, hoch, aufgeschossen, hat der Arzt gesagt: „Du bekommst die Schulspeisung." So bin ich dann zur Schulspeisung gekommen.

- Das Essen war ein Heiligtum. Das hat man ganz anders bewertet als heute. Jeder hat sein Töpfchen leergegessen.

- Wie lange das gegangen ist, kann ich gar nicht mehr sagen. Eine lange Zeit. Nach meinem Empfinden.

- Gekocht wurden die Sachen in der Küche der Pestalozzischule im Keller. Da gab es einen sehr begehrten Posten, zu dem ich leider nie abkommandiert wurde, weil ich anscheinend doch nicht so kräftig war. Es sind also von jeder Klasse zwei kräftige Leute kurz vor der Pause abkommandiert worden. Die haben dann das Essen in Milchkannen in die einzelnen Klassensäle getragen. Dann wurde die Kanne auf das Podium gestellt und geöffnet. Und das war dann für uns der große Augenblick. Wir standen an. Jeder, der dafür in Frage kam, hatte ein Kochgeschirr dabei. Ich hatte ein rundes Kännchen dabei mit Deckel, ein kleines Eimerchen. Oder manchmal war es auch ein Kochgeschirr von meinem Vater, der Soldat gewesen war. Vorher schon haben wir bis zu den Pausen einen Wahnsinnskrach gemacht mit den Dingern; die standen ja immer da an den Pulten. Wir haben also immer Krach gemacht. Wir haben Hunger, wir haben Hunger. Wir haben die Deckel der Pulte genommen und die Kochgeschirre darauf gehauen und haben richtig geschüttelt und gekloppt.

- Die Suppe hat ein bißchen komisch gerochen. Ich weiß nur, es waren keine großen Fleischbrocken, es waren eher Fleischfasern. Ich denke von Rindfleisch, Dosenfleisch, wahrscheinlich Corned Beef. Vielleicht war es auch der Corned Beef Geschmack, das war uns etwas völlig Fremdes. Ich denke, daß es eine leicht gebundene Suppe war. Das Süße habe ich auch immer gern gegessen, ich habe überhaupt immer gern gegessen. Ich erinnere mich auch, daß die Speisung in den großen Ferien weitergeführt wurde.

- Auch war uns die Wichtigkeit und der Erfolg des Unterrichts sekundär, denn wenn man hungrig ist, läßt es sich nicht gut lernen; Blechgeschirr, Löffel und die Freude auf die Quäkerspeisung im Schulhof dominierten.

- Ab 1948 bis etwa 1951 kamen dann mit der Post Care-Pakete aus Nordamerika an. Wir fuhren mit dem Handwagen zur Post. Manchmal kamen mehrere Pakete auf einmal. Dann mußten wir mehrfach hin- und herfahren. Als Absender war immer dieselbe Adresse in Holland, Michigan, angegeben. Reaktionen von dort, Antwort auf unsere Dankesbriefe kamen nie. Deshalb war es auch immer mühsam, neue Briefe zu schreiben. „Liebe Brüder und Schwestern im Herrn! Sie hätten die strahlenden Augen der Kinder sehen sollen, als sie die Malstifte und die bunten Zuckerstangen in Händen hielten", und das mußten wir mühsam mit Hilfe des Wörterbuchs ins Englische übersetzen.

- Da gab es eine süße Suppe, das war schlimm für mich, weil ich überhaupt nichts Süßes mag. Es war eine Suppe mit getrockneten Zwetschgen. Aber die meisten haben das gern gegessen. Aber es gab auch Erbsen- oder Linsensuppe oder Gemüsesuppe mit Reis. Das war für mich persönlich besser. Die Speisung war ein Segen.

- Die großen Mehlsäcke mit dem Aufdruck *Food for Relief* und *In the Name of Christ* wurden mit Lastwagen von Bremen und Hamburg nach Neustadt gebracht. In Neustadt war eine Bäckerei, und die haben dann nur dieses Mehl verarbeitet. Und dann wurden im Casimirianum besonders an ältere Menschen die Weißbrote verteilt.

- Mich hat nur interessiert, was wir zu essen hatten, alles andere war nicht wichtig. Ich habe auch den religiösen Bekenntniszusammenhang überhaupt nicht erfaßt, erst viel, viel später habe ich das verstanden.

- Gab es Nudeln mit Gulasch, dann versuchten die Buben, uns Mädchen den Appetit zu verderben, indem sie das wirklich etwas ungewohnt aussehende Fleisch als Katzenfleisch bezeichneten.

- Ich kann mich noch gut daran erinnern, daß uns das Essen aus runden, blauen Metallbehältern verabreicht wurde. Diesen entströmte bei Öffnung des Behälterverschlusses ein himmlischer Duft, der die sonst so muffigen Gänge der Schule durchzog. Bald erfuhren wir auch, daß es amerikanische Mennoniten und Quäker waren, die uns die Schulspeisung ermöglichten.

- Am schwersten zu kochen war der Haferflockenbrei, der ist immer angebrannt. Den hat man manchmal nicht essen können.

- Zur Schulspeisung noch ein Wort: Es waren Festtage und Feststunden, wenn dies kam. Wir hatten Hunger! Hunger, was man Hunger nennen kann.

- Für uns haben sich die Namen Mennoniten und Quäker eingeprägt. Ich denke heute noch mit Respekt daran, wenn ich unsere Nachbargemeinden Deutschhof und Kaplaneihof sehe.

- Ich erinnere mich an diese Essenskännchen. Wir hatten sie also am Ranzen an einem Riemchen festgemacht. Dieses komische Kännchen, das ja immer sehr beschwerlich war, denn meistens haben wir als Fahrschüler den Deckel im Tunnel verloren. Das war immer ärgerlich für die Eltern.

- Als es dann zu dieser Speisung kam, und es hieß, das sind Mennoniten in Lambrecht, dann hat mein Vater gesagt, also dann gehöre ich auch dazu. Dann sagte ich, das ist interessant und daß er mir mehr darüber erzählen soll. Dann hat er das von der Familiengeschichte erzählt, Schweizer Auswanderer und so.

- Der Gemeindediener kam und sagte mir, daß es eine Schulspeisung gibt und ob ich da nicht kochen wolle. Damals wollte ich auf gar keinen Fall. Da haben sie mich dann doch überredet. Hinter dem Schulhaus im Hof gab es eine Waschküche, und da war ein Kessel gestanden. Dann hat mir jemand eine große Tonne geliehen. Und da habe ich, wenn es Brei oder Suppe gab, die große Tonne in den Kessel in Wasser gestellt, damit nichts anbrennt. Es gab Vorschriften über das Essen. Wenn es Schneckennudeln oder Brötchen gegeben hat, habe ich das Mehl zum Bäcker gebracht. Sonst habe ich alle Zutaten im

Gemeindebüro abgewogen. Die waren dort verschlossen. Den Kindern hat es richtig geschmeckt. Holz war kein Problem. Ich weiß nicht, wer mir half, den Kessel vorzutragen. Dann habe ich mich draußen im Schulhof, da wo man die Treppe hoch läuft, hingestellt und habe oben die Tonne hingestellt und die Kinder sind vorbeigelaufen und bekamen ihre Portion und sind dann in die Pause gegangen. Die hatten kleine Schüsseln. Alle sind dann an mir vorbeigelaufen, und jeder hat etwas bekommen. Jeder hat 20 Pfennig bezahlen müssen. Mit dem Geld habe ich den Bäcker bezahlen müssen, da brauchte ich für alles Belege. Das Geld, das übrig war, kam in die Kasse im Gemeindebüro. Dort waren auch die Quittungen vom Bäcker. Das hat mir Spaß gemacht und den Kindern auch. Manchen hat es aber nicht geschmeckt.

Die Mitarbeiter des MCC

- Walter Eicher habe ich gekannt. Das war ein großer, schlanker Mann, und er war der Schwarm der jungen Mädchen. Er war sehr nett und zuvorkommend, so ein höflicher Mensch war das, er war vielleicht 30.

- Wir haben uns gewundert, daß die so einen jungen Mann geschickt haben. Das war der Walter Eicher. Er konnte sehr wenig deutsch und hatte sein Wörterbuch dabei. Wenn er etwas nicht richtig verstanden hat, hat er darin nachgeschaut. Er hatte dann aber ziemlich bald eine Sekretärin, also eine Dolmetscherin.

- Die Miss Wiebe aus Kansas, die hat die Jugendstunden gehalten. Wir jungen Leute sind da hingegangen, aber auch welche aus der Stadt. Das war eine schöne Zusammenkunft. Da sind wir begeistert hingegangen. Sie hat auf die Menschen positiv gewirkt. Man hatte den Eindruck, daß sie sehr gläubig ist und sehr überzeugt.

- Es war uns immer ein Rätsel, warum sie in Neustadt geblieben ist. Und so fing eigentlich diese eine mennonitische Gemeinde in Neustadt an, bei uns im Wohnzimmer, und sie war eigentlich die Gründerin dieser Gemeinde, der Brüdergemeinde. Sie hat Bibelstunden gehalten. Sie ist in Neustadt beerdigt, sie ist 1980 gestorben, mit 81. Also, die war bekannt wie ein roter Hund in Neustadt. Die ist immer rumgelaufen und hat die Leute angesprochen und auch den Leuten geholfen.

- Dann gab es noch die Charlotte Regier. Die hat uns in die Alben geschrieben. Damals war man ganz stolz, wenn die sich dazu Zeit genommen haben.

- Die haben missioniert, indem sie gehandelt haben. Die haben die Speisung ausgegeben und Kleider verteilt und auch Pakete. Das Praktische war wichtig. Die Theorie bringt nichts. Und die haben eben auch gehandelt. Die Mennonitenkinder in Amerika bekamen schon ein Stückchen Land, da haben die ihre Radieschen angepflanzt und verkauft, und das haben die Kinder schon gespendet. Die Kinder sind schon so herangezogen worden.

- Da gab es doch auch sonntags Tagungen auf der Kropsburg. Da war ich mal dabei. Da hatten wir Sonntagsschule Es kamen Kinder aus der Stadt. Jeder hat eine Gruppe Kinder bekommen, und dann hat man halt Kindergottesdienst abgehalten. Ich war meiner Sache nicht so ganz sicher wie beispielsweise die Magda. Sie war schon etwas älter und ist auch mehr in der Sache aufgegangen. Die Kinder haben sie damals gefragt, wenn sie in den Himmel kommen, ob auch noch Platz für alle wäre. Ich habe mir gedacht, wenn die mich das gefragt hätten, was hätte ich da wohl geantwortet. Also ich wurde zum Glück nicht gefragt. Aber die Magda hat geantwortet, was halt in der Bibel steht. Im Himmel sind viele Wohnungen.

- Ich kannte auch den Richard Hertzler Er hat nach dem Krieg den Heimeverein und die Siedlungsgesellschaft gegründet. Die Häuser wurden ja nachher auch in Enkenbach, in Backnang und in der Nähe von Espelkamp gebaut. Richard Herzler war bei einer Weinhandlung als Import- Export- Kaufmann in Berlin. Und nach dem Krieg, als alles kaputt war, ging er dann zum Hilfswerk. Dazu hat ihn die Landeskirche aufgefordert. Der Richard Hertzler, also, der Richard Hertzler, das war ein wunderbarer Mensch.

- Hertzler hat das nachher hauptamtlich gemacht. Während mein Vater alles ehrenamtlich tat. Und da mein Vater Banker war, hat er die finanzielle Seite abgewickelt. Sein Motto war: Dienst ist nicht Last, sondern Freude. Insofern hat er sich dann darum gekümmert, daß die Rußlanddeutschen oder die Mennoniten auch aus Galizien wieder Zentren bekommen. Damit sie nicht so verstreut waren. Es war häufig so, daß die Alten hierblieben und die Jungen haben versucht, nach den USA oder nach Kanada zu gehen. Die Alten sind hiergeblieben, und mein Vater hat darauf gedrungen, daß in Enkenbach das Altersheim gekauft wurde, auch in Bad Oldesloe und bei Neuwied. Das war das soziale Engagement. Daß man den alten Leuten eine Heimat bieten konnte, wo sie in ihr mennonitisches Erbe wieder zurückkommen konnten.

- Die mennonitische Siedlungshilfe baute den jungen Familien Häuser. Die mußten dann Eigenleistung bringen. Und es gab auch Zuschüsse. Der Heimeverein war der Verein für die Altersheime. Enkenbach existiert noch, noch unter mennonitischer Leitung. Da waren damals vier Leute in einem Raum.

- Die Zentrale vom MCC in Neustadt war dort, wo heute das Hotel Kurfürst steht, ich meine es war die Villa Luchterhand gewesen.

- Weil die meisten Mennoniten hier aus der Pfalz gekommen sind, deshalb wurde die Pfalz mit den Liebesgaben auch bevorzugt.

- Der Delbert und die anderen, also die haben mehr die Organisation gemacht. Das mußte ja sein, die konnten ja nicht alles selbst machen, das war ja wirklich schon eine überwältigende Sache.

- Herr Grätz kam mal zu uns mit seiner Frau. Und ich kann mich erinnern, er hat damals den ersten Volkswagen gehabt.

- Er ist zu uns gekommen, weil der General König ein gutes Haus für seine Freunde von Amerika gesucht hat. Für meine Freunde das Beste. So kamen sie zu uns. Er war der Funktionär, von ihm aus ging alles. Und es war wirklich eine nette Zeit, als er da war. Also zu einer wirklichen Unterhaltung oder so konnte er vielleicht auch noch nicht genügend deutsch.

- Ich kann mich noch erinnern, daß sie müde waren, als sie ankamen und daß sie ziemlich schnell ihre Zimmer bezogen, und damals war schon im unteren Stockwerk das Bad eingerichtet.

- Manchmal wurde eine Schale Obst ins Zimmer reingestellt, man hatte ja selbst nicht so viel. Die Mutter hat dann manches nette Gespräch mit ihnen gehabt.

- Er war außerordentlich beschäftigt. Das ging nach Ludwigshafen und Germersheim, wo er seine Spenden verteilen mußte. Das war natürlich eine enorme Arbeit.

- Wissen Sie, er war so zurückgezogen und bescheiden.

- Er war vielleicht ein bißchen gehemmt. Er hat mich als Respektsperson angesehen. Da darf ich nicht vorlaut sein. Da muß ich warten, bis das Wort an mich gerichtet wird. So in dem Stil. Er hat mal über die Mennoniten berichtet. Aber, mir war er sympathisch.

- Wir waren halt ganz begeistert von dem Pärchen, die waren beide so süß, und auch die Thelma. Die Thelma war für uns Mädchen so wie eine Filmschauspielerin, ein Schwarm für uns. Jeder wollte gerne der Liebling sein von der Thelma.

Mit dem MCC in der Schweiz

- Aber die meisten Kinder, die da auf dem Auto waren, die waren überhaupt nicht mennonitisch, das waren Kinder aus Ludwigshafen, aus ausgebombten Familien, so ganz arme, dünne, heruntergekommene Kinder. Also, ganz tiefliegende Augen. Als wir in Basel ankamen, war das für uns das Paradies. Die ganzen Ludwigshafener Kinder kamen ja aus einer völlig zerbombten Stadt. Wir hatten damals Gärten oder Parkanlagen noch gar nicht gekannt. Und als wir in Basel und in der Stadt diese Blumenbeete gesehen haben, war das ein unwahrscheinlicher Eindruck, daß es so was überhaupt gab, daß da keine Trümmer waren, daß dort nichts kaputt war. Wir wurden dort an einer Station zunächst einmal ausgeladen und in einem Missionshaus untergebracht. Vorher wurden wir in einem normalen Bad alle mal geschrubbt. Da wurden wir Buben von irgendwelchen Helferinnen ins laufende Wasser der Reihe nach gestellt und abgebürstet. Warmes Wasser lief ständig zu

und auch ständig ab. Sehr hygienisch war es nicht, aber den deutschen Dreck bringen sie irgendwie weg. Das war für mich natürlich als konservativ erzogenes Kind ein Alptraum, in dieser Art und Weise zu baden. Dann waren wir gesäubert, sie wußten, daß wir keine Flöhe hatten, und gesundheitlich waren wir schon auch untersucht, da hat ja einiges noch grassiert damals, Diphtherie und so, und wir wurden zu der Zeit noch gegen TB geimpft. Dann hat jedes Kind so eine Art Paketkarte an seinem Hals gehabt, auf der stand, wo wir ausgeladen werden sollten und welche Familie uns aufnahm. Wir wurden also in Basel in den Zug gesetzt und sind irgendwie verfrachtet worden. Ich war in einer Gruppe mit vier oder sechs Kindern.

- An einem gottverlassenen Hof bin ich angekommen. Am Anfang hatten wir furchtbar Heimweh gehabt, und da wurden wir dort gleich in die Schule geschickt.

- Man war in den großen Familien herzlich aufgenommen. Diese patriarchalischen Riesenfamilien. Das waren Eindrücke, die haben sich ein Leben lang nicht verwischt, und wir haben sofort sehr viel gearbeitet. Morgens im Stall geholfen, bevor wir in die Schule sind. Das waren ganz liebe Leute, und die Sensation war für diese Bauern da oben, daß ich Mennonit war. Die haben zum ersten Mal ein deutsches Kind gehabt, das mennonitisch war.

- Dort in der Dorfschule war das sehr schön. Wir haben mit denen Schulweisen gemacht, so heißen diese Schulwandertage. Ich habe perfekt „Dütsch" sprechen gelernt. Dort habe ich übrigens meine „Sprachbegabung" entdeckt. Ich habe das nie vergessen, und zwar haben die Leute mir gesagt, daß sie noch nie ein deutsches Kind gehabt haben, das so perfekt innerhalb von drei Monaten Berndütsch gelernt hat. Ich war also nicht von einem Einheimischen zu unterscheiden.

- Beim Abschied hat der Lehrer jedem deutschen Kind aus eigener Tasche ein herrliches Malstifteset geschenkt. 20 Buntstifte. Jedem hat er was geschenkt und hat uns dann fortgeschickt. So viel hat er ja dort auch nicht verdient. Das rührt mich heute noch, daß das ein Lehrer gemacht hat. Ich meine, er hat ja dauernd solche Kinder gehabt.

- Das war die Zeit dort und als ich nach Hause kam, hatte ich zehn Pfund zugenommen. Ich war nicht mehr wiederzuerkennen. Meine Mutter hat gesagt: „Du siehst aus wie ein Bauernbub. Wohlgefüttert".

Ein Rückblick

- Es war trotz allem für uns Kinder eine unbeschwerte Zeit. Wir lebten leicht.

- Aber es waren alle arm. Keiner hatte irgend etwas. Deshalb konnte man das ertragen.

- Es gab vor allen Dingen keine Angriffe mehr. Man konnte wieder durchschlafen.

- Aber die Erkenntnisse, die ich damals gewonnen habe, waren schon ein kleiner Lebensabschnitt. Man mußte sich mit den Leuten verständigen, irgendwie mit ihnen einig sein. Und wenn es im Kleinen besteht, besteht es auch im Großen.

- Weil mich die Zeit doch sehr geprägt hat. Für mein ganzes späteres Leben.

- Absolut nicht möchte ich in dieser Zeit leben, aber es hat trotzdem für unser Leben sehr viel gebracht. Wir haben zu sparen gelernt und mit dem Leben wertvoll umzugehen.

- Ich kann seitdem nichts wegwerfen. Egal ob es Kleidung ist oder Lebensmittel sind. Ich habe auch immer einen Vorrat, obwohl ich allein bin. Ich kaufe nie das Mehl pfundweise. Ich kaufe immer einen 10-kg Sack.

- Also, es war eine schöne Zeit, es war auch eine arme Zeit, Ich denke, daß sie nicht so hektisch war wie heute, ich denke, daß sie harmonischer war.

- It was a terrible time. It was like a fight for survival. Really, because we were not strong enough and for me, France was a strange country, in spite of being French you never lived in France. It was the first time. And you had to fulfill a job. I had all the correspondence to do. I was 'kaputt' in the end.

- Bei den Kindern gab es keinen Neid und keine Hinterlistigkeit, auch nicht beim Streit. Es waren ja keine Spielsachen da, keine Fußbälle. Wir hatten uns aus Dingen, die der Krieg zurückgelassen hat, die oft sehr gefährlich waren, Munition und so, Spielsachen gebaut. Das Trümmerfeld war das Paradies für uns. Manche Dinge sind ein lehrendes Beispiel für die heutige Zeit, die Überflußgesellschaft.

Alle Texte sind authentische Ausschnitte aus Interviews, die in der Zeit zwischen Juni 1996 und Januar 1997 entstanden sind. Die Interviews wurden von mir persönlich durchgeführt und dauerten etwa 30 Minuten. Die Interviewpartner waren Menschen aus allen Teilen Deutschlands, Frankreich und Englands. Die meisten waren Pfälzer. Sie waren z.T. selbst Mennoniten, haben mitgeholfen oder die Schulspeisung bekommen..

(*) Aus den Erinnerungen von Dr. Erich Gaab, ehemaliger Chefarzt des Kreiskrankenhauses Annweiler.

Karl-Heinz Rothenberger

Nachkriegsjahre - Jahre des Hungers

> Endunterzeichneter, Vater von 8 Kindern im Alter von 5 - 16 Jahren, total fliegergeschädigt und 'Opfer des Faschismus' bittet dringend um Hilfe in Kartoffeln und Brot. Schon seit 14 Tagen ist meine Familie ohne jegliche Nahrung außer Kaffee und Brot.
> (Familie M., Landau, 22. Januar 1947)

Kinder gehen durch ihr zerstörtes Dorf in die Schule

In einer Zeit, in der nicht mehr die Pfarrer, sondern die Ärzte das Fasten verordnen, in der nicht Unter-, sondern Überernährung das Massenphänomen geworden ist, muß manchem das Erinnern an die Hungerzeit als sinnlose Geisterbeschwörung erscheinen. Aber das verkennt, wie sehr und wie lange die Hungerjahre das Selbstverständnis der Deutschen bestimmt haben, - und zwar in einem doppeltem Sinne: Einmal als kummervolle Erfahrung existentieller Not, zum anderen als stolze Erfahrung, eben jene Not bewältigt zu haben. Man kann keine Nachkriegsgeschichte schreiben, ohne die Versorgungsnot jener Zeit zu berücksichtigen.

Es war eine Zeit mit einer depressiven Grundstimmung. Die Sorge um die ständig bedrohte physische Existenz beherrschte das alltägliche Denken, und zwar in einem solchen Maße, daß politische Fragen ganz in den Hintergrund traten und man die Gründung des neuen Landes Rheinland-Pfalz im August 1946 kaum wahrnahm. Ganz zu schweigen von der Bewältigung der nationalsozialistischen Verbrechen. Statt dessen kreiste das alltägliche Denken um Kalorien, Kartoffeln und Brot. Für die meisten Zeitgenossen war die Not allgegenwärtig.

Dies zeigt ein Brief von Dr. Friedrich Griesbach an das Städtische Wirtschaftsamt vom Februar 1947:

Kinder packen Care-Pakete aus

„Meine Familie besteht aus 8 Köpfen, ich habe 6 Kinder, 5 Söhne im Alter von 18, 17, 13, 11 und 6 Jahren und eine bald 4jährige Tochter. Die Ernährungsgrundlage bildeten bisher die Kartoffeln. Obwohl es davon täglich nur eine Mahlzeit gab und die Kartoffeln gezählt bzw. gewogen wurde, ist der auf Einkellerungsscheine bezogene Kartoffelvorrat nunmehr aufgebraucht...Das Brot allein reicht unmöglich aus...Ich bitte deshalb das städtische Wirtschaftsamt, mir einen Weg anzugeben, wie ich...meine Kinder vor dem zunehmenden Hunger und Verhungern bewahren kann."

Auch wenn die hier geschilderte Notlage besonders krass erscheint, der Brief spiegelt doch die Verhältnisse vieler Menschen wider. Die meisten Menschen haben die Folgen des Krieges in keinem Bereich empfindlicher gespürt als in dem der Ernährung. Dabei war

die Ernährungskrise nicht das einzige Problem jener Zeit, wohl aber das zentrale.

- Es gab die Wohnungsnot: 8 - 10 qm Wohnraum durchschnittlich pro Person in den Städten. Rissiges Mauerwerk, durch das der Frost drang. In der Roten Zone ein jahrelanges Leben in Baracken, Hütten und Notbehausungen. Die Scheiben durch Karton oder Bretter ersetzt, das Ofenrohr durch die Fenster nach außen geleitet.

- Verschärft wurde alles durch den Mangel an Heizmaterial. In Extremsituationen verheizten die Menschen die Möbel. Eine Bekannte, berichtete mir, wie sie in dem kalten Winter 1946/47 in einem Anfall von Wut in Abwesenheit der Mutter das Klavier zertrümmerte und verheizte, weil sie das Gejammer der jüngeren Geschwister wegen der Kälte nicht mehr ertragen konnte. Als die Mutter von der Hamsterfahrt heimkehrte, empfing sie wohlige Wärme.

- Da war der Mangel an Kleidern, von dem vor allem die Kinder und Jugendlichen betroffen waren. Abgeänderte und gewendete Uniformen und zu Mädchenröcken verarbeitete Hakenkreuz-Fahnen gehörten zur Zeitmode. „Wo lassen Sie wenden?" war eine häufige Frage im Gespräch unter Hausfrauen und Müttern.

- Groß war der Bedarf an Schuhen. Es gab vielfache Ersatzformen wie Holzschuhe oder Sandalen aus Autoreifen. Jeder Normalverbraucher hatte alle 6 Jahre Anspruch auf ein Paar Lederschuhe mit Holzsohle und alle 50 Jahr Anspruch auf ein Paar Schuhe mit Ledersohle.

War die Hungerkrise vermeidbar?

Die alte Formel: „Krieg = Hunger" trifft nicht auf unsere Zeit zu. Denn während des Krieges haben die Deutschen nicht gehungert. Die Ernte 1943 war die bis dahin zweitbeste in diesem Jahrhundert. Hinzu kamen Lebensmittelzufuhren aus den besetzten Ländern, was man aber nicht zu hoch veranschlagen darf, weil sie durch die sog. Fremdarbeiter und Kriegsgefangenen wieder aufgezehrt wurden. Die Hungersnot setzte erst nach Ende der Kampfhandlungen ein und erreichte 1947 ihren Höhepunkt. Wie kam es zu dieser atypischen Entwicklung? Wir müssen hier sowohl die Weltwirtschaft wie auch die wirtschaftlichen Verhältnisse in Deutschland betrachten.

Zunächst der globale Aspekt. Die Versorgungskrise war keine genuin deutsche Erscheinung. Mit Ausnahme von Großbritannien, Skandinavien und der Schweiz hatten alle europäischen Länder, selbst das Siegerland Frankreich, mit Versorgungskrisen zu kämpfen. Der Weltgetreidemarkt war zusammengebrochen. Durch Flucht, Vertreibung und Bodenreform war die Getreideernte in den ostmitteleuropäischen Überschußländern um rund ein Drittel gesunken. Zwar hatten die USA und Kanada während des Krieges ihre Weizenanbauflächen ausgeweitet, aber das führte witterungsbedingt erst 1947 zu den erwarteten Rekordernten. In dem Überschußland Argentinien war die Getreideanbaufläche während des Krieges zurückgegangen. Und den australischen Weizenüberschuß lenkte die britische Regierung nach Indien, um die unruhigen politischen Verhältnisse zu stabilisieren. Es stand also Europa nie genügend Getreide zur Verfügung.

Die deutschen Ursachen der Ernährungskrise lagen neben dem Verlust der ostdeutschen Roggenanbaugebiete vor allem in der unzureichenden Versorgung der Landwirtschaft mit Handelsdünger, Saatgut und Geräten. Bedingt war dies durch Kriegszerstörung und Aufgliederung Deutschlands in Besatzungszonen. Lediglich die Stickstofferzeugung hatte einen Schwerpunkt in der Französischen Zone, nämlich in der BASF - und die war 1945 ein Trümmerhaufen. Mithin sank die landwirtschaftliche Erzeugung in Deutschland um ein Drittel.

Die Ernährungskrise war also unabwendbar. So erweist sich auch der damals verbreitet Vorwurf, die Hungersnot sei eine gezielte Strafaktion der Sieger, im wesentlichen als grundlos. Allerdings lagen die Verhältnisse in der Französischen Zone etwas anders als in der Englischen und Amerikanischen. Denn trotz eines überdurchschnittlichen landwirtschaftlichen Anteils lag das Ernährungsniveau hier noch unter dem der angelsächsischen Zonen. Das führt zur Frage:

Was hat die Besatzungsmacht Frankreich gegen den Hunger in ihrer Zone getan?

Theodor Eschenburg, der hochangesehene Minister und Professor in Tübingen, hat 1946 die Französische Zone als „Ausbeutungskolonie" bezeichnet. Das hat nicht nur den Beifall der Zeitgenossen gefunden, sondern zeigt bis heute in der Forschung Wirkung. Was ist daran wahr?

Zunächst die politische Seite. Nach der Haager Landkriegsordnung darf eine Besatzungsmacht ihre Truppen aus den Ressourcen des besiegten Landes versorgen. Nun hat aber der Begriff Besatzung nach dem Zweiten Weltkrieg eine Sinnerweiterung erfahren. Denn im Hinblick auf die angestrebte Entnazifizierung, Entmilitarisierung und Demokratisierung war eine langjährige Besetzung notwendig. Das erforderte, neben dem Besatzungsheer eine eigene Verwaltung aufzubauen und hatte den Zuzug von Zehntausenden von Familienangehörigen zur Folge. Ihre Mitversorgung war Folge des weiterentwickelten Völkerrechtes. Frankreich hat dies weidlich genutzt. 1945 unterhielt es 1 Million Soldaten in seiner Zone, 1946 noch 200 000, 1947/48 75 000. Hinzu kamen etwa gleichviel Beamte, Frauen und Kinder und außerdem jährlich etwa 40 000 Erholung suchende französische Kinder. Das hat den Nahrungshaushalt der Zone um etwa 10% belastet.

Dem Begriff Kolonie wohnt nun freilich eine moralische Verurteilung inne. Betrachten wir den Vorwurf einmal aus französischer Sicht:

Den Franzosen im Mutterland ging es selbst schlecht. Ende 1945 brachen in Lyon die ersten Hungerrevolten aus. Die Brotrationen lagen in Frankreich bis 1949 nicht über denen in seiner Besatzungszone. Die allgemeine Lebensmittelversorgung sank 20% unter den Vorkriegsstand ab. Deshalb hat Frankreich so viele Menschen in seine Zone abgeschoben. Fairerweise muß man aber auch die großen Anstrengungen der Militärregierung für die Sicherstellung der deutschen Ernährung sehen, war doch dort die Infrastruktur zusammengebrochen

- alle Brücken an Rhein, Mosel, Lahn und Nahe lagen mit einer Ausnahme (die Römerbrücke in Trier) im Wasser,
- kein Zug fuhr mehr,
- alle Telefon- und Postverbindungen waren unterbrochen,
- die Verwaltung hatte sich aufgelöst,

- die Staatsautorität war schwer beschädigt
- es lebensrettend war, daß die örtlichen und regionalen Ernährungsoffiziere mit großem Einsatz an Mitteln die Ernährung ihrer Zone sicherstellten.

Die Ernährungsverwaltung oder wie verteilt man den Hunger gleichmäßig?

Die Militärregierung hat die 1939 eingeführte Ernährungsverwaltung bis zum Ende des Bewirtschaftungssystems weitergeführt. Danach war die Bevölkerung in zwei Großgruppen eingeteilt:

- die Selbstversorger, das war landwirtschaftlich tätige Bevölkerung, also die Bauern,
- die Normalverbraucher, d.h. nichtbäuerliche, vor allem städtische, aber auch ländliche Bevölkerung

Die Bauern durften ein festgesetztes Kontingent ihrer Ernte für den Eigenbedarf einbehalten, das Doppelte der Rationen der Normalverbraucher. Ohne diesen Vorteil hätten die Bauern die Produktion verweigern können. Sie fanden zudem noch Mittel und Wege, Nahrungsmittel einzubehalten.

Wie wollte die Militärregierung unter den chaotischen Verhältnissen die 200 000 Bauernhöfe in Rheinland-Pfalz mit ihren 4 Millionen Handtuchfeldern auf exakte Einhaltung ihrer Abgabepflichten kontrollieren? Wer sollte in den 2000 Dörfern überprüfen, ob die angegebenen Zahlen für Hühner, Schweine und Rinder stimmten? Darum sind die Bauern von der Ernährungskrise im Kern nicht getroffen worden. Das war immerhin ein Drittel der Bevölkerung.

Die Nachkriegsgesellschaft war keine egalitäre Gesellschaft, sondern zeigte deutliche Züge einer Zwei-Klassen-Gesellschaft von

- Hungernden und Satten,
- bzw. von Stadt und Land.

Das traditionelle Überlegenheitsgefühl der Städter gegenüber dem Land hat sich umgekehrt. Viele Städte haben den Hamstergang über die Dörfer als tiefe persönliche Demütigung empfunden.

Wie sah die Ernährung der Normalverbraucher aus?

Der Hunger traf vor allem den Normalverbraucher. Das waren in Rheinland-Pfalz rund zwei Millionen Menschen bzw. zwei Drittel der Bevölkerung. Sieht man von Kleinkindern ab, dann beträgt der Kalorienbedarf des Menschen etwa 2 000-3 000 Kalorien. Die Untergrenze gilt für ältere Menschen, die obere für Jugendliche und Schwerarbeiter. Vergleichen wir nun diesen Bedarf mit den zugeteilten Rationen. Diese umfaßten:

- 1945 rund 900 Kalorien pro Tag,
- 1946 rund 1 000 Kalorien,
- 1947 rund 1 100 Kalorien,
- im ersten Halbjahr 1948 rund 1 200 Kalorien.

Die Rationen deckten demnach den Bedarf

- von älteren Menschen zu rund 50%,
- von Erwachsenen zu rund 40%,
- von Kindern zu rund 30%.

Besonders hart betroffen waren Alte und Kranke, die wegen mangelnder Mobilität keine Möglichkeiten hatten, sich durch Hamstern zusätzliche Lebensmittel zu beschaffen. Die überdurchschnittliche hohe Sterblichkeit in geschlossenen Krankenanstalten ist dafür ein deutliches Indiz. Gleiches gilt für die Jugendlichen und Heranwachsenden wegen ihres außerordentlich hohen Kalorienbedarfs. Hunger macht egoistisch, gereizt und aggressiv. Oft haben die einzelnen Familienmitglieder ihre Brotrationen voreinander verborgen oder sind über das Brot der anderen hergefallen. Oft haben die Mütter die Tagesrationen auf dem Rücken des Brotlaibes eingekerbt, um das Maß einzuhalten. Oft führte der Ausweg in die Kriminalität, wie Einbruch und Diebstahl.

Aber die Nachkriegsernährung war nicht nur quantitativ, sondern auch qualitativ unzureichend. Der Volkswitz hat sie im fingierten Dialog zwischen zwei Eheleuten so charakterisiert:

Ehemann: Was gibt es heute zu essen?
Ehefrau: Kartoffeln.
Ehemann: Und was dazu?
Ehefrau: Gabeln!

Kartoffeln und Brot waren die fast ausschließlichen Grundlagen der Ernährung. Mehl und Teigwaren wurden in den beiden ersten Nachkriegsjahren fast nie ausgegeben, Fleisch in Monatsrationen von 300 - 400 g, Fette (Butter und Öl) von 300 g, Käse von 100 g, Zucker bis 1948 nur sporadisch 5-6 Mal im Jahr 300-600 g. Die geringen Kalorienwer-

Verteilung amerikanischer Spenden in seinem südpfälzischen Dorf

Mangel der Nachkriegsernährung. Die Hungerjahre waren auch ein Hunger nach Fett, das für die Ausbildung einer guten Widerstandsfähigkeit unerläßlich ist. Fett vermittelt zudem den höchsten Sättigungsgrad.

In Anbetracht der quantitativ wie qualitativ völlig unzureichenden Ernährungslage drängt sich die Frage auf, wieviele Menschen nach dem Zweiten Weltkrieg verhungert sind. Nachweislich waren dies in Berlin und Hamburg Hunderte, vor allem Alte. In den Akten von Rheinland-Pfalz findet sich dafür kein Nachweis. Ist dann der Hungertod vermehrt mittelbar aufgetreten, etwa unter der Maske anderer Krankheiten? Die Entwicklung der Sterblichkeitskurve liefert dafür aber auch keinen überzeugenden Beweis.

Wie haben die Menschen die Schere zwischen Soll und Haben geschlossen? Wie haben sie überlebt?

Der physiologische Faktor spielt hier eine große Rolle: In Notzeiten tritt ein lebensrettender Mechanismus im menschlichen Körper ein. Denn mit der Gewichtsabnahme wird zugleich der Grundbedarf gesenkt, ein hungernder Mensch hat nicht nur weniger Lebensmittel, er benötigt auch weniger.

Die Schattenwirtschaft

Man wird der Wirklichkeit der Nachkriegsernährung nicht gerecht, mißt man die Verhältnisse ausschließlich an den offiziellen Rationen. Es hat nach dem Krieg nicht ein, sondern zwei Ernährungssysteme gegeben. Das offizielle, das die Rationen grammweise verteilte und den Ernährungssockel bildete, auf dem jedermann stand. Daneben gab es die Schattenwirtschaft, die ermöglichte, auf den Ernäh-

te sind also auf das Fehlen hochkalorischer Lebensmittel zurückzuführen, die auch nicht durch die für heutige Verhältnisse erstaunlichen Mengen von 12 Pfund Brot und 20 - 30 Pfund Kartoffeln im Monat ausgeglichen werden konnten.

Untersucht man die Ernährung im Hinblick auf ihre Hauptnährwertträger Eiweiß, Fett und Kohlehydrate, dann wird auch ihre schlechte Qualität deutlich. Gegenüber der Norm von 65 g Eiweiß pro Tag erhielt die Nachkriegsernährung nur 25-30 g, gegenüber der Norm von 55 g Fett sogar nur 12-13 g pro Tag. Der Mangel an Eiweiß war der gravierendste rungssockel noch etwas darauf zu stellen. Gemeint sind:

- der innerstädtische Schwarze Markt,
- der Grüne Markt mit Selbstanbau und Haltung von Hühnern, Stallhasen, einer Geiß und den „Kellerschweinen", von denen es nach offiziellen Schätzungen 40 000 in der Pfalz gegeben haben soll, - zu nennen sind auch Beziehungen zur Besatzungsmacht, Diebstahl, Schmuggel, - Hamsterwesen, das von allen umfänglich die größte Bedeutung hatte.

Aufgrund der geschichtlich bedingten innigen Stadt-Land-Beziehung hat sich die Schattenwirtschaft breit ausbilden können. Wer hatte nicht Verwandte auf dem Land? Und das Land war nicht fern: Im Umkreis von Kaiserslautern mit einem Radius von 30 km lagen 378 Dörfer. Täglich zogen Tausende von Städtern in die nähere und ferner Umgebung, - auf die Sickinger Höhe, in den Hunsrück. Der Volksmund taufte den Zug zum Bodensee „Äppelexpreß", die Linie aus dem Rheinland in die Vorderpfalz „Nikotinbahn", den Zug vom Ruhrgebiet nach Niedersachsen „Kartoffelzug", von Dortmund nach Freiburg „Vitaminexpreß". Drei Grundformen von Hamsterern bildeten sich:

- die einfachste bestand im direkten Kauf oder Tausch beim Bauern;
- die nächste verlief über zwei Stationen mit Zwischenhandel: z.B. Kauf von für die bäuerliche Wirtschaft wichtigen Eisenwaren im Saargebiet und Eintausch gegen Lebensmitteln bei den Bauern;
- die dritte Form war ein Ringtausch. In ide-

Die Rationen werden genau zugemessen

altypischer Konstruktion kann er z.B. so ausgesehen haben: Arbeit beim Winzer wird mit 3 Fl. Wein pro Tag entlohnt. Eine Flasche Wein wird beim Bauern gegen 10 Pfund Mehl eingetauscht, für 30 Pfund Mehl kann man in Pirmasens 1 Paar Schuhe erstehen. Diese erbringen wiederum beim Bauern bis zu 50 Pfund Mehl. Es verbleibt ein Überschuß von ca. 20 Pfund zum Unterhalt der Familie und zum Teil zum Unterhalt des Ringtausches.

Ich fasse zusammen: Die Hungersnot hat die Menschen sehr ungleichmäßig erfaßt. Die bäuerliche Bevölkerung wurde im Kern davon nicht berührt, dafür aber um so mehr die städtischen Ausgebombten, Jugendlichen, Beamten, Arbeiter, kinderreichen Familien, alten Menschen, solche ohne starken Vitalitätsdrang und ohne die von der Zeit geforderte

Härte hat sie mehr getroffen als Gewerbetreibende, Ledige, jüngere und besonders clevere und couragierte Menschen.

Die Ereignisse im Zeitraffer

Die Übergangszeit
Vier Faktoren waren bestimmend dafür, daß die schwierige Übergangszeit erstaunlich gut bewältigt wurde:

- Die Amerikaner führten hinter der kämpfenden Truppe 600 000 t Getreide nach Deutschland ein, um die Frühjahrsbestellung sicherzustellen.
- Es war ein Glücksfall, daß die Besetzung im März erfolgte, so daß die Bestellung der Felder rechtzeitig erfolgen konnte. Während sich rechtsrheinisch Panzer und Artillerie noch Kämpfe lieferten, zogen linksrheinisch die Pferde bereits wieder den Pflug.
- Günstig wirkte sich auch die durch die Evakuierung verringerte Menschenzahl aus.
- Die deutsche Ernährungsverwaltung brach zwar im März zusammen, aber die Amerikaner und Franzosen belebten sie sofort wieder. Das frühere Verteilungssystem mittels Lebensmittelkarten bestand bis Anfang 1950 fort. Aber die in den ersten Monaten zugeteilten Rationen standen oft nur auf dem Papier.

Dafür verschafften sich die Menschen Lebensmittel auf andere Weise. Nehmen wir das Beispiel Landau: Die Bevölkerung plünderte vor Ankunft der Amerikaner die Vorräte des Heeresverpflegungsamtes, ebenso ein Wehrmachtdepot von 400 Zentner Zucker. Städtische Arbeiter gruben die Mehlvorräte unter den Trümmern zerstörter Bäckereien aus, 2 t Margarine aus dem Lager der Margarine-Union und Kartoffeln aus den Mieten auf dem Ebenberg. Groß war die Trinkwassernot. Da die Quelle im Tiergarten nur schwach floß, wurde Trinkwasser mit Pferdefuhrwerken aus Wollmesheim nach Landau geschafft. Eine Hauptsorge bildete die Milchknappheit. Die hohe Säuglingssterblichkeit von 8 - 10% war zum Teil darauf zurückzuführen.

Winter 1945/46
Auch wenn sich die Verwaltung inzwischen konsolidiert hatte, gelang es ihr doch nicht, die vorhandenen Lebensmittel annähernd gleichmäßig über das Land zu verteilen. Ursache waren die zerstörten Verkehrswege und Konmmunikationsmittel, aber auch die französische Politik der Parzellierung der Zone, die keine größere Verwaltungseinheit als den Regierungsbezirk zuließ.

Frühsommer 1946
Die Nachkriegsernährung hat sich dem Rhythmus der Natur angepaßt. In den Herbstmonaten standen Kartoffeln ausreichend zur Verfügung, im Frühjahr hingegen, als die Vorräte knapp wurden, sanken die Kalorien um 10% ab. Am kritischsten waren jeweils die Monate Mai und Juni. Der Juni-Bericht 1946 des Wirtschaftsamtes Landau schildert plastisch den ersten Höhepunkt der Versorgungskrise:

„Täglich sprechen Hunderte von Personen beim städtischen Wirtschaftsamt vor, die flehendlichst bitten, sie doch nicht verhungern zu lassen... Sie versichern,

*daß sie schon wochenlang ohne Kartof-
feln und tagelang ohne ein Stückchen
Brot sind und sich von durchgemahlenem
Salat und ebenso behandelten Kartoffel-
schalen ernähren. Das Durchsuchen von
Müllkästen nach Abfällen ist eine tägliche
Beschäftigung hungernder Kinder..."*

Mit einer Sonderaktion zwang die Militärregierung die Bauern zur vermehrten Abgabe
von Kartoffeln und Getreide. Lebensmittel-
spenden aus Irland und aus den USA trafen
ein; Kinder wurden zur Erholung in die Schweiz
geschickt. Man erfuhr in Deutschland, daß
das Ausland auf die Not aufmerksam geworden war.

Winter 1946/47

In der Pfalz schwankten die Zuteilungen regional stark. Vor allem Ludwigshafen wurde unzureichend beliefert, und darum ist die Stadt im
folgenden Frühjahr zum politischen Unruhe-
herd geworden. Mutlosigkeit breitete ich aus
als Brotrationen im September wieder zurück-
genommen wurden. Gegen die Fettnot sammelte die Bevölkerung in den Wäldern Buck-
eckern; für 6 kg tauschten die Sammelstellen
1 l Öl ein. Die Stimmungslage wurde bedrük-
kend, als feststand, daß auch für diesen Winter keine Kohlezuteilungen zu erwarten waren.
Wegen Kohlenmangel stilliegende Bäckereien zeigten die Knappheit an. Die Menschen schlugen die ihnen zugeteilten Bäume
selbst in den Wäldern.

Im November-Bericht des Wirtschaftsamtes Landau heißt es:

*„Es gibt eine große Anzahl schulpflichti-
ger Kinder, die wegen Schuhmangels die
Schule nicht besuchen können; und es*

*gibt auch Fälle, in denen die Kinder bei
schlechtem Wetter im Kinderwagen in die
Schule gefahren werden, weil sie keine
Schuhe besitzen. Schwere gesundheitli-
che Schäden sind hier unvermeidlich.
Nach wie vor übersteigt die Nachfrage
nach Haushaltswaren den Bestand um
ein Vielfaches. Auch hier kann nicht mehr
von einem Mangel gesprochen werden,
sondern es liegen auch hier unhaltbare
Notstände vor, deren Behebung ohne
größere Zuteilung nicht möglich ist. Fälle,
in denen Konservendosen als Kochtöpfe
und Waschschüsseln als Spülschüsseln
oder umgekehrt benutzt werden, sind keine Einzelfälle."*

Dann setzte ein Winter ein, der zu den härtesten in diesem Jahrhundert zählt. Drei
Monate Frost mit Temperaturen bis zu minus
20 Grad. Mosel, Nahe und Lahn waren zweimal zugefroren, am Rhein bildete sich eine Eis-
barriere vom St. Goar bis Mannheim, die die
Schiffahrt stillegte. Der Frost erlaubte keine
Hamsterfahrten mehr. In den beschädigten
Häusern mit ihren zugigen Fenstern und Türen
sanken die Temperaturen nachts unter Null
Grad. Die Scheiben waren wochenlang mit
Eisblumen belegt, vielfach trugen die Menschen alles am Leibe, was sie besaßen. Mütter ließen ihre Kinder tagsüber im Bett, dem
wärmsten Platz in der Wohnung. Im Dezem-
ber-Bericht 1946 des Wirtschaftsamtes Landau heißt es:

*„Die in Notwohnungen und Baracken
untergebrachten Personen leiden entsetzlich unter der Kälte, dort erstarren
auch die Kartoffeln zu Eisklumpen, so daß
sich zur Kälte noch der Hunger gesellt. Da*

die Holzzuteilungen nicht reichen, verfeuern diese Leute jetzt ihre Möbel."

Und zu den Sorgen der Mütter schrieb der Leiter des Wirtschaftsamtes, Weber:

"Entsetzlich ist die Lage jener Frauen, deren Männer gefallen oder noch in Kriegsgefangenschaft sind und die mehrere kleine Kinder haben. Diese Kreise bedauern, daß sie von den Bomben nicht erschlagen wurden, geraten entweder auf die schiefe Bahn oder erwägen allen Erstes, ob sie nicht den Freitod einem langsamen Zugrundegehen vorziehen sollen."

Gegen die Kälte richteten die Städte öffentliche Wärmehallen ein. Es wurden Steckrüben ausgegeben, um die Kartoffelvorräte zu strecken. Mehr und mehr Menschen verpflegten sich in den Volksküchen, weil der Hausbrand nicht mehr die Herstellung eines Essens erlaubte.

Sommer 1947
Der Sommer 1947 stellte den Tiefpunkt in der Ernährung dar. Mit einem Import von 50 000 t Mais verhinderte die Militärregierung den Zusammenbruch der Ernährungslage. Das Brot wurde mit Maismehl gestreckt.

Im Juli 1947 traten die Steinbrucharbeiter von Kusel in den Hungerstreik, im August gingen in Ludwigshafen und Kaiserslautern die Menschen auf die Straße. Die Unruhe unter der Bevölkerung wuchs, die Neigung zum schuldbewußten Gedulden wich seit Herbst 1947 zunehmend Drohung mit Gewalt. Betriebe meldeten Abwesenheitsquoten bis zu 30%, weil die Menschen es für nutzbringender hiel-

te, ihre Kräfte in Hamsterfahrten einzusetzen. Gewichtsmessungen in Industrie-betrieben ergaben Untergewichte bis zu 10 kg.

Die Hoffnungslosigkeit der Menschen hatte noch einen anderen Grund, das Wetter. Der Sommer 1947 war der heißeste und trockendste seit einem Vierteljahrhundert. Er verbrannte die Viehweiden und zwang zum massenhaften Abschlachten des Viehs. Und er ließ die Kartoffeln nur zur Größe von Tischtennisbällen gedeihen. Die Gesamternte 1947 erreichte nur noch etwa 40% der Vorkriegsernten, im Januar 1947 würde sie aufgezehrt sein.

Um Lebensmittelhinterziehungen der Bauern zu unterbinden, wandte die Militärregierung rigorose Methoden an. Unter Mithilfe von 8.000 Polizisten umstellte sie im Herbst 1947 40 pfälzische Dörfer und durchkämmte sie von oben bis unten.

Die zweite Maßnahme war eine Massenabschlachtung von Schweinen, der sog. Schweinemord, um die Kartoffelernte zu schonen sowie vermehrte Abschlachtung von Rindvieh. Das erhöhte zwar die Fleischration, verknappte aber Milch und Butter.

Die ersten Anzeichen eines grundlegenden Wandels der Stimmungslage und des Selbstgefühls der Menschen wurden erkennbar, die sich im Frühjahr 1947 verstärkt fortsetzten. Die Neigung zum schuldbewußten Gedulden wich zunehmend Empörung, Protest und Drohung mit Gewalt. Betriebe in der Pfalz und in Rheinhessen meldeten Abwesenheitsquoten bis zu 30%, weil die Menschen es für nutzbringender hielten, ihre Kräfte für Hamsterfahrten einzusetzen. Gewichtsmessungen in Industriebetrieben ergaben Untergewichte bis zu 10 kg.

Herbst 1947
Daß es nicht zur Katastrophe kam, hing mit

der Weizenrekordernte in den USA 1947 zusammen. Die Militärregierung erhöhte ihre Zuteilungen ab Oktober 1947. Die Kartoffelzuteilung von 3 Zentner pro Person konnte durch die massenhaften Schlachtungen im großen und ganzen sichergestellt werden. Die Kalorien stiegen erstmals seit einem Jahr auf 1 200 pro Normalverbraucher an. Aber bis zur Normalität war es noch ein weiter Weg.

Frühjahr 1948

Die Importerwartungen gingen in Erfüllung. Mehl, Brot und Teigwaren und andere Lebensmittel standen nun in größerem Umfange als früher zur Verfügung.

Um so überraschender, daß eben zu diesem Zeitpunkt die Proteststimmung ihren Höhepunkt erreichte. Am 7. Juni blieben in Ludwigshafen die Straßenbahnen im Depot und traten 15 000 Arbeiter und Angestellte in den Streik. Es ist dem Kabinett Altmeier in Zusammenarbeit mit den Gewerkschaften gelungen, den Streik der BASF-Arbeiter abzuwenden.

Für das antizyklische Verhalten der Menschen gibt es zwei Gründe: Zum einen wurde die Unterernährung um so bedrohlicher empfunden, je länger sie dauerte, zum anderen ahnten die Menschen die gewandelte Lage Deutschlands im Kalten Krieg, die sie vom politischen Objekt zum Subjekt machte. Hinter den Protesten verbarg sich demnach ein neues politisches Selbstgefühl.

Sommer 1948

Im Zuge der Währungsreform im Juni 1948 und des sich wandelnden Ablieferungsverhaltens der Bauern, als Ergebnis einer guten deutschen Ernte, einer sehr guten Ernte in den USA und der Marshallplan-Gelder erfolgte im Som-

Eine Sonderzuteilung von Äpfeln wird genau abgewogen

mer 1948 die Wende. Im Juli 1948 stiegen die Kalorien erstmals seit 1944 auf über 2.000 an. Mit Ausnahme von Zucker und Fleisch waren alle Grundnahrungsmittel bald hinreichend vorhanden, Kartoffeln sogar im Überfluß. Sorgen bereitete hingegen der starke Anstieg der Lebensmittelpreise, vor allem bei Fleisch. Diese Preisentwicklung war der Hauptgrund dafür, daß die Regierung noch bis Anfang 1950 schlossen die Ernährungsämter ihre Pforten. Nun wurde „Otto Normalverbraucher" wie ihn Gerd Fröbe darstellte, zur historischen Figur.

Hermann Arnold

Die Hungerjahre aus medizinischer Sicht

*Man hat dich auf einer Waage gewogen
und zu leicht befunden.*
(Daniel 5, 27)

Die Rationierung der Lebensmittel im Zweiten Weltkrieg und danach

Am 3. September 1939 begann im Deutschen Reich die Bewirtschaftung der Lebensmittel. Sie endete in Rheinland-Pfalz am 7. März 1950. Durch bereitliegende Verordnungen wurde mit Eintreten der Mobilmachung jeder freie Verkauf von Fleisch, Fett und fast allen sonstigen Lebensmitteln verboten. Sogleich waren alle Vorräte an solchen Gütern den Behörden zu melden. Fortan unterlagen sie der Bewirtschaftung und durften nur noch gegen Bezugsberechtigungen (Karten oder Bezugsscheine) abgegeben werden. Von Kriegsanfang bis zur Aufhebung der Bewirtschaftung waren diese Perioden durchnumeriert von Nr. 1 bis 135. Die Lebensmittelkarten waren nach Altersgruppen differenziert. Anfangs waren sie nur mit Abschnitten für Fleisch, Mischbrot, Fett, Milch, Marmelade und Zucker versehen. Mit zunehmender Härte und Dauer des Krieges wurde das Kartensystem weiter ausgebaut. Im Rahmen dieses Systems vollzog sich die Verteilung der Lebensmittel bis zum militärischen Zusammenbruch des Reiches ohne wesentliche Schwierigkeiten; die aufgerufenen Abschnitte der Lebensmittelkarten wurden normalerweise voll beliefert.

Mit der Übernahme der Verwaltung in der französischen Besatzungszone durch die Franzosen am 8. April 1945 änderte sich die Ernährungslage entscheidend. Zwar wurde von der Militärregierung durch die Instruktion Nr. 2 vom 29. April 1945 recht bald ein Ernährungsamt für die Pfalz in Speyer eingerichtet und das bisherige Kartensystem mit der gewohnten Gruppeneinteilung beibehalten. Auch wurden ausreichende Rationen in Aussicht gestellt. Für erwachsene Normalverbraucher pro Tag 250 g Brot, pro Woche 100 g Fleisch, 40 g Käse, 125 g Teigwaren und 3 kg Kartoffeln sowie 200 g Kartoffelmehl und 500 g Zucker pro Monat. Diese Rationen standen aber nur auf dem Papier, denn die Organisation der Lebensmittelerfassung und -verteilung war zerschlagen und jegliche Zufuhr aus dem Hinterland bzw. aus dem rechtsrheinischen Deutschland durch Eingriffe der Besatzung abgeschnitten. Ab Mai 1945 mußten deshalb die Lebensmittelzuteilungen wochenweise aufgerufen und die Rationen stark gekürzt werden. Wie schwierig die Versorgungslage war, zeigt der Zuteilungsplan für die 76. und 77. Zuteilungsperiode (Tabelle 1). Weil das Ernährungsamt keine Vorräte hatte, konnte es jeweils nur für zwei Wochen disponieren.

Auch als sich im Spätsommer die Verhältnisse einigermaßen konsolidiert hatten, konnten nur Rationen von weniger als 1000 Kalorien in Aussicht gestellt werden. Wo gar keine oder nur geringe Möglichkeiten zur Beschaffung zusätzlicher Lebensmittel bestanden, vor allem also in den größeren Städten, wirkte

Tabelle 1: Wochenrationen in der 76. und 77. Zuteilungsperiode im Landkreis Landau

	Brot	Mehl	Butter	Nährmittel	Eier	Fleisch	Kal./Tag
76. Periode 28.5 - 10.6.1945	1000 g	500 g	15,675 g (!)	100 g	1	——	350
77. Periode 25.6. - 8.7.1945	1000 g	——	40,625 g (!)	50 g	——	100 g	250

sich diese absolut ungenügende Versorgung natürlich stärker aus als auf dem Lande. Um diesen Nachteil auszugleichen, wurden in den Städten mit über 20 000 Einwohnern - den sogenannten Prioritätsstädten - alle Bezugsabschnitte der Lebensmittelkarten mit einem besonderen Aufdruck versehen. Sie genossen dann den Vorzug einer mengenmäßig etwas besseren und zeitlich früheren Belieferung.

Obwohl um die Jahreswende 1947/48 die Zuteilungen noch sehr zu wünschen übrig ließen, war aber doch eine Besserung der Versorgung nicht zu verkennen, denn Fische und Hülsenfrüchte ersetzten nun wenigstens teilweise das immer noch fast ganz fehlende Fleisch und linderten den am drückendsten empfunden Mangel, die Armut der Kost an Eiweiß. Da die Eiweißzufuhr für die Erhaltung

Tabelle 2: Zuteilungen in den Besatzungszonen Ende 1946 (in Gramm)

Besatzungszone	Kalorien	Eiweiß insg.	tier. Eiweiß	pflanzl. Eiweiß	Fett	Eiweiß in % d. Ges. Verbruchs tier./Pflanzl.	
Sowjetische	1282	29,5	3,5	26,0	9,9	11,9	88,4
Britische	1542	52,8	11,0	41,8	13,4	20,8	79,2
Amerikanische	1564	52,1	16,8	35,3	18,0	32,2	67,8
Französische	1209	30,7	5,0	25,7	13,6	16,3	83,7
Berlin	1572	40,2	5,7	34,5	11,3	14,2	85,8

Die Rationen waren zu dieser Zeit in der sowjetischen Besatzungszone örtlich verschieden. Es wurden zugeteilt

in Leipzig/Dresden	1471	34,7	4,4	30,3	10,5	12,7	87,3
andere Großstädte	1430	33,3	3,8	29,5	10,3	11,4	88,6
übrige sowj. Zone	1241	28,5	3,4	25,1	9,8	11,9	88,1

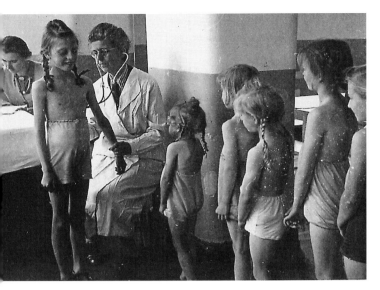

Erst nach dem Wiegen wird man zur Speisung zugelassen

Die Folgen des Hungers

Welches Alter und welches Geschlecht waren in den Jahren 1945 bis 1948 am meisten der Gefahr des Todes ausgesetzt? In Bayern hatten im Jahre 1946 die Sterbefälle, bezogen auf den Durchschnitte der Jahre 1938/39, zugenommen bei den Säuglingen, den Kleinkindern (bis zu 5 Jahren) und den 15- bis 40jährigen. Ihre Zunahme war am höchsten in der Gruppe der 25- bis 30jährigen; sie haben am stärksten abgenommen bei den 60- bis 70jährigen. Die Sterblichkeit der Männer war im mittleren Lebensalter unverhältnismäßig höher als die der Frauen. In der Altersgruppe der 20- bis 25jährigen betrug bei den Frauen die Zunahme rund 18%, bei den Männern fast 62%

Örtlich wirkende Umstände, wie etwa die Prinzipien des zuständigen Landesernährungsamtes, das den Geisteskranken nicht mehr geben wollte, als den Normalverbrauchern, konnten den Tod zahlreicher Patienten herbeiführen Es war die „trockene Form des Hungers", die das klinische Bild beherrschte. Der Tod näherte sich dem Hungernden in der Regel unter der Maske einer Krankheit. Tod allein durch Inanition war selten. Diese Feststellung ist der Erörterung der Ursachen der Übersterblichkeit der Jahre 1945 bis 1948 vorauszuschicken. Aus der Todesursachenstatistik der Gesamtbevölkerung läßt sich wenig entnehmen. Allerdings hatten „Darmkatarrhe" in Bayern 1946/47 weit mehr Todesfälle zur Folge gehabt als früher. Internierte Kollektive wurden hiervon noch wesentlich stärker betroffen. Die grobe Kost belastete die Verdauungsfunktionen in erhöhtem Maße durch ungünstige Zusammensetzung und großes Volumen. Durch Störungen der Verdauung und Resorption wurden die Folgen der Mange-

des Lebens und der Leistungsfähigkeit von überragender Bedeutung ist, sollte auf die Feststellung der tatsächlichen Eiweißzufuhr besonderer Wert gelegt werden, aber bei kaum einer anderen Frage dieses Problemkreises ist die Tatsachenermittlung so schwierig wie hier.

Die Ernährungssituation der Jahre 1945 bis 1948 läßt sich in der Feststellung zusammenfassen, daß der Masse der Bevölkerung nach Menge und Güte nur die Hälfte der zur Erhaltung von Gesundheit und Leistungsfähigkeit notwendigen Nahrung zugeteilt worden ist. Wer die Zeit miterlebt hat, weiß, daß jeder nach Kräften sich zusätzlich Lebensmittel beschaffte, damit er überlebte. Offenbar ist dies den allermeisten gelungen, denn die Sterblichkeit hat keine katastrophale Steigerung erfahren.

lernährung verstärkt. Das System der Verdauungsfermente erfuhr tiefgreifende Störungen. Ungenügende fermentive Aufspaltung der Nahrung ist ein wichtiges Glied in der Pathogenese der Dystrophie. Die unverdaute Cellulose regt die Peristaltik an, so kommt es häufig zu Durchfällen, die ihrerseits die Resorption der Nahrung verschlechtern. Zur alimentären Ursache der Diarrhöen tritt häufig eine Infektion. Die mangelnde Widerstandskraft des chronisch unterernährten Dystrophikers begünstigt sie ebenso wie die bereits erwähnte schlechte Zubereitung und Beschaffenheit der Kost.

Methoden der Ernährungskontrolle

Bei der Errechnung der prozentualen Untergewichtsgruppen sind zwei Wege möglich. Geht man vom Lebensalter aus, so werden die ermittelten Gewichte jedes einzelnen Kindes oder das Durchschnittsgewicht eines Kollektivs auf das Durchschnittsgewicht seiner Altersklasse in einer Normaltabelle bezogen; geht man von der Körperlänge aus, so wird das jetzige Körpergewicht des Kindes auf das Sollgewicht seiner jetzigen Körperlänge in einer nach der Körperlänge aufgestellten Normaltabelle bezogen. Die Kombination beider Methoden, d.h. die letztere Methode bei einem altersmäßig begrenzten Kollektiv anzuwenden, ist auch bei großen Probandenzahlen möglich, wenn man Tabellen benutzt, die für jede Altersstufe die „normale" Relation von Größe und Gewicht angeben, aus denen sich ein Quotient errechnen läßt, in den die Abweichungen des Längen- und Gewichtswachstums von den Normwerten angemessen eingehen.

Bei der Planung einer Ernährungskontrolle ist festzulegen, welche Kollektive wie oft gemessen werden sollen. Als Kriterien für die Bildung von Gruppen für Untersuchung und (oder) Auswertung können das Lebensalter, die Körperlänge, das Geschlecht und die soziale Position dienen. Bei Schulkindern hat der letztgenannte Punkt ein breites Spektrum: Schulklasse, Schulgattung, Status der Eltern, Wohnort (Stadt oder Land), Geschwisterzahl und noch mehr.

Es war uns klar, daß nur unablässig sorgfältiges Untersuchen brauchbare Unterlagen für die statistische Auswertung liefern kann. Diese Voraussetzung ist nur erfüllt, wenn stets die gleichen zuverlässigen Untersucher, möglichst Ärzte, am Werke sind. Es genügt, auf einen Zentimeter genau zu messen unter Beachtung der Grundsätze von Auf- und Abrundung. Bei der Gewichtsfeststellung sind Schuhe und Oberbekleidung abzulegen, und für die noch am Körper verbleibende Kleidung ist ein bestimmter Betrag abzuziehen. Es muß auf mindestens 0,5 kg genau gewogen werden. Bei der Auswertung wird an Hand der Wiegelisten für jede untergewichtige Person das prozentuale Untergewicht festgestellt. Eine Tabelle, die für alle Körperlängen die prozentualen Untergewichte bis herab zu 40% angibt, leistet gute Dienste. Liegen die Istgewichte in Bruchteilen von 1 kg vor, so kann durch Interpolieren der Zwischenwert des prozentualen Untergewichts gefunden werden.

Der Weg, um zur Wertigkeitssumme zu gelangen - wir nannten diese Ziffer Ernährungsweiser, besser hieße sie Hungerindex - ist also dieser:

1. Messen und Wiegen
2. Ermittlung des prozentualen Unterge-

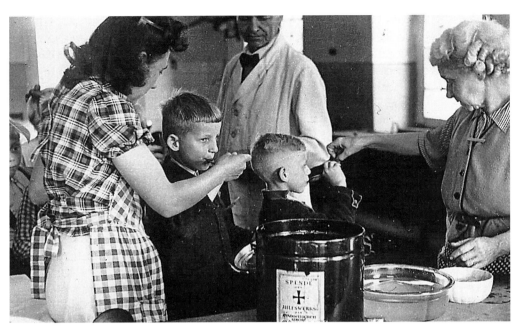

wichts jedes Individuums durch Ablesen aus einer Tabelle.

3. Aufteilung der Individuen auf die Untergewichtsgruppen 0 bis h an Hand einer weiteren Tabelle.

4. Errechnung des prozentualen Anteils der Untergewichtsgruppen an der Gesamtzahl der Untersuchten.

5. Graphische Darstellung der Ergebnisse.

6. Multiplikation der Prozentzahlen der Untergewichtsgruppen 0 bis h mit den Faktoren 10 bis 2 und Addition der gewonnen neun Produkte. Die Summe ist die gewünschte Kennziffer, der Ernährungsweiser oder Hungerindex. Veränderungen dieser Ziffer lassen sich in Prozenten ausdrücken, so daß der Ablauf einer Ernährungskrise mit wenigen Zahlen bezeichnet werden kann.

Ergebnisse der Untersuchungen

Der Ernährungszustand war von 1940 bis 1942 einigermaßen konstant. Hierin zeigte sich die große Anpassungsfähigkeit des menschlichen Organismus an die Lebensbedingungen. Vermindert sich die Nahrungszufuhr, tritt zuerst eine Gewichtsabnahme ein. Damit aber vermindert sich zugleich der Grundumsatz, und zwar etwas mehr als dem Absinken der Körpergewichts proportional ist. Es tritt also eine echte Einsparung im Nahrungsbedarf ein. Dadurch wird ein neues Gleichgewicht zwischen Nahrungsaufnahme, Körpergewicht und körperliche Leistung herbeigeführt.

Eine Ernährungskontrolle der Schuljugend auf breitester Basis wurde in der französischen Besatzungszone durch einen Befehl der Militärregierung vom 17. April 1946 eingeleitet: Die Gesundheitsämter sollten vierteljährlich in Schulen und Industriebetrieben Messungen vornehmen, die Ergebnisse in Listen aufzeichnen und Mittelwerte ausrechnen. In der britischen und amerikanischen Zone begann man etwa gleichzeitig mit solchen Untersuchungen. Die Ergebnisse sollten von einem Combined Nutrition Committee ausgewertet werden. Die Anordnung der Militärregierung wurde allgemein durchgeführt, jedoch meist ohne sonderliches Streben nach Genauigkeit. Die aus den vollzogenen Messungen errechneten Durchschnittswerte konnten weder die deutschen Stellen, noch die Besatzungsmächte sonderlich beunruhigen.

Da die ältere Generation der Stadtbevölkerung ganz besonders unter dem Nahrungsmangel zu leiden schien, luden wir im August 1947 die über 60 Jahre alten Einwohner zu einer Gewichtskontrolle ein. Alle gehfähigen alten Leute sollten sich in der Zeit vom 25. August bis 4. September zum Messen und Wiegen im Gesundheitsamt einfinden. In den Altersheimen wurden die Kranken durch eine Arbeitsgruppe des Gesundheitsamtes gemessen und gewogen. Die bettlägerigen Kranken in der Stadt schickten ein ärztliches Zeugnis, in dem Alter, Größe und Gewicht vermerkt waren. Beim Wiegen und Messen, das durch einen Arzt geschah, wurden alle Kranken daraufhin untersucht, ob nicht etwa durch Krankheit eine Erhöhung des Körpergewichts eingetreten wäre. Bei beiden Geschlechtern hatte also die Mehrzahl ein Untergewicht von 10 bis 25%, bei den Männern 64%, bei den Frauen 61% der Untersuchten.

Die Aufgliederung der Ergebnisse des Messens und Wiegens der Schulkinder im Juli 1947 nach prozentualem Untergewicht lieferte den Beweis, daß auch unter den Kindern bestimmte Gruppen dem Hunger stärker ausgesetzt waren. Von 5230 Schülern waren zwar 1286 = 24,2% normal ernährt (Übergewicht, Normalgewicht oder Untergewicht von weniger als 5%), aber 3944 = 75,8% hatten ein Untergewicht von mehr als 5%, davon 2110 (=40%) von 5 bis 15% und 1834 (= 35%) von mehr als 15%. Der Anteil der Übergewichtigen war etwas größer in der Mädchenoberschule, deren Schülerinnen zum Teil aus gutsituierten Landfamilien stammten.

Unsere Untersuchungsergebnisse entsprachen einer Verlautbarung des Ernährungsrates der deutschen Ärzte vom Juli 1947, wonach in den Großstädten im Durchschnitt mit einem Untergewicht von 20% zu rechnen sei, während in ernährungsmäßig günstigen Kleinstädten Gewichtsabnahmen bis zu 15% die Regel seien. Von der Gewichtsabnahme verschont seien die Kleinkinder, jedoch schlecht gestellt seien die Zehn- bis Dreizehnjährigen. Entgegen der Behauptung der Denkschrift des Ernährungsrates, daß vom achtzehnten Lebensjahr ab eine rapide Zunahme der Untergewichts einsetze und daß extreme Untergewichte sich vor allem bei Männern über vierzig Jahren einstellten, fanden wir die Adoleszenten und die Greise am härtesten vom Hunger betroffen. Diese Befunde überzeugten die Leitung der Hilfsaktion der amerikanischen Mennoniten, daß umfassende Hilfe für die Gruppen notwendig war.

Dies war also der Ernährungszustand des überwiegenden Teils der nichtbäuerlichen Bevölkerung unseres Kreises vor der Währungsreform:

Der Mangel an Lebensmitteln war in der Stadt am dringendsten, er war weniger fühlbar in den größeren Landgemeinden und berührte die Vollselbstversorger überhaupt nicht.

Eingestellt auf eine vita minima vegetierten die alten Menschen dahin.

**Mitteilungsblatt des Ernährungsamtes
—— der Stadt Kaiserslautern ——**

Lebensmittel Bezugsrechte in der ersten Woche 74 Periode

(9. mit 15. April 1945)

In der Woche vom 9. bis einschl. 15. April 1945 können im
Stadtkreis Kaiserslautern bezogen bzw. geliefert werden:

Lebensmittelkarte 74/E, Jgd u. K

500 g R.Brot	auf Nr. Abschnitt	19, 20, 119, 120, 219, 220
125 g Fleisch oder Fleischwaren	" " "	25, 26, 125, 126
100 g Butterschmalz, Schmalz od. Oel	" " "	31
125 g Teigwaren, Grütze oder Kartoffelstärke Erzeugnisse	" " "	32, 132, 232
250 g Zucker	" " "	33, 133, 233
125 g Salz	" " "	34, 134, 234
125 g Reis	" " "	1, 101, 201
50 g Kaffee-Ersatz	" " "	2, 102, 202
62,5 g Käse	" " "	7

Lebensmittelkarte 74/Jgd u. K

125 g Kunsthonig   auf Nr. Abschnitt 49

Lebensmittelkarte 74/K

125 g Grieß oder Kindernährmittel " " " **50, 150, 250**

2 kg Kartoffeln   auf Bezugsabschnitt 74/I der
Kartoffelbezugskarte 69/77

Die an den Lebensmittelkarten 74 befindlichen **Kleinabschnitte**,
lautend über Brot und Fett sind **ungültig** und berechtigen nicht
zum Warenbezug.

Die Bezugsrechte für die zweite Woche 74 werden rechtzeitig bekanntgegeben.
Die Nummernabschnitte sind beim Warenbezug **vom Kleinverteiler
abzutrennen** und später der Markenabrechnungsstelle zur Erlangung eines
Wiederbeschaffungs-Bezugsscheines vorzulegen. **Lose Nummernabschnitte sind ungültig!**

Kaiserslautern, April 1945

Der Oberbürgermeister - Ernährungsamt Abt. B

Die Kinder unter 10 Jahren waren in einigermaßen gutem Zustand. Die Zweite Streckung war unter der Wirkung des Hungers mäßig verzögert und danach auch bei vielen Jugendlichen das Wachstum disproportioniert, indem der physiologischen Streckung nicht die entsprechende Füllung folgte.

Im Lehrlingsalter trat diese Disharmonie am stärksten in Erscheinung.

Mit den gewährten Zulagen konnten körperliche Arbeiten in wesentlichem Umfange nur geleistet werden, wenn die Familie an den Zulagen nicht mitzehrte.

Zusammenfassung

1. Eine Notzeit mit chronischem Nahrungsmangel erfaßt eine Bevölkerung ungleichmäßig.

2. Das Durchschnittsgewicht einer Bevölkerung, die nur zum Teil hungert, ist kein brauchbarer Indikator zur Beurteilung der Ernährungssituation weil die günstigen Werte der Satten die ungünstigen der Hungernden in beträchtlichem Maße ausgleichen.

3. Um den Ernährungszustand eines Kollektivs richtig zu erfassen, muß man Soll- und Istgewicht und daraus das prozentuale Untergewicht jedes Individuums gesondert ermitteln. Die Verteilung der prozentualen Untergewichte, dargestellt in Form einer Ernährungskurve, gibt ein zutreffendes und anschauliches Bild des Ernährungszustandes einer Bevölkerung, sofern die untersuchte Gruppe repräsentativ ist. Mit dieser Methode läßt sich nachweisen, daß in den Jahren 1945 bis 1948 das Lehrlingsalter am stärksten unter der chronischen Unterernährung zu leiden hatte, die Jungen mehr als die Mädchen. Auch das Greisenalter wurde überdurchschnittlich in Mitleidenschaft gezogen.

4. Der Vergleich der Sterblichkeit im Lande Rheinland-Pfalz mit der im Bundesgebiet gibt Anlaß zur Vermutung, daß schlechtere Lebensbedingungen wie Mangel an Nahrung, Kleidung, Heizung und Waschmitteln in den Jahren 1946 und 1947 die Zahl der Erwachsenen-Sterbefälle in Rheinland-Pfalz erhöht haben.

5. Vom Hunger tödlich getroffen wurden vor allem internierte Kranke, denen es

nicht möglich war, sich zusätzlich Nahrungsmittel zu beschaffen.

6. Der Tod der Hungernden wurde durch chronische oder interkurrente (banale) Infekte einerseits und Verdauungsinsuffizienz mit Diarrhöen andererseits herbeigeführt. Die Tuberkulose wütete unter den hungernden Kranken einer von uns näher untersuchten Anstalt.

7. Die Sterblichkeit in psychiatrischen Krankenhäusern ist ein empfindlicher Indikator für die Ernährungssituation. Eiweißmangel macht sich sehr bald durch Zunahme der Todesfälle bemerkbar.

8. Bei Land- und Stadtkindern beobachteten wir einen jahreszeitlichen Rhythmus des Körpergewichts: Zunahme im Winter, Abnahme im Frühling, der auch durch die schlechte Ernährung nicht aufgehoben war.

Speisungen lindern den Hunger

Versuche, aus eigener Kraft Kinderspeisungen zu organisieren, scheiterten bald am wachsenden Mangel, der es auch unmöglich machte, bei den Bauern Spenden zu sammeln. So mußte eine vom Gesundheitsamt Bergzabern organisierte Speisung am 1. September 1946 eingestellt werden, als in Aussicht gestellte Zufuhren des Roten Kreuzes ausblieben. Zu jener Zeit traf nur eine Spende des Irischen Roten Kreuzes für die Krankenhäuser ein: pro Krankenbett 3,0 kg Zucker. Dagegen konnten dank der vom schweizerischen Roten Kreuz gespendeten Nahrungsmittel in der Stadt Landau seit dem 1. September 1946 regelmäßig Schulspeisungen durchgeführt werden: 500 Kinder erhielten an

Schultagen eine Mahlzeit von 300 Kalorien, die infolge ihres Gehaltes an Milch von hohem Wert für die Entwicklung und Gesunderhaltung der Kinder war. Es ist allerdings zu berücksichtigen, daß diese Gabe nicht an Sonn- und Feriertagen gereicht wurde, so daß sich die tägliche Kalorienzahl auf etwa 150 erniedrigt. Die Auswahl der Kinder für die Speisung erfolgte in erster Linie nach der Höhe des Untergewichts, doch wurde auch in jedem Fall in einer Besprechung zwischen Schularzt, Fürsorgerin und Lehrer geklärt, ob die häuslichen Verhältnisse einen Mangel an Nahrungsmittel vermuten ließen.

Hilfe für die hungernde Bevölkerung wurde ganz dringend, als im Sommer 1947 die auf Karten tatsächlich ausgegebenen Lebensmittel immer weniger wurden. Wir errechneten Kalorienzahlen, die noch beträchtlich unter den vom statistischen Landesamt ermittelten Werden lagen. Der Bedarf der sieben- bis zehnjährigen Schüler war nach unseren Berechnungen noch zu 34%, der der Elf- bis Achtzehnjährigen und der erwachsenen Normalverbraucher sogar nur zu 26 bis 28% gedeckt. Die katastrophale Ernährungslage veranlaßte die Stadtverwaltung Landau (Pfalz), das mennonitische Zentralkomitee in Neustadt (Weinstraße) um Durchführung von Speisungen zu bitten.

Noch während des Krieges hatten die USA den War Relief Control Board geschaffen, der private Hilfsmaßnahmen koordinierte. Dieser förderte die Bildung des American Council of Voluntary Agencies for Foreign Service (1944), dem 50 Hilfsorganisationen angehörten. Die Organisation CRALOG bestand aus denjenigen Verbänden, die in Deutschland tätig werden wollten. Anfangs durfte CRALOG monatlich nur 2000 t Hilfsgüter verschiffen. Eine Delegation von acht amerikanischen Vertretern des American Council of Voluntary Agencies stellte in der US-Zone die Verbindung her zu der Militärregierung und dem deutschen Zentralkomitee. Sie überwachte Transport und Verteilung der gelieferten Güter. Die eigenen Hilfsmaßnahmen der Mennoniten in Deutschland begannen mit dem Eintreffen ihres Vertreters Robert Kreider am 28. März 1946. Das Mennonite Central Committee (MCC) erlangte im Oktober 1946 die Erlaubnis, eigenes Personal zur Verwaltung seiner Hilfe in die britische und französische Zone zu entsenden. Der Beauftragte des MCC, Walter Eicher, glaubte, in der französischen Zone etwas mehr Bewegungsfreiheit für die Hilfsmaßnahmen vorzufinden als in den beiden anderen Zonen. Die Verteilung der Spenden des MCC lag hauptsächlich in Händen des Evangelischen Hilfswerkes. Ein Hauptquartier des MCC wurde in Neustadt (Weinstraße) eingerichtet, das in der französischen Zone drei Kinderspeisungsprogramme durchführte. In Ludwigshafen wurden an 8000 Kinder von 6-14 Jahren sechsmal in der Woche eine Mahlzeit von 300 bis 500 Kalorien ausgegeben. In Neustadt (Weinstraße) erhielten 2000 Kinder unter 6 Jahren wöchentlich Lebensmittelpäckchen. Im Sommer 1947 wurden vom MCC in Deutschland ungefähr 80000 Personen gespeist. Vom 1. Dezember 1946 bis 30. November 1947 wurden nahezu 4000 t Lebensmittel, Bekleidung usw. von amerikanischen und kanadischen Mennoniten nach Deutschland geschickt. Im Programm für 1947 trat eine neue Richtung in der Verteilung der Gaben ein. Während sie sich früher auf die Kinderspeisung konzentriert hatte, wurde nun mehr Nachdruck auf alte Leute und Universitätsstudenten gelegt. Das Hoover-Schulkinderspeisungsprogramm trug

zu dieser Verschiebung bei. Zunehmend wurden die Mitarbeiter den Zustand der alten Leute gewahr. Die Währungsreform machte ihre Lage noch schlechter. Im Mai bis Juni 1948 wurden in der britisch-französischen Zone vom MCC 140.000 Personen gespeist, ungerechnet die von deutschen Organisationen gespeisten Personen, für die die Nahrungsmittel vom MCC geliefert wurden. Im Kalenderjahr 1947 sind von 10 Organisationen 26 Millionen Pfund Hilfsgüter aus den USA durch CRALOG nach Deutschland verschifft worden, davon durch das MCC über 8 Millionen, mehr als durch jede andere Hilfsorganisation.

Die Ende Juli 1947 aufgenommenen Verhandlungen mit Delbert Grätz, dem Beauftragten des Mennonitenzentralkomitees, führten nach Vorlage unserer Berichte und sonstiger Unterlagen am 8. August 1947 zu einer ersten Besprechung mit Wohlfahrtsverbänden. Nachdem in weiteren Verhandlungen die Durchführung der Speisungen organisatorisch sichergestellt war, lief am 15. September 1947 das erste Programm an: 1000 unterernährte Leute erhielten täglich Brötchen. Bald folgten neue Programme oder wurden frühere erweitert. So wurden verteilt: Brot und Suppe an über 60 Jahre alte, unterernährte Leute; Brötchen und Suppe an Schulkinder und Lehrkräfte; Lebensmittel an kinderreiche Familien, an Krankenanstalten, Altersheime usw., an werdende und stillende Mütter, an Kleinkinder, an entlassene Kriegsgefangene, an Kranke und Genesende. Bedürftige Familien erhielten Kleider und Weihnachtspakete. Die von der mennonitischen Gemeinde *In the Name of Christ* gespendeten Lebensmittel wurden an rund 7900 Personen verteilt, d.h. rund 38% der Einwohnen

Landaus durften an diesem Hilfswerk teilnehmen. Bis 30. August 1947 wurden ihnen 100000 kg Lebensmittel zur Verfügung gestellt. Dazu kamen noch von den Mennoniten direkt an kinderreiche Familien, werdende Mütter, Kleinkinder, entlassene Kriegsgefangene sowie Kranke und Genesende verteilte Lebensmittel, deren Menge nicht bekannt ist. Im Rahmen der Altenspeisung erhielten anfangs 1000, schließlich 1950 Personen täglich Brötchen im Gewicht von durchschnittlich 200 g, die aus Weizenmehl, Fett und Rosinen gebacken waren. Seit dem 4. Mai 1948 erhielten 200 Alte auch täglich einen halben Liter nahrhafte Suppe. Die Schulspeisung gab etwa 1500 Kindern 382000 Portionen Suppe und 436000 Rosinenbrötchen zu etwa 100 g. Krankenhäuser und Altersheime erhielten weitere Spenden. Allein für die bisher genannten Speisungen wurden wenigstens 65 Tonnen Mehl und 45 Tonnen sonstige hochwertige Nahrungsmittel aufgewendet. Die Bedeutung dieser großartigen Hilfsaktion für die hungernden Menschen der Stadt kann nicht hoch genug angeschlagen werden. Zwar war im Winter 1947/48 die Lebensmittelzuteilung für Kinder mengenmäßig besser geworden, aber der größte Teil der vorgesehenen Kalorien bestand in Brot und Kartoffeln. Die Kartoffeln, die im Herbst in toto an die Haushaltungen ausgegeben wurden, waren infolge der Dürre des Sommers 1947 minderwertig und faulten rasch. Die ausgegebenen Rationen anderer Lebensmittel boten keine Möglichkeit, das durch Fehlen der Kartoffeln entstandene Kaloriendefizit durch andere Nahrungsmittel zu kompensieren. Die Spenden der Mennoniten waren daher ein Geschenk des Himmels. Ihre durch die Tat bewiesene Nächstenliebe verdiente ein sichtbares Denkmal.

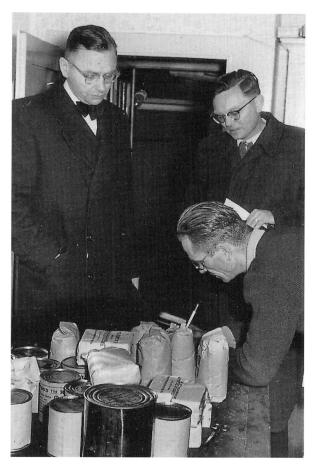

Übergabe von Spenden an lokale Helfer

1   Zusammenfassung von: Hermann Arnold: Hunger. Beiträge zur Sozialhygiene der chronischen Unterernährung. (Annales Universitatis Saraviensis. Medizin. Vol. XVIII FASC. 3. 1970).

Delbert Grätz

Erinnerungen

Lebt wohl ihr Berge,
ihr geliebten Triften,
ihr traulich stillen Täler, lebet wohl.
(Friedrich Schiller, Johanna von Orleans)

Meine Gedanken wandern oft zurück in die Vergangenheit, wenn ich am Fenster meines Büros sitze und den Blick weit über das Land schweifen lasse, in dem die Berner Mennoniten in Putnam County, Ohio, USA, in der Mitte der Dreißiger Jahre des letzten Jahrhunderts siedelten.[1] Wenn ich die alten Gebäude, die Felder und Wälder betrachte, dann versuche ich mir vorzustellen, was die ersten Eindrücke jener Einwanderer in der Neuen Welt waren, wie sie mit der Wildnis, den Tieren und den Einheimischen fertig wurden. Ich versuche herauszufinden, worüber sie sich unterhielten und wie sie sich an ihre Heimat in der Alten Welt erinnerten. Ich möchte ergründen, wie sie in der Schweiz gelebt haben. Warum haben sie dieses wunderschöne Land verlassen, dessen Bewohner sich doch schon seit dem 16. Jahrhundert demokratischer Strukturen erfreuten? Seit meinem fünfzehnten Lebensjahr, als mir mein Großvater von seiner Jugend und seinen Ahnen erzählte, habe ich versucht, diese Fragen zu beantworten.

Geschichte und Landschaft prägen eine Volksgruppe

Um die Mennoniten heute und die Täufer von damals zu verstehen, muß man ihre Geschichte studieren und die Umgebung, in der sie entstanden sind. Die Berner Täufer kommen aus dem Unteren und dem Oberen Emmental, aus dem Berner Oberland und aus dem Gebiet um den Thuner See, einige auch aus der Grafschaft Grassburg sowie aus Schwarzenburg und Wahlern. Das sind Gegenden weitab von den großen Verkehrsströmen, in denen die Menschen abgeschieden und auf sich selbst gestellt ihr Leben führten. Dies hat sicherlich zur Ausbildung ihrer Eigenschaften beigetragen, die typisch sind für viele ländliche Gesellschaften in ähnlicher Situation. Der wichtigste Faktor ist aber wohl die Herkunft dieser Volksgruppe. Es gab eine keltische Urbevölkerung, die 58 v. Chr. von Julius Cäsar als Verbündete in Römische Reich eingegliedert wurde, sich aber kaum mit den Römern vermischte. Als die Alemannen nach 260 n. Chr. das Gebiet überrannten, floh die Urbevölkerung in die Hügel des Emmentals und in die hoch gelegen Täler des Berner Oberlandes. Offenbar hat sich dort bis heute ein relativ starker keltischer und somit isolierter Bevölkerungsanteil erhalten.

Die Emmentaler sind stark traditionell geprägt. Man ist allem Neuen gegenüber skeptisch. Bevor man etwas verändert, braucht man Beweise, daß das Neue besser ist. Sie arbeiten sehr hart, aber sie brauchen ziemlich lang, um eine Arbeit auszuführen. Als gradsinnige und ehrliche Menschen grenzen sie sich von den leichtlebigen *Wälschen* ab. Sie sind überaus zielstrebig im Leben. Überflüssiges wird abgelehnt. Das typische Emmentaler *Burrehus* oder der *Spycher* passen wunderschön in die hügelige Umgebung, aber jeder Nagel dient hier seinem Zweck. Und der Bibelspruch über der Eingangstür macht dem Besucher klar, daß er ein christliches Haus betritt. Die Menschen neigen dazu, sich abzusondern und ganz auf die eigene Gemeinde zu konzentrieren. Deshalb muß man einen von ihnen sehr lange kennen, bevor er zum Freund wird. In der Abgeschiedenheit der Berge hat man gelernt, sich ganz auf sich selbst zu verlassen. Deshalb hat man das Gefühl entwickelt, die eigene Handlungsweise, die eigenen Methoden seien die einzig richtigen.

Man sagt „usser Bärndütsch isch die beschte und schönschte Sproch" und die „dütsche Sproch isch e Frömdsproch", die man erst in der Schule lernt. In Kerzers, im Züribiet, im Mittelland des Kanton Bern spricht man Dialekte, die sich in Aussprache, Intonation, Syntax und Wortschatz stark voneinander unterscheiden. Wer nicht die gleiche Sprache spricht, ist ein Fremder. „Du bisch na Simmentaler" bedeutet, daß man ein Fremder, ein Außenstehender ist, dem man nicht voll vertrauen kann. Auch zwischen den Landbewohnern und den *Häre von Bärn* besteht traditionelles Mißtrauen, weil die Patrizierfamilien in Bern die Gesetze machten, die die Bauern aus dem Emmental zu befolgen hatten. Die Erzählungen des aus Murten stammenden Pfarrers und Schriftstellers Jeremias Gotthelf zeichnen diesen Menschenschlag in großer Eindringlichkeit.

In religiöser Hinsicht nahm das Emmental schon immer eine Sonderstellung ein. Pietistische Strömungen gab es dort schon im 14. und 15. Jahrhundert. Bis weit ins 19. Jahrhundert wurden in abgelegenen Gegenden des Emmentals noch heidnische Bräuche gepflegt, die natürlich von den reformierten Pfarrern heftig bekämpft wurden. Erst seit der Herrschaft Napoleons wurden alle Religionen in der Schweiz als gleichberechtigt anerkannt.

Die Täufer im Kanton Bern

Die Reformation in Bern und in der bernischen Herrschaft wurde von Johannes Haller, dem Pfarrer am Münster, 1528 eingeführt. Aber schon 1525 gab es in der Gegend von Zofingen religiöse Gemeinschaften außerhalb der Staatskirche. Ihre Ideen verbreiteten sich schnell im Emmental und im Oberland. Die Probleme begannen, als nach dem Vorbild

Luthers Teile der Bibel in die Volkssprache übersetzt und von den Menschen gelesen und selbständig interpretiert wurden. Als Konsequenz davon versuchten die Täufergruppen, ihre Gemeinden so aufzubauen, wie sie es in der Apostelgeschichte beschrieben fanden. Es gab dort keine Anhaltspunkte dafür, daß Staat und Kirche eine Verbindung eingehen müßten. Nur solche Menschen sollten der Kirche angehören, die aus eigener Entscheidung an Gott glaubten und bereit waren, den Lehren des Evangeliums zu folgen. Deshalb wurde die Kindertaufe abgelehnt. Weil die Botschaft Jesu eine Botschaft der guten Beziehungen der Menschen untereinander war, konnte ein Christ keine Waffen tragen, Menschen töten oder Dinge zerstören. „Wo zwei oder drei von euch in meinem Namen versammelt sind, so bin ich mitten unter euch." Dieser Vers bedeutete, daß man weder eine Kirche noch ein Münster zum Beten brauchte, sondern man konnte sich überall zum Gottesdienst treffen, in den Häusern von Gleichgesinnten oder sogar in den Höhlen des Waldes. Die Staatskirche lehnte die Lehren der Wiedertäufer ab, und so verbot sie alle religiösen Handlungen außerhalb der Kirchenorganisation. Auch materiell fühlte sich die Staatskirche bedroht. Das Wirtschaftssystem der Kirche konnte zusammenbrechen, wenn sich immer mehr Menschen weigerten, Kirchensteuern zu zahlen oder als Soldaten in den Dienst der Fürsten zu treten. Zur Unterdrückung der Täufer dachte man sich viele Methoden aus. In den 1530er Jahren gab es öffentliche Diskussionen, um die Täufer von ihren Irrtümern zu überzeugen. Diese gewannen aber mit ihren einfachen biblischen Argumenten immer mehr Anhänger, so daß man die Debatten 1538 aufgab.

Der Rat der Stadt Bern verabschiedete, oft auch gemeinsam mit dem Rat der Stadt Zürich, strenge Gesetze für die Behandlung der Täufer. Viele wurden in Gefängnissen eingekerkert. Falls sie jedoch nach einer langen Leidenszeit die täuferischen Glaubenssätze aufgaben, konnten sie in den Schoß der Staatskirche zurückkehren. Manche wurden nach einer Gefängnishaft an die Grenze nach Solothurn oder Basel geführt und mußten schwören, nie wieder nach Bern zurückzukehren. Taten sie es doch, dann drohte ihnen die Todesstrafe ohne Gerichtsverfahren. Eine besonders grausame Strafe war es, Täufer auf venetianische Galeeren als Sklaven zu verkaufen. Nach ihrer Dienstzeit dort kehrten sie meist nicht zurück. Hohe Geldstrafen hatte man sich besonders für die Bauern ausgedacht. Die Gemeinde und des Staat teilten sich das erlöste Geld. Für manche Familien bedeutete dies eine besondere Härte, da oft nur einer von ihnen zu den Täufern gehörte. Zum Erpressen von Geständnissen benutzte man das Streckbett. Stockhiebe waren eine Standardstrafe. Die Todesstrafe wurde anfangs durch Ertränken in der Aare, später durch Enthaupten vollstreckt. In den 1550er und 1560er Jahren wurden vermutlich mehr als 40 Täufer hingerichtet. Der letzte war Hans Haslibacher aus dem Sumiswald, den man am 20. November 1572 bei einer Quelle nahe der Kirche von Nydegg enthauptete.

Dieses Ereignis ist in einem Gedicht beschrieben:[2]

An einem Freytag thut mich verstahn,
Thäten die G'lehrten zu ihm gahn,
Wohl in die G'fangenschaft,
Fingen zu disputiren an,
Er soll von sein'm Glauben abstahn.

Der Haßlibacher auf der Stätt
Sie überdisputiret hätt,
Da sprach er halb zu ihn',
Von mein'm Glaub'n thu ich nicht ab-
stan,
Eh will ich Leib und Leben lahn.

Und da es nun am Samstag war,
Die G'lehrten gingen aber dar,
Redten ihm heftig zu,
Du mußt von deinem Glauben stahn,
Oder man wird dein Haupt abschlan.

Von mein'm Glaub thu ich nicht abstahn,
Das Göttlich Wort ich selber kann,
Mein Sach befehl ich Gott,
Es ist mein'm Herz ein ringe Buß,
Wann ich unschuldig sterben muß.

Darnach man ihm sein Haupt abschlug,
Da sprang es wieder in sein Hut,
Die Zeichen hat man g'seh'n,
Die Sonne ward wie rothes Blut.
Der Stadel-Brunn thät schwitzen Blut.

Die Herren sprachen insgemein,
Kein Täufer wir mehr richten wend,
Da sprach ein alter Herr:
Wär es nach meinem Willen gahn,
Den Täufer hätt man leben lahn.

Seit 1659 gab es in Bern eine Kommission für Täuferangelegenheiten. Diese setzte als Täuferjäger Menschen aus der untersten Schicht der Bevölkerung ein. Für das Einfangen von Täufern bekamen sie ein Kopfgeld. Sie hatten aber wenig Erfolg, da Nachbarn ihre Mitbürger oft durch Pfeifen oder Hörnersignale warnten, so daß sich die Täufer in Geheimgängen in Häusern und Scheunen verstecken konnten. Heute noch kann man ein solches Versteck bei Trub im Emmental besichtigen.

Völlig unabhängig von den Berner Täufern hatten sich in Holland die holländischen Mennoniten entwickelt. Seit sie 1641 zum ersten Mal von der Verfolgung ihrer Schweizer Brüder und Schwestern hörten, versuchten sie, diesen zu helfen. Ihre Briefe an den Rat der Stadt Bern blieben jedoch ohne Erfolg. Als sich schließlich 1660 die holländische Regierung einschaltete, durfte eine kleine Zahl eingekerkerter Täufer Bern verlassen und sich in Holland ansiedeln. Als schließlich die Auswanderung den Berner Täufern offiziell genehmigt wurde, halfen die Holländer ihnen in Amsterdam mit Geld und Gastfreundschaft.

Die Entscheidung zur Auswanderung fiel den Täufern nicht leicht, mußten sie doch ihre über alles geliebten Täler und Berge verlassen und Haus und Hof zu Schleuderpreisen verkaufen. Aber bis zum Ende des 18. Jahrhunderts gab es für viele von ihnen nur diese Möglichkeit, nach den Grundsätzen ihres Glaubens zu leben. Ironischerweise erhielten sie volle Religionsfreiheit in der Französischen Revolution von Menschen, die antireligiös gesinnt waren. Im 19. Jahrhundert hatte die Auswanderung dann überwiegend wirtschaftliche Gründe. Nach dem Berner Erbschaftsrecht erbte der Jüngste den Hof, mußte aber die alten Eltern und unverheiratete Geschwister versorgen. Die anderen Geschwister mußten sich als Knechte auf fremden Höfen verdingen oder als Soldaten dienen. Wer das nicht wollte, war gezwungen, auszuwandern. Die Ziele der Auswanderung waren das Elsaß, die Pfalz, Holland, Böhmen und Mähren, schließlich Amerika.

Täufer siedeln im Jura

Der katholische Bischof von Basel verlegte 1528 wegen der Reformation in Basel seinen Amtssitz nach Pruntrut und blieb dort bis zur Französischen Revolution. Als zwischen 1540 und 1570 Täufer aus Bern dorthin kamen, waren sie der Bevölkerung nicht willkommen. Da sie aber als Hersteller von hochwertigem Käse und begehrter Leinwand gute Steuerzahler waren, gab ihnen 1693 der Bischof offiziell die Erlaubnis zur Ansiedlung. Daraufhin strömten bis 1730 große Menschenmassen aus dem Oberland, dem Emmental und aus Schwarzenburg dorthin. Ihre Höfe mußten alle mindestens auf einer Meereshöhe von 1000 m errichtet werden, so daß für sie nur die steinigsten und unproduktivsten Gebiete zur Verfügung standen. Das Leben der Täufer im Jura im Jahr 1793 schildert der Schweizer Schriftsteller Heinrich Zschokke (1771-1848) in einer Erzählung. Offenbar hat er eine Gruppe kennen gelernt, die die Lehren Jakob Ammans befolgte:

„Ich fühlte mich wie in einer urchristlichen Gemeinde. Die Täufer waren so zufrieden, so fromm und ohne Heuchelei. In ihrer patriarchalischen Einfachheit sind sie äußerst gastfreundlich und fleißig. Es gibt keine Säufer, keine Spieler, keine nächtlichen Ruhestörer. Niemand lügt, niemand ist eifersüchtig auf seine Nachbarn... Wegen ihrer Enthaltsamkeit und ihrer großen Sauberkeit sind sie bis ins hohe Alter gesund. Ein Siebzigjähriger, einer ihrer Lehrer, führte mich mit kraftvollen Schritten wie ein Junger zum Besuch eines Glaubensbruders über Berge und durch Täler.... Das Erziehungssystem beruht dar-
auf, daß die Erwachsenen den Kindern mit gutem Beispiel vorangehen. Ihr Motto ist es 'Schaut Gott an'. (...) Was für Menschen sind das, was für Christen, die keinen Rechtsanwalt, keinen Pfarrer, keinen Richter und nur selten einen Arzt brauchen.
Sonntags versammeln sie sich im Freien, in einer Scheune oder in einem großen Wohnraum. Der Lehrer spricht freimütig darüber, was sie brauchen, oder er liest aus einem Erbauungsbuch vor. Wenn der Gottesdienst zu Ende ist, tischt man den Familien, die noch einen langen Nachhauseweg haben, ein gutes Mahl auf. (...) Die verheirateten Männer tragen als Zeichen der Männlichkeit lange Bärte. Die kurzen grauen Jacken, die kurzen Hosen und die bis übers Knie getragenen Strümpfe passen überhaupt nicht zu den Bärten. Knöpfe an den Kleidern sind verboten. Dafür benutzt man Haken und Ösen. Auch die Frauen sind einfach angezogen. Sie tragen keine goldenen Ringe. Ihre Kleider sind nicht aus Samt und Seide. Keine hellen, bunten Seidenbänder flattern an den Strohhüten. Trotzdem finden die jungen Mädchen Mittel und Wege, sich zu schmücken, ohne ihren Glauben in Gefahr zu bringen."

Die Hungerjahre 1816 und 1817 waren für die Jurabauern außerordentlich schwierig. Später Schnee und lange Fröste verdarben die Ernten. Auch der Bevölkerungsdruck auf den Hochebenen des Jura nahm zu, so daß man seine Zukunft nur noch in der Auswanderung sah. So gaben sie ihre Höfe auf und wanderten bis zur Mitte des Jahrhunderts nach Amerika aus. Weitere Gruppen folgten ihnen nach der Annahme der Schweizer Bundesverfassung von 1874, nach der jeder männliche Schweizer Bürger Militärdienst zu leisten hatte. Blickt man auf die lange Leidensgeschichte der Berner Täufer in Europa zurück, so erscheint es als eine besondere Tragik, daß Verfolgung und Tod nicht von primitiven Heiden oder antichristlichen Mächten über sie gebracht wurden, sondern von intoleranten herrschsüchtigen Christen. Dies alles bedenke ich, wenn ich aus dem Fenster meines Büros hinausschaue auf die Hügel Ohios.

Friedrich Grätz zieht nach Amerika

Auch die meisten meiner eigenen Vorfahren stammen aus der Schweiz. Aber da gibt es eine Ausnahme: Der Namensträger meiner Familie, mein Ururgroßvater Conrad Friedrich Grätz, wurde am 3. Mai 1806 im Haus Nr. 19 in der Pflanzbadstraße (rue du Bain aux Plantes) in Straßburg geboren. Heute ist das die Gegend am Gerberstaden, La Petite France. Das Haus wurde in den 1960er Jahre abgerissen. Aber die benachbarten Fachwerkhäuser sehen heute noch genauso aus, wie das Haus meines Ahnen einst ausgesehen hat. Er wurde in der Kirche der lutherischen Gemeinde St. Martin getauft. Auch seine Mutter war Elsässerin, sie hieß Margareta Barbara Menges. Sie starb sechsunddreißigjährig im Jahre 1815, als Friedrich gerade acht Jahre alt war. Sein Vater, Johannes Christian Grätz, war 1776 in Ulm geboren, mit Vorfahren aus Hessen, aus der Pfalz und aus Württemberg. Er starb 1817 und hinterließ den zwölfjährigen Friedrich und zwei Töchter, die alle in ein Waisenhaus kamen. Dort lernte Friedrich die Berufe des Maurers, des Schreiners und des Sattlers. In sei-

nem Arbeitsbuch kann man nachlesen, daß er für mennonitisch-amische Familien im Sundgau und in Mömpelgard gearbeitet hat. Ich bin davon überzeugt, daß die Verbindung zu diesen religiösen Gruppen für sein späteres Leben wichtig wurde. Da die wirtschaftlichen Verhältnisse im Elsaß in dieser Zeit schlecht waren, entschlossen sich die drei Geschwister zur Auswanderung. Früher war man deshalb zu Schiff den Rhein hinab gereist, um in Amsterdam ein Seeschiff zu erreichen. Die zahlreichen Zollstationen und die hohen Zölle mit langen Aufenthalten an jeder Grenze machten aber diese Reise so beschwerlich, daß die Auswanderer etwa ab 1820 ihren Weg über die französischen Kanalhäfen nahmen. Friedrich hatte im Gegensatz zu seinen beiden Schwestern kein Geld für die Schiffspassage. Deshalb schmuggelten sie ihn in Le Havre in ihrem Gepäck an Bord der *Sully*. Ein oder zwei Tage nach der Abreise erschien er an Bord. Er wußte aber, daß er die Überfahrt in Amerika abarbeiten mußte.

Die Reise dauerte 39 Tage und war ziemlich gefährlich und stürmisch. Wie es auf einem solchen Schiff zugeht, beschreibt Hans Nußbaum in einer Schilderung aus dem Jahre 1817:

„Die Wellen waren so hoch wie riesige Berge. Die Verpflegung wurde in Form von Rohmaterialien ausgegeben, die man sich offenbar selbst zubereitete: Montag - ein Pfund Mehl. Dienstag - ein Pfund Rindfleisch. Mittwoch - ein halbes Pfund Schinken und Erbsen. Donnerstag - ein Pfund Rindfleisch und Gerste. Freitag - ein Pfund Mehl. Samstag - ein halbes Pfund Schinken und Sauerkraut. Jeden Tag bekamen wir außerdem 2 Gläser

*Die erste Mennonitenkirche
in Ohio, erbaut 1840*

Brandy, jede Woche 6 Pfund Brot. Jeden Tag 3 1/3 Liter Wasser. Jede Woche ein Pfund Butter und ein Pfund Käse. 4 Personen erhielten pro Woche 1 1/3 Liter Essig."

Bei der Ankunft in New York übergab der Kapitän Friedrich als Entgelt für die Passage in einer Art Auktion an den Meistbietenden. Friedrich unterschrieb einen Vertrag, in dem er sich verpflichtete, drei Jahre lang beim Bau des Ohio-und-Erie-Kanals zu arbeiten.

Dieser Kanal verbesserte die Erschließung des Staates Ohio, die schon 1786/1788 durch die Gründung der Ohio Company of Associates von Rufus Putnam und Benjamin Tupper begonnen worden war. Nach dem Kauf von Louisiana 1803 konnten Ausfuhren aus dem Staat ohne Gefährdung durch eine fremde Macht den Ohio abwärts nach New Orleans transportiert und von dort aus weiter verschifft werden. Deshalb wurde die Emigration in den Westen sehr populär, besonders bei den Bewohnern von New England und Virginia. Die Bedingungen waren günstig, die Nachbarschaftshilfe wurde im Gegensatz zum

Osten wieder groß geschrieben. Zwar war die achtwöchige Reise mit Wagen und Booten beschwerlich, aber man konnte sehr viel gutes Land erwerben und friedlich an der nordwestlichen Grenze leben. Die vorher dort lebenden Indianer waren in mehreren Schlachten bei Tippecanoe und Fallen Timbers geschlagen und im Vertrag von Greenville 1795 gezwungen worden, auf zwei Drittel ihres Landes zu verzichten. Bis 1843 mußten schließlich alle Indianer unter Zwang, auch durch die Indian Removal Act von 1830, ihren Besitz aufgeben. Sie wurden in Reservationen westlich des Mississippi gebracht.

Im Krieg mit England (1812-14) wurde die Unabhängigkeit von der britischen Krone endgültig durchgesetzt. Aber dieser Krieg hatte besonders die Staaten an der Atlantikküste hart getroffen, so daß mit der Rückkehr zum Frieden eine erneute Westbewegung einsetzte. Verschuldete Farmer und Arbeiter verkauften Hab und Gut und begaben sich auf die Reise. In Ohio fanden sie gutes, fruchtbares Ackerland. Es gab zu dieser Zeit drei Routen in den Westen: die Wilderness Road durch Tennessee und Kentucky zum Ohio und von dort nach Norden zu Eriesee, den Weg durch das Mohawk Tal von New York zum Eriesee und seit 1806 die National Road oder Cumberland Road. Dennoch war Ohio im Jahr 1820 noch sehr arm, weil die meisten Farmer ihre Produkte nicht zu günstigen Preisen verkaufen konnten. Es gab keine Fabriken, keine Industriebevölkerung, also auch keinen Markt für Farmprodukte. Das Fehlen von Verkehrswegen machte eine Verschiffung von Agrarprodukten praktisch unmöglich. Das Parlament in Ohio ließ deshalb zwei Wasserwege bauen: den Ohio-Kanal von Portsmouth am Ohio nach Cleveland am Eriesee im Osten des

Conrad Friedrich Grätz und Anna Grätz, geb. Luginbühl

Eine Familie wird begründet

Staates und den Miami-Erie-Kanal von Cincinnati am Ohio nach Toledo am Eriesee im Westen des Staates. 1845 waren die beiden Wasserstraßen fertig. Dreißig Jahre lang trugen sie zum Wachstum der Wirtschaft wesentlich bei. 1840 begann man dann mit dem Bau der Eisenbahnen, die den Staat wie mit einem Netzwerk überzogen und für Verkehr und Industrie bis zur Mitte unseres Jahrhunderts ungeahnte Möglichkeiten schufen.

Offenbar arbeitete Friedrich beim Kanalbau als Maurer. Als seine Dienstzeit abgelaufen war, befand er sich in der Nähe von Zoar, einer christlich-kommunistischen Gemeinschaft, deren Mitglieder 1816 aus dem Königreich Württemberg ausgewandert waren. Sie huldigten den Ideen des Gemeineigentums. Er arbeitete dort und verliebte sich in ein junges, hübsches Mädchen mit Namen Rosa. Nur wenn er sich dieser Gemeinschaft lutheranischer Separatisten angeschlossen hätte, hätte er sie heiraten können. Rosa wollte nicht aus ihrer Gemeinschaft austreten, Friedrich aber konnte sich nicht zum Eintritt entschließen. Und so trennten sie sich schweren Her-

Die großväterliche Familie
Von rechts nach links:
Walter, Harvey, Sarah, Louis, Lilly Mae

einer Farm von 40 acres baute sich die Familie ein Blockhaus. Fünf Jahre lang bebaute er sein Land und übte zugleich seinen Beruf als Maurer aus. Drei Kinder wurden geboren. Dann erwarb die Familie ein viermal so großes Stück Land in Richland Township in Allen County im Westen des Staates. Glücklicherweise gab es dort eine Quelle mit gutem Wasser. Auch hier arbeitete Friedrich als Maurer - er brannte sogar seine eigenen Ziegelsteine - aber auch in den anderen Berufen, die er im Waisenhaus erlernt hatte. Er fertigte Pferdegeschirre an, zimmerte Schränke, nähte Kleider. Doch auch darin erschöpfte sich seine Aktivität nicht.

Gegen Sklaverei und gegen Kriege

Friedrich handelte nach dem Satz in der Northwest Ordinance von 1787:

> *„Religion, Moral und Kenntnisse sind für eine gute Regierung und für das Glück der Menschen nötig, deshalb sollen Schulen und andere Möglichkeiten der Erziehung immer gefördert werden."*

So unterrichtete er die Kinder der benachbarten Farmer mehrere Winter lang, denn zur Schule ging man nur im Winter, wenn es auf den Feldern keine Arbeit gab. Er errichtete sogar auf seiner Farm ein Schulhaus. An seinen Predigten, Gebeten und an den Kirchenliedern, die er verfaßte, kann man seine religiöse und ethische Einstellung ablesen. Ganz im Sinne der Menschen in Ohio war er gegen die Sklaverei. Aber er war auch gegen einen Krieg. So bat er 1862 im Namen der Schweizer Mennoniten den Gouverneur des Staates

zens. Er wanderte 25 Meilen weiter nach Westen in die Nähe der Stadt Wooster in Wayne County und verdingte sich bei der mennonitischen Familie Luginbühl. Möglicherweise kannte er diese Leute schon aus dem Elsaß, vielleicht hatten sie den Atlantik auch auf dem gleichen Schiff wie Friedrich überquert.

Am 23. Februar 1831 heiratete er Anna Luginbühl und schloß sich den Sonnenberg-Mennoniten in Dalton, Wayne County, an, denen er bis zu seinem Tode angehörte. Auf

August 31, 1862

To his Excellency David Tod
Governor of Ohio!

        Greeting!

Sir!
    We as loyal Citizens
of Allen and Putnam County's
and about a hundred German
Family's of the Christian Denomi-
nation called Menonites, take
the liberty of Addressing your
Excellency in our humble manner
    It was and has been allways
one of the first of our Religious
principle; not to bear Arms, or of
doing any Military duties or service
But we submit ourselves to every
Ordinance of man for the Lords sake
    We are allways ready and
willing to pay Taxes and help to

our humble wishes, and pray for
Counsel or advise; and show
our willingness to do our duty
as loyal Citizens of the State
of Ohio. We heartily wish
that his Excellency would please
of sending us your humble
Servants an Answer
I have send these few lines
by the wishes of our Minister
of the Gospel and the whole
Congregation.
Your humble servant
Frederick Gratz
Christian Fisher   Bishop

***Petition an den
Gouverneur von Ohio***

Ohio, David Tod, die jungen Mennoniten nicht in die Unionsarmee einzuziehen. Glücklicherweise mußte er für sein Anliegen nicht kämpfen, da sich mehr Freiwillige gemeldet hatten als nötig waren. Der Brief zeigt aber, wie stark er sich mit diesem Thema beschäftigte und wie sehr ihm die Pfarrer in der Gemeinde etwas zutrauten. Im Gegensatz zu vielen anderen Einwanderern hatte Friedrich fließend Englisch sprechen und schreiben gelernt. Seine Frau starb 1862 an Tuberkulose.

In seinem Essay *In Memoriam* beschreibt er sein Leben mit ihr. Friedrich starb 1868. Sie hatten zusammen so viel Vermögen angesammelt, daß sie jedem ihrer acht Kinder eine Farm von 80 bzw. 160 acres hinterlassen konnten. Sicher wurde dies erleichtert durch den Homstead Act von 1862, der den Siedlern den fast kostenlosen Landerwerb ermöglichte.

Das Elternhaus von Delbert Grätz

Jugend in einer religiösen Gemeinschaft

Die Gemeinde, in der Friedrich Grätz im Westen Ohios sich angesiedelt hatte, war von der Berner Kultur und Sprache geprägt. Kirchlich gesehen waren es zu drei Vierteln Schweizer Mennoniten und zu einem Viertel Schweizer Reformierte. Die Städte Bluffton, Pandora, Beaverdam und Columbus Grove am Rande der Schweizer Ansiedlung waren von englischen, irischen und deutschen Einwanderern besiedelt. In dieser Umgebung wuchs ich auf. Der Vater meiner Mutter stammte aus einer reformierten, ihre Mutter aus einer mennonitischen Familie. Wie sich herausstellte, waren die Gegensätze in ihren Lebensansichten so unüberwindlich, daß sie sich schließlich scheiden lassen mußten, was für diese Zeit und diese Gegend äußerst ungewöhnlich war. So fing meine Großmutter mit Hilfe ihrer Eltern, Geschwister und Kinder ein neues Leben an. Sie kaufte sich eine Farm, arbeitete sehr hart und erzog ihre Kinder im mennonitischen Glauben.

Mein Vater stammte aus einer Familie, die zu den Gründern der mennonitischen Gemeinschaft gehört hatten. Nach ihrer Heirat bewirtschafteten meine Eltern eine Farm, die aus der Familie der Mutter meines Vaters stammte. Dort verbrachte ich die ersten 22 Jahre meines Lebens. Heute gehört sie meinem Sohn und seiner Familie. 12 Jahre lang besuchte ich die Schule in Bluffton, das kaum zwei Kilometer entfernt lag. Meine Schulkameraden kamen aus dieser Stadt und aus Schweizer Siedlungen in der Umgebung. Vier Jahre lang besuchte ich das College in Bluffton, das von Mennoniten verschiedener Staaten gesponsort wird. Den größten Einfluß übte unser Nachbar Wilhelm A. Amstutz auf mich aus, einer meiner Lehrer im Gymnasium. Er weckte mein Interesse für Lokalgeschichte, was später für mein Studium der Geschichte der Mennoniten wichtig wurde. Auch die mennonitische Kirche in unserem Ort beeinflußte mich in meiner Entwicklung sehr stark. Je mehr ich Mennoniten erlebte und je mehr ich mich mit ihrer Geschichte und ihrem Programm befaßte, desto mehr wollte ich dazugehören. So wurde ich mit 13 Jahren Mitglied dieser Kirche. Das war ein Neuanfang aus eigener Überzeugung.

Kriegsdienstverweigerung in einem freien Land

Am Ende der 30er Jahre wurde uns klar, daß unser Land sich wieder an einem Krieg beteiligen würde. Meine Entscheidung gegen den Kriegsdienst im Sinne der Schweizer Mennoniten fiel mir nicht leicht, zumal mir alle Konsequenzen daraus klar waren. Die meisten Mitglieder in der örtlichen Mennonitengemeinde waren völlig anderer Meinung als ich, aber sie tolerierten meine Entscheidung gerade noch. Auch meine Freunde konnten meine Entscheidung nicht nachvollziehen. Nur meine Eltern unterstützten mich, was eine große Hilfe für mich war. Erst später erfuhr ich, welchem Druck auch sie durch Gemeindemitglieder wegen ihres unpatriotischen Sohnes ausgesetzt gewesen waren.

Nach der Registrierung für den Militärdienst dauerte es noch mehr als ein Jahr, bis ich zum Ersatzdienst (Civilian Public Service, CPS) zugelassen wurde. Das lokale Auswahlgremium verweigerte mir die Einstellung als noncombattant. Ich mußte eine Eingabe an das übergeordnete Gremium machen, das aber nicht selbständig entscheiden wollte, und so landete mein Fall beim FBI, das einen Beamten in unseren Ort schickte, der Personen, die mich kannten, über mich befragen sollte. Ein Dossier mit den Interviews wurde einem Richter an der Abteilung des Bundesgerichts in Toledo übergeben. Bei der Anhörung, an der auch mein Vater und unser Pfarrer teilnahmen, stand ich so unter Druck, daß meine Antworten sicher nicht befriedigend waren. Fragen über unsere Kirche wurden von meinem Vater und vom Pfarrer beantwortet.

In der Zwischenzeit hatte ich eifrig in Bluffton studiert und war mit meinen Arbeiten im Januar 1942 fertig. Der offizielle Abschluß war erst im Mai. Ich schrieb mich sofort an der Ohio State Universität für den Magisterstudiengang in amerikanischer Geschichte ein. Ich wurde vorläufig angenommen. Der Direktor des Staatlichen Historischen Museums von Ohio, das sich auf dem Campus befand, unterstütze mich sehr. So hatte ich in kurzer

Zeit zwei Drittel der geforderten Arbeiten erledigt, als ich die Nachricht erhielt, daß ich in ein Kriegsersatzdienstlager eingezogen werde. Mit der Bitte um eine zweimonatige Verschiebung hatte ich bei der örtlichen Einberufungbehörde keinen Erfolg. Für meine Eltern war die Trennung von ihrem einzigen Kind schwer. Für mich war es einerseits ein Abenteuer und andererseits die Erfüllung einer gerechten Forderung der Regierung.

Die Busfahrt dauerte lange, es gab Verspätungen im Fahrplan. Überflutete Straßen zwangen zu Umwegen. Unterwegs stiegen noch zwei weitere Kriegsdienstverweigerer zu. Ich hörte, wie der Busfahrer einigen Passagieren erklärte, daß er uns am liebsten hinauswerfen würde, aber die Regierung...! Wir fühlten uns erleichtert, als wir im CPS-Camp Nr. 45 in Luray, Virginia, ankamen, das auf der Kammlinie der Blue Ridge Mountains in einer der schönsten Gegenden des Landes lag. Es war eine große Freude für mich, ungefähr 150 junge Menschen mit der gleichen christlichen Überzeugung zu treffen. Obwohl die meisten konservative Mennoniten oder Amische waren, freundete ich mich mit ihnen rasch an. Ich bewunderte ihren echten christlichen Glauben und ihre tiefe Spiritualität. Ich kam mir vor, als sei ich jetzt erst in der Gemeinschaft der echten historischen Mennoniten angekommen, über die ich so viel gelesen hatte und die ein Teil meines Lebens und Schicksals waren.

Bald nach meiner Ankunft im Camp arbeitete ich als Fortbildungsleiter. Später war ich im Büro des Shenandoah National Park beschäftigt. Das gefiel mir sehr gut, weil ich die Aufgaben der Regierung in diesen Parks als sehr wichtig ansah. Da mich die Arbeit im Büro von den Kameraden auf Dauer entfremdete, schloß ich mich schließlich einer Arbeitsgruppe an. Wir reparierten einen Zaun am Skyline Drive und arbeiteten mit der Feuerwache zusammen. Das Camp bestand ausschließlich aus nicht isolierten Holzhäusern. Deshalb mußte man im Winter auch nachts durchheizen.

Unsere Arbeit im Camp wurde von den Mennoniten organisiert und bezahlt. Unser Lagerleiter bewirkte durch kleinliche Vorschriften, daß fünf von uns sich im ersten Jahr zum Militärdienst meldeten. Es muß aber auch gesagt werden, daß ihre Verwandten oder Freunde sie nicht unterstützten. Ihre Eltern hatten sogar wegen der Entscheidung der Söhne Einkommenseinbußen zu erleiden. Ich dagegen hatte die Unterstützung meiner Eltern und meiner Freundin, aber auch ohne dies hätte ich meine Meinung nicht geändert.

Nach einiger Zeit wurde ich ans Goshen College in Goshen, Indiana versetzt. Dort sollte ich einen Kurs absolvieren, der mich in die Lage versetzte, Kriegsflüchtlingen und Verwundeten zu helfen. Ich fuhr sofort nach Hause und bat auch meine Freundin Thelma E. Dailey, an diesen Kursen teilzunehmen. Sie gab dafür Beruf und Familie auf. Ich hatte sie im letzten Studienjahr in Bluffton kennen gelernt. Obwohl sie keine Mennonitin war, stimmte sie mit mir in Glaubensfragen überein, besonders was den Kriegsdienst betraf. Ihre Eltern waren für den Kriegseintritt der USA, ein Gedanke, der damals das Handeln und Denken im ganzen Lande beherrschte. Meine Freundin wurde zwei Jahre lang von ihren Eltern geächtet. Erst als ihr Bruder bei der Invasion in der Normandie gefallen war, durfte sie ihre Eltern wieder besuchen.

Die Kurse in Goshen wurden von führenden Persönlichkeiten der Mennonitenkirche gehalten, von denen die meisten nach dem Ersten Weltkrieg selbst auf diesem Feld tätig gewesen waren. Manche hatten auch in Übersee als Missionare gearbeitet. Unsere Gruppe bestand aus 40 Verweigerern, fünf anderen jungen Männern und 15 jungen Mädchen, die sich um Kriegsopfer kümmern wollten. Es war schon etwas Besonderes, zu dieser Studiengruppe zu gehören. Viele Teilnehmer machten später in der mennonitischen Kirche Karriere. Die Kurse dauerten von Juni bis August 1943.

Am 3. September heirateten Thelma und ich in Bluffton. Ihr Vater war ganz gegen die Hochzeit und war nicht zugegen. Ihre Mutter hatte erst im letzten Augenblick zugesagt. So organisierten meine Eltern und unsere Freunde alles für uns. Bald wurde unsere Einheit in Goshen aufgelöst. Wir kamen alle zu anderen CPS-Einheiten und arbeiteten in der Freizeit am Kursprogramm von Goshen weiter. Ich kam mit einigen anderen nach Ypsilanti, Michigan, wo ich im neuen staatlichen Krankenhaus für geistig Gestörte arbeiten sollte. Der medizinische Direktor, ein ehemaliger Mennonit, war froh, uns bei sich zu haben. Wegen des Arbeitskräftemangels, der niedrigen Löhne und des geringen Ansehens dieser Arbeit hatte er es schwer, Pflegepersonal zu finden. Wir waren alle guter Dinge und erfüllten unsere Arbeit in der Küche, bei der Pflege und bei der Organisation. Nebenbei arbeiteten wir an ähnlichen Kursen wie in Goshen. Es gelang mir, auch Thelma nach Ypsilanti zu bringen. Zwei Jahre lang waren wir dort. Ich arbeitete zunächst mit nur leicht erkrankten Patienten in der Küche. Damit ich noch andere Erfahrungen sammeln konnte, schickte man mich in eine Pflegeabteilung. Diese war für die meisten Patienten die letzte irdische

Bleibe. Sie lagen teilnahmslos, nur mit einem Hemd bekleidet, in großen Zimmern auf dem Bett. Wir mußten sie füttern, ihnen zu trinken geben, sie waschen und sollten ihnen das Leben so angenehm wie möglich machen. Es war manchmal sehr schwer, in dieser Station zu arbeiten, aber man wiegelte sich gewissermaßen ab und freute sich auf die Zeit hinterher. Außerdem hatte ich Thelma, mit der ich viele Erfahrungen austauschen konnte, da sie in der Frauenabteilung der gleichen Station arbeitete. Wir waren den Stationsschwestern unterstellt, die auf uns herabschauten, weil wir Kriegsdienstgegner waren. Sie machten uns deshalb das Leben sehr schwer.

Während meiner Freizeit konnte ich an der Universität in Ann Arbor, Michigan, Kurse belegen. Diese wurden mir an den Ohio State Universität angerechnet. Eine Seminararbeit schrieb ich über die Siedlungen der Schweizer Mennoniten im 19. Jahrhundert in Ohio und Indiana. Für die Magisterprüfung fuhr ich eigens nach Columbus. Von August bis Dezember 1945 war ich Fortbildungsleiter im CPS-Camp 18 in Dennison, Iowa. Thelma hatte den Posten der Krankenschwester. Beide mußten wir bei dieser Arbeit noch viel lernen. Im Dezember 1945 holte man mich in die Zentrale des Mennonite Central Committee (MCC) nach Akron, Pennsylvania. Ich arbeitete für den Leiter der Hilfsorganisation. Ich mußte hauptsächlich Rundbriefe für Gebiete schreiben, die besonders vom Krieg betroffen waren. Außerdem mußte ich Artikel aus vielen Zeitungen und Briefe der Mitarbeiter aus Europa und Asien auswerten, um herauszufinden, wie man die Arbeit des MCC dort am besten organisieren könnte. Diese Aufgabe gefiel mir besonders gut. Thelma arbeitete im nahen Ephrata in der Kleidersammelstelle. Sie

sortierte und verpackte Kleider, die für die ehemaligen Kriegsgebiete bestimmt waren. Obwohl mein Dienst im April 1946 beendet war, beschlossen Thelma und ich, noch freiwillig zu bleiben und auf eine Stelle im Ausland zu warten. Dies wurde im Oktober 1946 möglich. Wir wurden für zwei Jahre in die französische Besatzungszone in die Pfalz geschickt, in eine Region, aus der vor vielen Jahren zahlreiche Mennoniten nach Pennsylvanien gekommen waren.

Zum ersten Mal in Europa

Schon als wir die *Marly II* im Hafen von New York sahen, erfaßte uns ein ungutes Gefühl. Das Schiff war lange vor dem Ersten Weltkrieg als Passagierschiff in Schweden gebaut worden. Im Zweiten Weltkrieg hatte es als Truppentransporter gedient. Das ganze Innere war verändert worden. Die Kabinen, die Aufenthaltsräume, die Bars waren in riesige Schlafsäle verwandelt worden. Es gab keine Betten. Und so versuchten wir voller Vergnügen unser Glück mit Hängematten. Das Gefühl des Abenteuers verwandelte sich aber bald in ein Gefühl des Elends, denn der Atlantik war außerordentlich stürmisch zu dieser Jahreszeit, und jeder von uns wurde während der zehntägigen Schiffsreise seekrank. Das Essen war gut, aber aus verständlichen Gründen hatten wir wenig Appetit. Wir benutzten die Zeit an Bord für Gruppensitzungen. Außerdem unterhielt ich mich mit vielen anderen Passagieren. Die meisten kehrten nach Europa zurück, das sie wegen des Krieges verlassen hatten. Einige von ihnen erzählten von der Résistance in Frankreich. Andere waren Juden, die gerade das nackte Leben gerettet hatten, und nun darauf hofften, ihre Angehörigen oder ihre Häuser wiederzufinden.

Die erste Bekanntschaft mit Europa machten wir im Hafen von Southhampton. Ein kleines Boot brachte mich mit einigen Kollegen an Land. Es war ein richtiger Schock für mich, die Ruinen von Häusern und Kirchen zu sehen. Das war also die Wirklichkeit des Krieges. Wir gingen in ein kleines Restaurant und nahmen einen Imbiß zu uns. Wir bemerkten, daß die anderen Leute die Gabel in der linken Hand hielten. Das probierten wir dann unter viel Gelächter auch aus. Am nächsten Tag landeten wir in Le Havre. Und ich dachte an meine Vorfahren, die vor mehr als hundert Jahren von hier aus Europa endgültig verlassen hatten. Die Hafeneinfahrt war durch versenkte Schiffe blockiert. So kletterten wir ängstlich und unsicheren Schrittes über eine Strickleiter in ein kleines schwankendes Boot, das uns in zehn Minuten an Land brachte. Ganz schwindlig war uns, als wir unser Gepäck in einem Netz an einem Kran zwischen Himmel und Erde hängen sahen. Eine falsche Bewegung, und alle unsere Sachen würden bei den versenkten Schiffen landen. Der Anblick der grünen Wiesen an der normannischen Küste erweckte in mir das Gefühl, daß ich jetzt nach Hause zurückgekehrt war. Europa war das Land, wohin ich gehörte. Dieses Gefühl hat mich bis heute nie ganz verlassen.

Im Zug nach Paris trafen wir die ersten Europäer in Europa. Weil wir uns in Paris keine Pässe für die französische Besatzungszone beschaffen konnten, mußten wir quer durch Frankreich zur MCC-Hilfseinheit nach Chalons-sur-Saône reisen. Anschließend mußten wir nach Paris zurückkehren, um dort die Pässe abzuholen. Die Geschwister Volckmar aus Colmar, Kinder des dortigen Mennonitenpfar-

rers, umsorgten uns. Da die Ausstellung der Pässe sich verzögerte, hatten wir viel Zeit, die Stadt kennen zu lernen. Es war alles sehr verwirrend. Die Straßen, auf denen viele alte Autos fuhren, und die Gebäude waren ziemlich schmutzig. Wir bestaunten Nôtre Dame und den Louvre. Besonders beeindruckend waren die Skulpturen von Auguste Rodin, die wir in einem kleinen Museum besichtigen konnten.

Als Helfer in der Pfalz

Endlich war es soweit. Wir hatten die Pässe. Die Koffer waren gepackt, und wir saßen im Zug nach Weißenburg. Dort wohnten wir zunächst für ein paar Tage auf dem Mont des Oiseaux, d. h. in einem Kinderheim, das den Mennoniten gehörte. In diesen Tagen betrat ich zum ersten mal den Boden der Pfalz. Ich machte eine kleine Wanderung durch die Wälder des Wasgaus. Alles sah so gepflegt und friedlich aus, die späte Novembersonne erwärmte mich. Nach etwas mehr als einer Stunde war ich auf der pfälzischen Seite der Grenze, die ich, ohne etwas zu bemerken, überquert hatte. Ich befand mich in Rechtenbach. Ich hatte überhaupt nichts bei mir, keinen Rucksack, keinen Paß. Aber ich konnte die französischen Grenzsoldaten von meinen friedlichen Absichten überzeugen. Sie erlaubten mir, im Mont des Oiseaux anzurufen, so daß die Familie Hege - mennonitische Freunde, die auch heute noch in Weißenburg wohnen - mich an der Grenze abholen konnte. Später erfuhr ich, wie gefährlich mein Ausflug gewesen war, weil große Teile des Waldes noch vermint waren. Ein paar Tage später brachte uns Walter Eicher vom MCC nach

Thelma Grätz verteilt Liebesgaben und Weihnachtsbündel

Neustadt. Es war ein dunkler, trüber Novemberabend, die Tage waren sehr kurz, und die ersten Fröste schon zu spüren. Es gab keine Straßenbeleuchtung, als wir auf unserem Weg nach Neustadt durch Landau fuhren. Wir passierten den zerstörten Bahnhof und sahen viele Ruinen. Damals ahnten wir noch nicht, welch wichtigen Lebensabschnitt wir hier verbringen würden.

Die französische Militärregierung war übermächtig. Unser Aufenthalt hing von ihren Wünschen ab und mußte sich nach ihren Regeln richten. Major Morris war der amerikanische Verbindungsoffizier zur französischen Militärregierung. Er war sehr freundlich und hilfreich und besorgte uns einen Laissez-Passez für die amerikanische Besatzungszone. Das Überqueren der Rheinbrücke von Ludwigshafen nach Mannheim war sehr aufregend und verwirrend. Weder die Franzosen noch die Amerikaner konnten verstehen, daß wir als Amerikaner in der französischen Zone lebten und mit französischen Pässen in die amerikanische Zone reisten. Jedes Mal mußten wir alles von neuem erklären. Wenn die Grenzsoldaten ein bißchen getrunken hatten, dann ging die Prozedur manchmal schneller, und manchmal verzögerte sich alles.

In der BASF-Küche werden Erbsensuppe und Nudelbrei gekocht

Nach kurzer Zeit trafen andere Mitarbeiter ein. Jeder von uns hatte mehrere Projekte zu organisieren. In Pirmasens waren Ellen und Paul Peachey, in Kaiserslautern Frank und Mary Wiens, in Saarbrücken Henry und Beatrice Buller. Von Neustadt aus wurde der Transport abgewickelt. Dort war auch die Autoreparaturwerkstatt mit Willy Hege. Im Hauptquartier in der Villa Luchterhand arbeiteten zwei deutsche Sekretärinnen, später hatten wir auch eine Köchin, Maria Faust aus Eppstein, selbst Mennonitin. Mit Thelma zusammen hatte ich mein erstes Projekt in Ludwigshafen zu betreuen. Im Winter 1946/47 leiteten wir zusammen mit den örtlichen Hilfsdiensten ein Schulspeisungsprogramm. Mennonitische Bauern aus Amerika hatten Rindfleisch in Dosen, Rosinen und Weizenmehl geschickt. Daraus wurde in der Werksküche der BASF in riesigen Kesseln eine schmackhafte Suppe

gekocht. Verschiedene Bäckereien der Stadt backten herrlich duftende Rosinenbrötchen. Dieses Essen wurde dreimal wöchentlich an unterernährte Kinder in 22 Ludwigshafener Schulen verteilt. Ich besuchte selbst die Schule, in der auch Helmut Kohl dieses Essen bekam.

Wir kannten uns mit unseren 26 Jahren nicht besonders gut in der Welt aus. Unsere Kenntnis des Deutschen war damals noch gering, wir wußten manchmal nicht, wie wir die Deutschen behandeln sollten. Und trotzdem mußten wir für unsere Aufgabe viel Verantwortung tragen, alles Material richtig verteilen und außerdem noch die amerikanischen Mennoniten repräsentieren. Richard Hertzler war eine große Hilfe für uns. Als ehemaliger Weinhändler verstand er die deutsche Geschäftswelt. Da er damals das lokale Evangelische Hilfswerk leitete, konnte er uns in der gesamten französischen Zone helfen. Auch Willy Neff aus Ludwigshafen machte uns mit vielen wichtigen Persönlichkeiten bekannt.

Als das Programm in Ludwigshafen im Frühjahr 1947 beendet war, kam Thelma zur Kleiderverteilungsstelle in Neustadt. Sie arbeitete mit den Lichtis und den Pohls vom Branchweilerhof zusammen, sowie mit Vertretern der beiden Kirchen und mit den Sozialämtern. Im Sommer 1947 begannen wir in Landau ein neues Programm. Wir hatten eine kleine Wohnung im Hause des Augenarztes Dr. Scheuermann in der Moltkestraße. Er und seine beiden Töchter waren in dieser Zeit immer hilfsbereit und freundlich. Zunächst gründete man ein Komitee. Ihm gehörten August Federnmann, der Leiter der städtischen Sozialabteilung an, der Apotheker Dr. Hans Moser, damals Zweiter Bürgermeister der Stadt, August Hege, Stadtratsmitglied und Mennonit und seine Tochter Hedwig Alexander. Sie alle trugen zum Gelingen der Aktion bei. Obwohl ich Deutsch gelernt hatte und aus einer Familie kam, in der *Bärndütsch* die zweite Sprache war, dauerte es einige Zeit, bis ich mich bei Sitzungen fließend unterhalten konnte. Der Direktor des Städtischen Gesundheitsamtes, Herr Dr. Arnold, erfand ein System, mit dem er das Maß der Unterernährung bei Kindern feststellen konnte. Alle, die gut ernährt waren, außerdem die Kinder von Bäckern, Metzgern und Lebensmittelhändlern sowie die Kinder vom Land wurden zunächst nicht in die Schulspeisung einbezogen. Thelma und ich besuchten regelmäßig die Küchen in der Pestalozzischule und in anderen Schulen während der Essensverteilung. So sahen wir einmal, wie ein Junge die Rosinen aus seinem Brötchen herauspickte und wegwarf. Wir fragten nach dem Grund. „Das sind doch Mücken!" war die Antwort. Auch bei der Feier des Einhundertsten Brötchens an über 60jährige waren wir dabei.

Da viele Menschen völlig ausgebombt waren und alle ihre Kleider verloren hatten, begannen wir damit, sie mit Schuhen und Kleidern zu versorgen. Ich erinnere mich noch gut an die Schlangen, die sich schon vor acht Uhr morgens vor der Verteilungsstelle bildeten. Bei diesen Kleidern spielte es keine Rolle, ob sie zu groß oder zu klein waren. Mit flinker Nadel machten sich Frauen und Mädchen alles für ihre Größe passend zurecht. Riesengroße Socken oder Strümpfe zog man auf und strickte dann aus einem Paar gleich mehrere. Vor Weihnachten 1947 verteilten wir ungefähr 40 Weihnachtsbündel an Kinder. Darin waren Bleistifte, Papier, ein Spielzeug und ein oder zwei Kleidungstücke. Wir fühlten uns in Landau glücklich und wohl. Es gab

Arbeit in der Kleiderkammer (oben) und in der Nähstube

kaum Probleme. Alle arbeiteten zusammen. Die Menschen, die unsere Hilfe erhielten, verstanden, warum wir nicht nach Religion, Rasse oder politischem Hintergrund fragten. Wir folgten damit der Philosophie des MCC, daß Hilfe den Bedürftigen immer unvoreingenommen gegeben werden muß.

Neue Aufgaben

Im Frühjahr 1948 verließen wir mit großem Bedauern Landau und unsere Freunde dort und in Neustadt. Wir wurden auf den Posten von Robert Kreider in Stuttgart versetzt, weil dieser nach Berlin ging und außerdem die Arbeit von CRALOG koordinieren sollte, das war eine Vereinigung verschiedener privater amerikanischer Hilfsorganisationen. In Stuttgart arbeiteten wir eng mit dem Evangelischen Hilfswerk und seinem Direktor Eugen Gerstenmaier zusammen. Lebensmittel und Kleider wurden vom MCC dem Hilfswerk zur Verteilung übergeben. Einmal besuchten wir ein Heim für Jungen, deren Eltern im Dritten Reich durch den *Lebensborn* für die Produktion der Superrasse an Schönheit und Intelligenz ausgewählt worden waren. Ich frage mich oft, was aus diesen Buben, die heute auch schon über 60 Jahre alt sind, wohl geworden ist. Auch in Stuttgart war es schwierig, mit den Militärbehörden zu verhandeln, denn niemand verstand, daß ein patriotischer Amerikaner den Deutschen, die doch so entsetzliche Dinge getan hatten, helfen wollte. Es ist eben nicht leicht, zwischen Politikern und ihren Handlungen und Menschen, die in Not sind, zu unterscheiden.

Vom September 1948 an wohnte ich mit meiner Familie in Liebefeld bei Bern und stu-

dierte an der Universität Bern Europäische Geschichte, Schweizer Geschichte und Englische Literatur. Für meine Dissertation arbeitete ich im Staatsarchiv in Bern, dessen Direktor, ein Nachfahre von Täufern aus dem Jura, mich sehr unterstützte. Auch Studien in verschiedenen Gemeindearchiven waren nötig. Ich hielt es für notwendig, meine Kenntnisse über die mennonitischen Siedler in Ohio so zu ergänzen, daß ich auch über ihre Ursprünge in der Schweiz und über die Gründe ihrer Wanderungen Bescheid wußte. Da ich nie sicher war, wie lange meine finanziellen Mittel reichen würden, sammelte ich schon damals alle Materialien und Urkunden, die ich dann später in den USA aufarbeitete. Nach vier Semestern hatte ich es geschafft, meine Doktorarbeit war fertig, die mündliche Prüfung bestanden.

Besuch in der DDR

In den Ferien reisten wir viel in der Schweiz, nach Deutschland, und auch zum Heiligen Jahr nach Italien. Es war für einen Amerikaner nur unter Schwierigkeiten möglich, Ostdeutschland, den kommunistischen Marionettenstaat, zu besuchen. Der Eindruck, den ich während der Leipziger Messe im Frühjahr 1950 gewann, war schockierend. Zunächst fuhr ich mit dem Zug an die Bayerische Grenze nach Lauenstein. Als der Zug hielt, rief der Zugführer: „Alle raus, das ist das Ende der Welt." Alle stiegen aus und gingen etwa einen Kilometer weit in das kommunistische Niemandsland zu einem provisorischen Grenzübergang, an dem russische und ostdeutsche Soldaten gemeinsam Dienst taten. Wegen meines Messeausweises wurde ich nur ganz flüchtig kontrolliert. Andere hatten es ganz schlimm. Die Soldaten schrien sie an und verdächtigten sie des Schmuggels, manche mußten sich teilweise ausziehen, ihr Gepäck, wurde genau und langsam kontrolliert. Was den Soldaten gefiel, das nahmen sie an sich. Mir kamen große Zweifel, ob ich überhaupt weiter fahren sollte. Doch dann lief ich noch ungefähr zwei Kilometer und bekam einen Zug nach Naumburg. Dort besuchte ich den evangelischen Pfarrer. Wir unterhielten uns über die Probleme der Kirche in diesem Land. In Leipzig traf ich den Direktor des Evangelischen Hilfswerks, Dr. Wagner. Wir unterhielten uns lange, auch über meine Arbeit in der Pfalz. Er brachte mich zu einem Krankenhaus für Langzeitkranke, dort gab es nur wenig Verbandszeug und Medikamente. Um leben zu können, war man auf die Gaben der örtlichen Bauern angewiesen oder auf den eigenen Garten. Auf der Messe stellten nur wenige Firmen aus dem Westen aus. Die Güter der Aussteller aus dem Ostblock waren von schlechter Qualität und ohnehin in absehbarer Zukunft nicht im Handel zu haben.

Den Eindruck, den das zerstörte Dresden auf mich machte, habe ich bis heute nicht vergessen. Ich hatte die zerstörten Innenstädte von Hamburg, Ludwigshafen und Pforzheim gesehen, aber dies hier übertraf alles. Nur wenige Durchgangsstraßen waren geräumt. Alles andere lag so da wie nach dem Angriff fünf Jahre zuvor. Aber Schilder gab es überall: „Die anglo-amerikanischen Flieger haben unsere Stadt zerstört, unsere sowjetischen Freunde helfen uns beim Wiederaufbau." Sicher, die amerikanischen und britischen Bombergeschwader hatten diese Stadt fast am Ende des Krieges sinnlos zerstört und viele Menschen getötet. Erschüttert lief

ich einige Zeit durch die Stadt. Hin und wieder sah ich in den Trümmerhaufen Papierfetzen, verkohlte Holzbalken und manches schmiedeeiserne Teil, das sicher einmal einen Gartenzaun oder ein Tor geschmückt hat.

Auf dem Rückweg nach Frankfurt am Main besuchte ich eine Gruppe junger Leute aus einem theologischen Seminar in Eisenach. Sie zeigten mir die Minnesängerhalle in der Wartburg und natürlich auch die Zimmer, die Martin Luther bewohnt hatte. Wir wollten viel voneinander wissen. Ich war der erste Amerikaner, den sie je getroffen hatten. Sie stellten mir immer wieder die Frage, warum die Amerikaner Teile des von ihnen eroberten Gebietes aufgegeben hätten. Nie hatten sie so etwas von einer siegreichen Armee gehört. Zehn von ihnen begleiteten mich zum Bahnhof, wo sie für mich zum Abschied Choräle sangen. Dieses christliche Zeugnis in einem kommunistischen Staat bewegte mich tief. An der Grenzstation in Wartha hatte der Zug eine Stunde Aufenthalt. Eine Brise frischer Luft umgab mich, als ich in Frankfurt einfuhr, keine kommunistischen Werbesprüche mehr, keine schrillen patriotischen Märsche mehr.

Archivar und Historiker in der Heimat

Nachdem ich mehrfach gebeten worden war, am Bluffton College die Professur für Geschichte zu übernehmen, entschloß ich mich 1950, dort Direktor der Bibliothek zu werden. Dazu mußte ich mich aber nochmals durch ein Studium in Bibliothekswissenschaften qualifizieren. In der Zwischenzeit hatte sich vieles in den USA geändert. Angst vor einer sowjetischen Invasion beherrschte manche Gemüter, der Bauboom veränderte die Städte. Nur allmählich verschwand die Kriegsmentalität, und das Leben wurde immer normaler. Noch heute denke ich an die Rückkehr, als wir zum ersten Mal wieder Long Island sahen. Da rasten die Autos auf den Autobahnen. Und es gab seltsame Gebilde aus Draht, die von den Häusern hoch in die Luft ragten. Diese Fernsehantennen hatten wir 1946 noch nicht kennen gelernt. Auch die rauhe Art der Zöllner und Kofferträger an den Docks brachte uns ganz schnell in die Realität Amerikas zurück.

Bis 1988 war ich Bibliotheksdirektor in Bluffton College, gleichzeitig betreute ich die Historische Mennonitische Bibliothek auf dem Campus und erlebte das Anwachsen der Studentenzahl von 300 im Jahr 1950 zum Zehnfachen heute. Daneben liefen viele andere Aktivitäten, wie Vorträge über die Mennoniten überall in den USA, die Arbeit in vielen Kommissionen, Beiträge und Tätigkeit als Herausgeber für Zeitschriften wie *The Mennonite Quarterly Review* und *Mennonite Family History*. Im Sommer half ich meinem Vater immer bei der Arbeit auf der Farm und hielt so die Verbindung zu meiner Jugend aufrecht.

Die Universität stellte mich 1964 für ein Jahr zum halben Gehalt frei. Mein Plan war es, Verzeichnisse der Täuferakten in der Pfalz, im Elsaß, in Lothringen und in der Schweiz anzulegen. Auf einem Kohlefrachter überquerte ich den Atlantik. Um Geld zu sparen, reiste ich auf dem Kontinent meist per Anhalter und traf auf diese Weise ein buntes Völkergemisch in Europa. Manchmal wohnte ich in Jugendherbergen. In Neustadt wohnte ich im gleichen Haus bei der gleichen Familie wie nach dem Krieg. Die Stadt erinnerte sich an mich und der Bürgermeister gab einen Empfang für mich. Ich war höchst verwundert, als ich die Städte wieder besuchte, die ich 16 Jahre vor-

her so gut kennengelernt hatte. Da waren keine Ruinen mehr, es wurde überall gebaut, Häuser, Wasserleitungen, Abwasserkanäle. Diese Zeit des Deutschen Wirtschaftwunders war für mich wirklich erstaunlich. Ich freute mich, ein so neues Deutschland zu sehen. Die Menschen waren jetzt viel positiver gestimmt. Vorher waren sie von Entmutigung und Hoffnungslosigkeit bestimmt worden. Sie glaubten, daß Deutschland nie mehr zur Normalität zurückfinden werde. Aber nun gab es Hoffnung auf ein neues Leben.

Zu dieser Zeit und auch bei vielen Gelegenheiten danach erfuhr ich viele Beweise der Dankbarkeit von Menschen, denen ich in schwerere Zeit hatte helfen dürfen. Mit besonderer Freude nahm ich 1983 den rheinlandpfälzischen Verdienstorden und 1996 das Bundesverdienstkreuz Erster Klasse in Empfang. Als meine Arbeit in Neustadt beendet war, zog ich nach Landau um und wohnte dort bei einem Helfer von damals. Ich traf viele alte Bekannte wieder und unterhielt mich mit ihnen über alte und neue Probleme.

Begegnung mit Marie Strieffler

In Landau lernte ich auch Marie Strieffler kennen.[3] Sie war einige Zeit in den USA gewesen. Sie zeigte mir viele ihrer Bilder, die sie damals in Pennsylvania und in Ontario von Mennoniten und Amischen angefertigt hatte. Sie hatte bei ihnen gelebt und war von ihren Lebensgewohnheiten und ihrem Lebensstil sehr beeindruckt.

Wir betrachteten gemeinsam ein Exemplar ihres „Büchl", das gerade veröffentlicht worden war. Ich las die kleine Schrift und bewunderte die Illustrationen mit Freude. Das war

das Werk einer echten Künstlerin. Was sie sah, hatte sie nicht mechanisch wiedergegeben. In Wort und Bild hatte Marie Strieffler den Charakter der Personen treu erfaßt, die ihr begegnet waren. Besonders die Mennoniten und die Amischen waren in einer Weise dargestellt, wie ich es nie zuvor gesehen hatte. Natürlich war ihre Darstellung nicht immer an den Fakten orientiert. Ihre Art zu zeichnen war oft zu positiv, und manchmal stellte sie komplexe Verhältnisse zu einfach dar. Doch war es ihr offenbar gelungen, sich rasch in die geistige Welt der Mennoniten und Amischen und anderer Menschen, die ihre Freunde geworden waren und dem „arme Pälzer Mädel" geholfen hatten, einzuleben und sie in Wort und Bild festzuhalten.

Die Mennoniten betrachtete sie als Menschen, die ein Glaubenssystem und eine Lebensweise beibehalten hatten, „wie n's einischt war", die in unserer schnellebigen Welt für die anderen der Vergangenheit angehören. Sie lernte altertümliche Formen des Gottesdienstes, der Kleidung, des Familienlebens und der Sprechweise kennen, in denen sich Familiensinn und Verbundenheit mit den Glaubensgenossen ausdrückt. Sie erlebte dort eine menschliche Solidarität und eine Hilfsbereitschaft gegenüber den Nachbarn, die sich auch auf die Menschen eines anderen Kontinents auswirkte. Diese Ideen paßten zu Marie Striefflers eigenen Vorstellungen von Nachbarschaft, Kirche und Welt. Denn ihre Güte entsprang nicht einer überheblichen philosophischen Theorie oder bestimmten Verhaltensregeln, sondern sie hatte ihren Ursprung in praktischer Fürsorge für die Menschen, mit denen sie Umgang pflegte. Ich schätze mich glücklich, Marie Strieffler 20 Jahre lang gekannt und immer wieder getroffen zu haben.

Im Strieffler-Haus gab es viele Zimmer, die an Studenten vermietet waren. Wenn ich nach Landau kam, wohnte ich gewöhnlich dort. Ich lernte auch viele ihrer Freunde kennen, besonders die Familie Trauth, mit denen ich heute noch korrespondiere. Einmal im Jahr führe ich mit einer Reisegruppe die *Swiss Mennonite Heritage* Tour durch, in deren Rahmen wir Stätten der Schweizer Mennoniten im Emmental, im Simmental und in den Bergen des Jura besuchen. Wir genießen die Gastfreundschaft bei den Menschen der ehemaligen Grafschaft Mömpelgard bei Belfort und im Sundgau. Weitere Reiseziele sind das Elsaß und die Pfalz, Essingen und der Weierhof, sowie das Institut für pfälzische Geschichte und Volkskunde in Kaiserslautern. So ist es möglich, viele alte Verbindungen und Freundschaften in Europa immer wieder aufleben zu lassen.

Ich sitze am Fenster meines Büros und schaue auf die grünen Hügel Ohios. Mein Leben war gut. Ich habe eine wunderbare Partnerin, viele Freunde und Bekannte hier und in Europa, die mich in meinen Aktivitäten immer unterstützt haben. Meine Arbeit war nicht immer leicht, aber sie stellte immer eine Herausforderung für mich dar.

1   Dieser Text ist eine Auswahl aus zwei Manuskripten von Delbert Grätz: Anabaptist Emigration from the Old Republic of Bern. Bluffton Ohio, 1991 und: Reflections on My Pilgrimage. Bluffton Ohio 1997. Übersetzung und Bearbeitung: Gudrun Schäfer. Die Ergänzungen zur Geschichte des Staates Ohio stammen aus: Gregory, William M. et al.: History and Geography of Ohio. Ginn, Boston 1929.
2   Der Ausbund, Verlag von den Amishen Gemeinden in Lancaster County, PA, 13 1987
3   Blinn, Hanns, Hg.: Die Malerin Marie Strieffler in der Neuen Welt, Verlag Pfälzer Kunst, Landau, 1994. Der übernommenen Text ist leicht gekürzt.

Gabriele Stüber

Kirchliche Hilfe nach dem Krieg

> *Also ein jeglicher Baum*
> *bringet gute Früchte.*
> *(Matthäus 7,9)*

„Bittere Not geht durch unser deutsches Land. Unsere Städte liegen verwüstet, unsere Väter, Söhne, unsere Männer und Freunde kehren zu einem großen Teil nicht zurück. Ein Strom von heimatlosen Flüchtlingen durchzieht verhärmt und verarmt unser Vaterland. Kinder haben ihre Eltern verloren. (...) Die Not ruft unsere Hilfe heraus! Wer ist gerufen? Du, der du noch ein Dach über dem Kopf, vielleicht sogar noch dein Haus und deinen Garten hast. Du, der du dich allabendlich in dein gutes, sauberes Bett legen kannst. Du, der du in ungekündigter Arbeit stehst. Du, der du nicht im Bombenkrieg Hab und Gut verloren hast. Aber auch du, der du in gleicher oder ähnlicher Not warst und dem schon geholfen wurde. (...) Die Not ist groß, aber wir können helfen."

Damit rief die Evangelische Kirche der Pfalz ihre Gemeinden Ende Juni 1946 zur Mitgliedschaft im Evangelischen Hilfswerk auf.[1] Die Nachkriegsnot in ihren vielfältigen Erscheinungsformen stellte die Arbeit der Kirchen und der Wohlfahrtsverbände vor gänzlich neue Herausforderungen. Bisherige Strukturen und Arbeitsformen mußten überdacht und auf die besondere Notsituation ausgerichtet werden.

Die Gründung des Hilfswerkes der Evangelischen Kirche in Deutschland

Mit der bedingungslosen Kapitulation des Deutschen Reiches am 8. Mai 1945 endete der Zweite Weltkrieg, die Not des Bombenkrieges und der nationalsozialistischen Herrschaft war vorüber. Hunger, Wohnungsnot, Flüchtlingselend und ein Mangel in allen Bereichen des täglichen Bedarfs prägten den Alltag der meisten Menschen. In dieser Situation bestand zunächst keine staatliche Zentralgewalt mehr, denn an die Stelle einer Reichsregierung war der Alliierte Kontrollrat in Berlin getreten, der größte Teil des Deutschen Reiches war in Besatzungszonen aufgeteilt. Eine geordnete deutsche Verwaltungstätigkeit konnte sich erst allmählich entwickeln und konzentrierte sich in den ersten Nachkriegsjahren unter Kontrolle der jeweiligen Besatzungsmacht auf die Organisation des Mangels.

Im Vergleich zu den staatlichen Stellen hatten die Kirchen den Krieg und die nationalsozialistische Gewaltherrschaft organisatorisch relativ unbeschadet überstanden. Die Kirchen waren die einzigen Institutionen, die zonenübergreifend arbeiten konnten. Sowohl die katholische als auch die evangelische Kirche wurden vom Ausland als Anwälte der Interessen der deutschen Bevölkerung akzeptiert. Die westlichen Besatzungsmächte ließen die Kirchen relativ unbehelligt wirken. Die französische Militärregierung, in deren Zone die Pfalz lag, verfolgte eine recht liberale Kirchenpolitik.[2]

Auf Initiative des Landesbischofs von Württemberg und späteren Ratsvorsitzenden der Evangelischen Kirche in Deutschland, Theophil Wurm und Eugen Gerstenmaiers, zuvor Konsistorialrat im Kirchlichen Außenamt, wurde während der evangelischen Kirchenkonferenz im hessischen Treysa (27.-31. August 1945) das „Hilfswerk der Evangelischen Kirche in Deutschland" gegründet. Landesbischof Wurm wurde zu dessen Präsidenten, Gerstenmaier zum geschäftsführenden Leiter gewählt.[3]

Im Unterschied zu den seit Mitte des 19. Jahrhunderts gewachsenen Einrichtungen der Inneren Mission sollte das Evangelische Hilfswerk die Bekämpfung der Nachkriegsnot in Angriff nehmen. Dafür bedurfte es neuer Strukturen und Arbeitsformen.

Am 1. Oktober 1945 nahm das Hilfswerk der Evangelischen Kirche in Deutschland offiziell seine Arbeit auf. Die Geschäftsstelle des Hauptbüros befand sich in Stuttgart in der amerikanischen Besatzungszone. Eine Geschäftsstelle für die französische Zone wurde in Baden-Baden errichtet. Binnen weniger Monate bestanden in allen Landeskirchen Hauptbüros, die die Arbeit des Hilfswerkes in die Gemeinden tragen sollten.[4] Dem Hilfswerk gehörten auch die Freikirchen (Methodisten, Mennoniten, Evangelische Brüderunität) sowie die Altkatholische Kirche und die Heilsarmee an. Das Schwergewicht der Arbeit lag zunächst auf der allgemeinen Nothilfe, während der kirchliche Wiederaufbau erst allmählich realisiert werden konnte.

Die Organisation des kirchlichen Hilfehandelns in der Evangelischen Kirche der Pfalz

Am 22. Januar 1946 beschloß die vorläufige Kirchenregierung die Errichtung eines „Sozialamtes der Pfälzischen Landeskirche".[5] Zum hauptamtlichen Leiter des Sozialamtes, das seinen Sitz in Speyer hatte, wurde Pfarrer Eugen Herrmann in Neuhofen berufen.[6]
Herrmann war zugleich Geschäftsführer des Landesverbandes für Innere Mission.[7] Zur Abgrenzung beider Arbeitsbereiche hieß es in einem Rückblick des Jahres 1949: „Während die Innere Mission auf dem Prinzip der Freiwilligkeit aufgebaut ist und in eigenen, selbständigen Rechtsträgern ihre Arbeit tut, sollte hier im Evangelischen Hilfswerk der Versuch unternommen werden, die gesamte Kirche zum diakonischen Tun aufzurufen."[8] Für das Evangelische Hilfswerk auf EKD-Ebene wirkte zunächst Oberkirchenrat Eugen Roland, dann Oberkirchenrat Richard August Bergmann[9], während Pfarrer Herrmann die Amtsbezeichnung „Beauftragter" führte. Den Vorsitz im Landesverein für Innere Mission hatte Landesbischof Hans Stichter inne.[10]
Nach den Leitsätzen für das Sozialamt der Pfälzischen Landeskirche sollte sich die diakonische Arbeit auf zwei Säulen aufbauen:[11]

1. auf den bisherigen Leistungen der Inneren Mission in Anstalten, Vereinen und Einzelkreisen;
2. auf dem Dienst der Kirchengemeinden in der Form des Evangelischen Hilfswerkes.

Der Katalog der Aufgaben war gewaltig. Kommunikationsstrukturen mußten erst allmählich wieder errichtet werden, Post- und Telefonverbindungen waren kaum instandgesetzt, das Benzin war rationiert, Kraftwagen und auch Fahrräder waren häufig beschlagnahmt. Überregionale Zusammenkünfte waren bei der französischen Militärregierung anzumelden. Das größte Potential, auf das Pfarrer Herrmann bei seiner Arbeit bauen konnte, war die Einsatzbereitschaft von Menschen, die genug Idealismus aufbrachten, aus dem Nichts etwas aufzubauen. Denn auch die finanzielle Situation war völlig ungeklärt.

Da das Kirchensteueraufkommen stark zurückgegangen war, mußten die Gemeinden 1946 ihre eigenen Einnahmequellen ausschöpfen.[12] Die Konstellation schien also denkbar ungünstig für die Verwirklichung eines neuen kirchlichen Hilfswerkes. Alles kam darauf an, ob es gelang, die geeigneten Persönlichkeiten zu finden. In einem Grußwort zu seinem offiziellen Arbeitsbeginn am 1. März 1946 hatte Pfarrer Herrmann sich im Amtsblatt direkt an seine Amtsbrüder gewandt und um ihre Unterstützung gebeten:

„(Es darf) keinen Pfarrer geben, der nicht mit ganzer Kraft bereit ist zur tatkräftigen Hilfe. (...) Die Stunde der Kirche ist da, aufzustehen vom Schlaf, allem Geist der Trägheit und Bequemlichkeit abzusagen und den deutlichen Ruf des Herrn der Kirche zu vernehmen und zu verwirklichen. Die Zeiten eines subjektivistischen Individualismus sind vorüber; der Augenblick für ein gesamtkirchliches Handeln ist geboten."[13]

Organisatorisch schlug sich dieser Appell in der Anordnung des Sozialamtes nieder, bis zum 30. April 1946 Dekanatsgeschäftsstellen und bis zum 15. Mai des Jahres in jeder Kirchengemeinde mit mehr als 3 000 Gemeindegliedern einen Evangelischen Gemeindedienst zu errichten. Diese Struktur bildete das Fundament der Hilfswerkstätigkeit in den folgenden Jahren. Die Dekanatsgeschäftsstellen bestanden in allen 18 Dekanaten der Landeskirche und wurden von einem hauptamtlichen Geschäftsführer geleitet. Sie sollten die Aufgaben des Hilfswerkes im Dekanat organisieren. Das Sozialamt erwartete Vorschläge zur Beseitigung von Notständen. Die 20 Gemeindedienste sollten die diakonischen Kräfte auf Gemeindeebene bündeln und der Nachkriegsnot in den Gemeinden begegnen. Die Aufgabe bestand aus vier Teilgebieten, darunter auch die Durchführung von Speisungen und Sammlungen.

Bis zum 1. September 1946 bereiste Pfarrer Herrmann alle Dekanate, verschaffte sich einen Eindruck von der Situation vor Ort, wirkte bei der Schulung von Laienkräften mit und warb in den Pfarrkonferenzen bei den Geistlichen des Dekanats für die Arbeit des Hilfswerkes.[14] Auf der Grundlage der aus den einzelnen Gemeinden und Dekanaten eingehenden Berichte wurde mit Wirkung vom 10. August 1946 eine Patenschaftsorganisation entwickelt. Notstandsgemeinden wurden sogenannte Patendekanate zugeteilt, die um Unterstützung gebeten werden durften. Der Notstandsgemeinde Ludwigshafen beispielsweise waren die Dekanate Ludwigshafen, Kirchheimbolanden, Winnweiler und Rockenhausen sowie aus dem Dekanat Lauterecken die Gemeinden Gangloff und Rathskirchen zur Unterstützung zugeordnet. Für die Notstandsgemeinde Landau war das Dekanat Landau zuständig.[15] Die Patenschaften bezogen sich insbesondere auf eine Verbesserung der Lebensmittelversorgung der Stadtgemeinden durch die Landgemeinden sowie auf die Werbung von Freiplätzen für erholungsbedürftige Kinder. Als ein weiteres Koordinationsorgan wurde im Dezember 1946 unter dem Vorsitz von Pfarrer Herrmann ein aus acht Mitgliedern bestehender Ausschuß des Evangelischen Hilfswerkes der Pfälzischen Landeskirche gebildet.[16]

Projekte kirchlicher Selbsthilfe bis zum Einsetzen der Auslandsspenden

Die Arbeit des Sozialamtes, ab 5. Dezember 1946 offiziell des Evangelischen Hilfswerkes[17], Hauptbüro Pfalz, war zunächst von der Organisation der kirchlichen Selbsthilfe geprägt, mithin von einem innerkirchlichen Lastenausgleich, der sich auch auf die Unterstützung des Hilfswerkes der EKD bezog. Die vielfach mit dem Wirken des Hilfswerkes assoziierte Verteilung von Auslandsspenden setzte in größerem Umfange erst 1947 ein. Auch in dieser Phase hat die kirchliche Selbsthilfe nie versagt. Kirchliche Selbsthilfe auf Gemeindeebene begann bereits vor der Gründung des Sozialamtes und ging oft auf die Initiative des evangelischen Frauenbundes zurück.

In Speyer begann die Tätigkeit des aus dem Frauenbund erwachsenen Gemeindedienstes am 10. Oktober 1945. Zunächst wurden Familien besucht, die sich in einer besonderen Notlage befanden, etwa dadurch, daß Angehörige gefallen, vermißt oder erkrankt waren. Bald darauf bildete sich ein örtliches soziales Hilfswerk aus, in dem Innere Mission, Caritas, Rotes Kreuz und Arbeiterwohlfahrt zusammenwirkten. In der Roßmarktschule zu Speyer wurde eine Volksküche eingerichtet, die ihre Lebensmittel aus Sammlungen der

Inneren Mission bezog. In der Turnhalle der Zeppelinschule wurde ein Kleiderlager aufgebaut, für alte und kranke Menschen organisierten die Frauen des Gemeindedienstes die Beschaffung von Brennholz. Im Dezember 1945 wurde für die 156 Kriegsgefangenen in Speyer eine ökumenische Weihnachtsfeier durchgeführt.[18]

Die erste große Bewährungsprobe des Evangelischen Hilfswerkes Pfalz war die Durchführung einer Haussammlung vom 23. bis 27. April 1946. Der Erfolg war überwältigend: Die Opferwoche erbrachte 1,46 Millionen Reichsmark, wobei das Dekanat Landau mit einem Ergebnis von 130000 RM an der Spitze stand (pro Kopf der protestantischen Bevölkerung waren dies 5,26 RM, in Bornheim gar 19,65 RM).[19] 25% der eingegangenen Mittel mußten an das Zentralbüro des Hilfswerkes in Stuttgart abgeführt werden, 75% verblieben dem Hauptbüro Pfalz für die eigene diakonische Arbeit.[20] Im Jahre 1946 wurden auch zwei große Lebensmittelsammlungen vorgenommen, die der Durchführung von Kindererholungslagern und der Unterhaltung von Suppenküchen in den Notstandszentren dienten.

Aus diesem Arbeitsschwerpunkt entwickelte sich später das Kindererholungswerk des Hilfswerkes. 1946 waren die Kindererholungslager nur möglich durch ein hohes Maß an Improvisation, denn fast alle Kinderheime waren entweder zerstört oder von der Besatzungsmacht beschlagnahmt. So mußten zunächst Tanzsäle, Baracken der Wehrmacht und Schulen den Kindern als Unterkunft dienen.

Welche personellen Kräfte die diakonische Arbeit auf Gemeindeebene band, zeigt das Beispiel Ludwigshafen. Evangelischer Gemeindedienst und Dekanatsgeschäftsstelle beschäftigten 24 Mitarbeiterinnen und Mitar-

beiter in den verschiedenen Tätigkeitsbereichen: Buchhaltung, Lagerverwaltung, Nähstube, Registratur, Bücherei, Fürsorge, Küche, Schuhmacherei. 16 Vertrauensleute unterstützten das Hilfswerk in der Stadt, dazu kamen 530 Helferinnen, davon allein 80 in der Bahnhofsmission. Diese Menschen arbeiteten ehrenamtlich für das Hilfswerk, das unter anderem zwei Suppenküchen, eine Schuhmacherwerkstatt, ein Altersheim, ein Fisch- und Lebertranlager und ein Krankenhaus betrieb. Zu den Zielgruppen der diakonischen Arbeit in Ludwigshafen gehörten alte und kranke Menschen, Säuglinge, Kinder, Kriegerwitwen, Heimkehrer und Ostflüchtlinge.[21]

In seinem Bericht über die kirchliche Lage vor der Augustsynode des Jahres 1946 faßte der spätere Kirchenpräsident Hans Stempel die Situation in folgendes Bild:

„Ist unser Volk nicht wie ein armer Lazarus (...) unsrer Kirche vor die Tür gelegt, nicht als vor die Tür eines reichen Mannes - hun-

gernd, krank, verlassen, verachtet, mit den Geschwüren seiner Schmach bedeckt, mit zerbrochenem Glauben, zerstörter Moral, friedlosem Herzen? Wir sind keine triumphierende Kirche und wollen es nicht sein. Was könnten wir angesichts all der namenlosen Nöte anders sein als diakonische Kirche, als Samariterkirche mit der Barmherzigkeit und mit dem Mut und mit der Geduld des Samariters!"[22]

Die Auslandshilfe für Deutschland nach dem Zweiten Weltkrieg im Zeichen humanitärer Solidarität

Als Urheber des Krieges war Deutschland zunächst ausdrücklich von den Hilfsmaßnahmen ausgenommen, die den kriegsbetroffenen Ländern in Europa zuteil wurden.[23] Die Statistiken der freien Wohlfahrtspflege setzen in ihren Überblicken über die ausländischen Spendentätigkeiten den Beginn der größeren gelenkten und planmäßigen Hilfe mit dem 1. April 1946 an.[24] Der überwältigende Anteil der Spenden kam aus den Vereinigten Staaten von Amerika, doch leisteten Länder wie die Schweiz, Schweden, Norwegen oder Brasilien ebenfalls Bedeutendes. Nach der Aufstellung der „Dankspende des Deutschen Volkes" aus dem Jahre 1953 waren insgesamt 214 Organisationen aus 27 Ländern in der Deutschlandhilfe tätig gewesen.[25]

Im allgemeinen kamen die Militärregierungen außer der sowjetischen den deutschen Wohlfahrtsverbänden bei der Organisation ihrer Arbeit hilfreich entgegen. Doch die auf den staatlichen Bereich ausgerichtete Politik der Dezentralisierung blieb nicht ohne Folgen für die Tätigkeit der Wohlfahrtsverbände. Es

galt, eine Vielzahl bürokratischer Hindernisse zu überwinden, um regional und zonenübergreifend operieren zu können. Für das Evangelische Hilfswerk stellte Landesbischof Wurm bei den amerikanischen Militärbehörden den Antrag, daß Lebensmittel- und andere Spenden die Interzonengrenzen passieren dürften und die zeitaufwendigen Einzelkontrollen entfielen.[26] Im Oktober 1947 gelang es dem Hauptbüro des Evangelischen Hilfswerkes Pfalz, die Transporte der In- und Auslandsspenden von Straßenverkehrskontrollen freizustellen.[27]

Vorsichtige Schätzungen beziffern den Umfang aller nichtstaatlichen Dienst- und Sachleistungen aus dem Ausland auf über 1,2 Mrd. DM.[28] Von den 600 000t an Sachgütern, die diesem Gegenwert entsprechen, verteilten das Evangelische Hilfswerk und der Caritasverband in alleiniger Regie je ein Viertel.[29]

Die Hilfe der Vereinigten Staaten stellte alles bisher Dagewesene in den Schatten. Für die Versendung privater Pakete übernahm die amerikanische Regierung die Frachtkosten und gab allein dafür Millionenbeträge aus. In vielen Fällen schuf erst der Staat die Voraussetzung für die Möglichkeit einer auf nichtstaatlicher Initiative beruhenden Spendenmaßnahme. Die amerikanische Auslandshilfe für Deutschland nach dem Zweiten Weltkrieg umfaßt so unterschiedliche Projekte wie die Aktion von CARE und CRALOG, die Hoover-Schulspeisung, den Marshall-Plan oder die Berliner Luftbrücke, von den ungezählten privaten und kirchlichen Einzelinitiativen ganz zu schweigen.

Die übergroße amerikanische Hilfsbereitschaft ist nicht zuletzt der Tatsache zu verdanken, daß die Amerikaner deutscher Abkunft einen wichtigen Faktor in der Bevölkerungs-

Organisation der Verteilung von Auslandsspenden
Beispiel: Evangelisches Hilfswerk Pfalz

USA	Schweiz	Schweden
CARE CRALOG MCC Church World Service Lutheran World Relief Missouri Synod	Hilfswerk der Evange- lischen Kirchen	Svenska Europahjaelpen Hjaelpkommittéen for Tysklands Barn

Zentralbüro des Hilfswerkes der EKD, Stuttgart	Zentralausschuß zur Verteilung ausländi- scher Liebesgaben, Bremen Zentralausschuß für die franz. Zone Landesausschuß der Wohlfahrts- verbände/Pfalz

Hauptbüro des Ev. Hilfswerks der Pfalz, Speyer

Spendenverteilung

struktur des Staates darstellten. Die Deutsch-amerikaner machten unter den 38 Millionen Einwanderern, die zwischen 1820 und 1945 in die USA gekommen waren, mit rund 6 Millionen den größten Anteil aus und bildeten eine wichtige pressure group für den Beginn der Hilfe an ihre alte Heimat. Wenn man aber den Blick auf das amerikanische Volk als Ganzes richtet, wird eine grundsätzliche Hilfsbereitschaft erkennbar, die ihre Wurzeln in einem ungebrochenen Pioniergeist der Einwanderungszeit und in der Tradition der Quäker hat.

Zu einem Symbol der amerikanischen privaten Auslandshilfe wurde das CARE-Paket. CARE, das heißt die „Cooperative for American Remittances to Europe", wurde im November 1945 aus dem Zusammenschluß von 22 amerikanischen Wohlfahrtsverbänden gebildet, die kirchlichen, gewerkschaftlichen oder nichtkonfessionellen Ursprungs waren. CARE bot den zahlreichen Amerikanern, die Verwandte oder Freunde in Europa hatten, die Möglichkeit einer schnellen und direkten Unterstützung. Zu Beginn der Aktion standen rund 2,5 Millionen Pakete aus den riesigen Restbeständen der US-Armee zur Verfügung, die von den Spendern für 10 Dollar, inklusive aller Nebenkosten, bestellt werden konnten. Ein solches Paket enthielt 10 Tagesrationen hochwertiger Nahrungsmittel. Im Juni 1946 trafen die ersten CARE-Pakete in Deutschland ein, und obwohl die Organisation ihre Hilfe auf ganz Europa erstreckte, gingen doch fünf von acht Paketen an deutsche Empfänger.[30] Neben CARE bestand die Organisation CRALOG - „Council of Relief Agencies Licensed for Operation in Germany" -, in der sechzehn Mitgliedsverbände der amerikanischen Wohlfahrtspflege zusammengeschlossen waren. CRALOG bot amerikanischen Spendern die Möglichkeit, bedürftige Deutsche über einheimische Wohlfahrtsverbände zu versorgen.[31]

Die Lutherische Welthilfe „Lutheran World Relief" war ein Gründungsmitglied von CRALOG und diente der nationalen Vereinigung der amerikanischen Lutheraner als Instrument für Spendensendungen nach Europa und Asien. Der Schwerpunkt der Hilfsprogramme lag von Anfang an jedoch in Deutschland. Die Organisation war auch Trägerverband einer von den amerikanischen Farmern gestarteten Initiative, die unter dem Namen CROP bekannt wurde. CROP steht für „Christian Rural Overseas Program". Es war das erste gemeinsame Hilfswerk der katholischen, lutherischen und anderer protestantischer Kirchen in den USA, die systematische Sammlungen in der Landwirtschaft durchführten und diese 1947 und 1948 über CRALOG unter anderem nach Deutschland verschifften.[32]

Wie mit CARE und CRALOG auf amerikanischer, so war auch auf deutscher Seite in jeder der drei westlichen Besatzungszonen ein organisatorischer Zusammenschluß der von den Militärregierungen genehmigten Wohlfahrtsverbände erfolgt. Das Hilfswerk der Evangelischen Kirche in Deutschland, der Deutsche Caritasverband, die Arbeiterwohlfahrt und das Deutsche Rote Kreuz bildeten den „Zentralausschuß zur Verteilung ausländischer Liebesgaben".[33] Der Zentralausschuß war allein empfangsberechtigter Partner von CARE und CRALOG und für die Weiterleitung und korrekte Verteilung der Gaben verantwortlich. Er hatte seinen Sitz in Bremen, wo er eine Transportleitstelle unterhielt, die die Weiterverteilung der Spenden in die Besatzungszonen organisierte. Im Oktober 1946 erreichten die ersten CARE-Pakete die französische Besatzungszone. Im gleichen Monat wurde die französische Zone auch für die Spenden amerikanischer Kirchen geöffnet.[34]

Im Arbeitsbericht des Evangelischen Hilfswerkes Pfalz über die ersten eineinhalb Jahre seiner Tätigkeit finden sich anschauliche Beispiele für die Projekte, die mit Hilfe der Auslandsspenden realisiert werden konnten. Von den eingegangenen Lebensmitteln, die vornehmlich aus Amerika, Schweden, der Schweiz und aus Brasilien stammten, hätte die Bevölkerung der Stadt Speyer 14 Tage lang verpflegt werden können.[35] Besonders eindrucksvoll ist die Hilfe der Mennoniten Amerikas und Kanadas, die im Vergleich zur Zahl ihrer Gemeindeglieder Bedeutendes leisteten und deren Hilfsorganisation, das Mennonite Central Committee, in Neustadt an der Weinstraße das Hauptquartier in der französischen Besatzungszone unterhielt. Von dort aus organisierten die Mennoniten insbesondere Speisungen für alte Menschen und für Kinder, wobei ein Schwerpunkt in Ludwigshafen lag.[36] Die Auslandsspenden umfaßten indessen nicht nur Lebensmittel, sondern auch Kleidung. Zudem wurden theologische Literatur und Bibeln gespendet, Medikamente (insbesondere Insulin), Saatgut und Fahrräder. In Pirmasens und Zweibrücken-Ernstweiler wurden aus ehemaligen Schweizer Heeresbaracken Notkirchen errichtet.[37]

CARE und CRALOG schlossen mit den Militärregierungen der drei Westzonen Verträge ab, um die zollfreie Einfuhr, die Freistellung der Pakete von der Anrechnung auf die bewirtschafteten Waren und die freie Verteilung zu gewährleisten.[38] Deshalb mußten alle Wohlfahrtseinrichtungen die Liebesgaben unentgeltlich verteilen. Der Spendenempfänger quittierte den Empfang, woraufhin diese Belege ebenso wie Berichte über Speisungen an die Spender oder Spenderorganisationen gesandt wurden.[39] Besonders eindrucksvoll sind Briefe, die das Erleben der Hilfe aus Sicht von Kindern schildern, die an der Schulspeisung der Jahre 1946 bis 1948 teilnehmen durften.[40]

Die nichtstaatliche amerikanische Nachkriegshilfe für Deutschland war in ihrer absoluten Größenordnung die umfangreichste. Sie sind im Bewußtsein der Bevölkerung sehr nachhaltig verankerte. Vor der Wende in der westalliierten Nachkriegspolitik mit der Rede des amerikanischen Außenministers George Marshall am 5. Juni 1947 war nicht nur in den USA die Bereitschaft zur Hilfe an Deutschland vorhanden, große Hilfsprogramme waren zum Teil bereits angelaufen.[41] Sie beruhten nicht auf staatlicher, sondern auf privater Initiative. In dieser im wahrsten Sinne des Wortes bahnbrechenden Funktion liegt die große Bedeutung der Auslandshilfe jener ersten Nachkriegsjahre, die sich unabhängig von der politischen Großwetterlage einem inneren Gebote folgend äußerte.[42]

Die Entwicklung des Evangelischen Hilfswerkes bis in die 1950er Jahre

Die umfangreichen Auslandsspenden bewirkten eine Ausweitung der diakonischen Arbeit und damit zunächst auch eine Stärkung des Hilfswerkes. Viele Projekte wie die Schulspeisungen oder die Bücherhilfen für Gemeinden, Anstalten und Interniertenlager wurden durch Auslandsspenden überhaupt erst möglich. Das Ineinandergreifen von deutscher Selbsthilfe und Auslandshilfe zeigt sich insbesondere an der Organisation der Spendenverteilung und an der Durchführung von Speisungen. Während in der britischen und in der amerikanischen Zone das Projekt der Schulspeisung von den Militärregierungen mitgetragen wurde, beruhten derartige Maßnahmen bis zur Gründung der Bundesrepublik in der französischen Zone ganz auf Auslandsspenden.[43]

Im Frühjahr 1948 organisierte das Evangelische Hilfswerk Pfalz in allen Dekanaten eine Kleinkinderspeisung. Im Dekanat Landau begann diese Speisung für 540 Kinder am 3. Mai und dauerte 12 Wochen. Sie fiel damit in die Zeit der Währungsreform. Die Speisung wurde in den evangelischen Kindergärten durchgeführt und beinhaltete an allen sieben Wochentagen eine zum Teil warme Mahlzeit.[44] Die Lebensmittel stammten aus Mitteln der CROP-Spende der amerikanischen Landwirtschaft.

Die Arbeit des Hilfswerkes wurde seit 1947 immer vielfältiger und war auf ganz unterschiedliche Zielgruppen ausgerichtet. Unter die Allgemeine Nothilfe fiel bis ca. 1952 die Organisation der Verteilung von Auslandsspenden, das Berichtswesen, das Notkirchenprogramm, die Vermittlung von Spenden an zuvor benannte Empfänger, die Verteilung von theologischem Schrifttum und die Organisation der deutschen Selbsthilfe. Die fürsorgerischen Maßnahmen umfaßten vor allem Erholungsfreizeiten für Kinder und Mütter, Kinderspeisungen, die Durchführung von Suppenküchen in den Wintermonaten.[45] Die Verteilung der Spenden erfolgte ohne Ansehen der Konfession oder der politischen Ausrichtung der Betreuten. Wo allerdings arbeitsfähige Caritasorganisationen vorhanden waren, beschränkte sich die Hilfe auf evangelische Gemeindeglieder.

Neid, Mißgunst und falsche Anschuldigungen, wonach Spenden veruntreut worden sein sollten, gehörten ebenso zur Stunde der Diakonie wie das nur wenig dokumentierte, aber an den vielfältigen Maßnahmen erkennbare Engagement von Gemeindegliedern.

Die fürsorgerische Arbeit des Hilfswerkes vermag am deutlichsten die Flexibilität wiederzugeben, mit der auf Bedürftigkeit reagiert wurde. Spätestens mit Beginn der 1950er Jahre verschob sich der Aktionsradius von der Hilfe für alle unter der Nachkriegsnot Leidenden hin zu einer Betreuung besonderer Gruppen. Damit galt die Aufmerksamkeit den Sowjetzonenflüchtlingen, den gefährdeten Frauen und den Menschen in der Ostzone.[46] Allmählich nahm auch die sogenannte Ostzonenbetreuung immer größeren Raum ein. 1953 begann die Paket- Spendenaktion in die DDR unter dem Motto „Dein Päckchen nach drüben".[47]

Neben die großen Bereiche der Allgemeinen Nothilfe und der Fürsorge trat das Siedlungswesen, das dem Hilfswerk im November 1949 durch den Landeskirchenrat übertragen wurde.[48] Im Mai 1950 schlossen sich das Gemeinnützige Siedlungs- und Wohnungswerk der Diözese Speyer und die Gemeinnützige Siedlungsgesellschaft des Hilfswerkes zu der Arbeitsgemeinschaft „Christliches Siedlungs- und Wohnungswerk in der Pfalz" zusammen. Die Aufgabe dieses Werkes bestand in der Gewinnung eines Bausparfonds, in der Beratung, Planung und Geländebeschaffung sowie in der Vergabe von zinsgünstigen Darlehen.

Bei der Durchführung dieses Projekts waren die pfälzischen Sparkassen behilflich.[49] Im Mai 1952 wurde beispielsweise in Landau mit dem Bau von zehn Häusern begonnen, die Ende des Jahres bezugsfertig waren. Die Vermittlung der zwanzig Wohnung erfolgte durch das städtische Wohnungsamt. Die Fürsorgerin des Gemeindedienstes Landau war in einigen Ausschüssen der Stadt vertreten und stellte dadurch die gute Zusammenarbeit zwischen Hilfswerk und Behörden auf lokaler Ebene sicher.[50]

Insgesamt war das Evangelische Hilfswerk auf EKD-Ebene wie in den Gliedkirchen seit seiner Gründung zu einer gewaltigen Organisation herangewachsen. Der große Verwaltungsapparat, der angesichts fehlender landeskirchlicher Mittel zum Teil aus Spendenaufkommen finanziert werden mußte. Solche Probleme führten bei aller Anerkennung der Leistung dieser Hilfsorganisation auch zu einer kritischen Beurteilung.[51]

Mit dem Abklingen der größten Nachkriegsnot seit etwa 1949/1950 geriet das Hilfswerk in eine Krise, und zwar sowohl im Hinblick auf seine Akzeptanz als auch im Hinblick auf das Selbstverständnis kirchlichen Hilfehandelns in der jungen Bundesrepublik. Dieser vorwiegend innerkirchlich ausgetragene Konflikt konkretisierte sich in einer schon zuvor aufflammenden Spannung zwischen Hilfswerk und Innerer Mission.

Zusammenfassung und Ausblick

Die Stunde der Kirche nach dem Ende des Zweiten Weltkrieges war auch und gerade auch eine Stunde der Diakonie. Die Herausbildung neuer Arbeitsformen und Arbeitsstrukturen als Antwort auf die besondere Herausforderung der Nachkriegsnot hatte für die Diakonie weichenstellende Bedeutung. Sie setzte einen anhaltenden Professionalisierungsschub in Gang und führte mittels einer allmählichen Differenzierung des kirchlichen sozialen Handelns zu einer umfassenden Modernisierung diakonischer Arbeit. Dieser Prozeß war unaufhaltsam und irreversibel, insofern war es nicht möglich, das Hilfswerk nach dem Abklingen der Nachkriegsnot ersatzlos aufzugeben und zur traditionellen

Form kirchlichen Hilfehandelns in Gestalt der Inneren Mission zurückzukehren. Die Gründung des Diakonischen Werkes im Jahre 1968 trug dieser Tatsache Rechnung.

Diakonische Arbeit ist ständigen Wandlungen unterworfen und muß sensibel auf die Bedürfnisse der Gesellschaft reagieren, in der sie ihre Wirksamkeit entfaltet. Dabei darf sie nicht der Gefahr erliegen, ihr evangelisches Profil zu verlieren. Dann würde sie nämlich angesichts des derzeit um sich greifenden Sozialkommerzes von anderen Anbietern ununterscheidbar und letztlich überflüssig.[52] Ausgang und Ziel aller kirchlichen Fürsorge und auch des diakonischen Handelns ist der einzelne Mensch, an dem in Wort und Tat ein ganzheitlicher Dienst geleistet wird.[53] Diakonie übermittelt das Evangelium als Nächstenliebe. Die Stunde der Diakonie ist daher an keine Weltzeit gebunden, sie schlägt immer dann, wenn es gilt, Menschen in Not- und Konfliktsituationen Hilfe zu leisten.

1 Beilage Nr. 3 zum Amtsblatt für die vereinigte protestantische Kirche der Pfalz (Soziales Amt der Pfälzischen Landeskirche) vom 14. Juni 1946, S. 29-32.

2 Vgl. hierzu den Beitrag von *Christophe Baginski*: Kirche und Besatzungsmacht; in: Wünschel (Hrsg.), Rheinland-Pfalz. Beiträge zur Geschichte eines neuen Landes sowie *Jörg Thierfelder*: Einleitung zu: Kirche nach der Kapitulation. Hrsg. v. Gerhard Besier u.a. Bd. 1. Stuttgart, Berlin, Köln 1989, S. 13ff.

3 Vgl. hierzu *Karl Silex*: Das Hilfswerk der Evangelischen Kirchen in Deutschland. In: Kirchliches Jahrbuch 1945-1948 für die Evangelische Kirche in Deutschland. Gütersloh 1950, S. 389-413; *Gerhard Besier* u.a. (Hrsg.): Kirche nach der Kapitulation. Bd. 2: Auf dem Weg nach Treysa. Stuttgart, Berlin, Köln 1990; *Johannes Michael Wischnath*: Kirche in Aktion. Das Evangelische Hilfswerk 1945-1957 und sein Verhältnis zu Kirche und Innerer Mission. Göttingen 1996; *Helmut Talazko*: Das Hilfswerk der Evangelischen Kirche in Deutschland. Vortrag vor der Diakonischen Konferenz am 18.10.1995, erscheint demnächst in: Soziale Arbeit in historischer Perspektive. Zum geschichtlichen Ort der Diakonie in Deutschland. Hrsg. v. *Jochen-Christoph Kaiser*, Kohlhammer Verlag (1996).

4 Vgl. hierzu die regionalen Studien von Helmut Gabel: Bedingungen und Erscheinungsformen lokaler kirchlicher Nothilfe in der „Stunde Null" und den ersten Nachkriegsjahren: Das Beispiel des Kirchenkreises Herne 1945-1948. In: *Hans Bachmann/Reinhard van Spankeren* (Hrsg.): Diakonie. Geschichte von unten. Christliche Nächstenliebe und kirchliche Sozialarbeit in Westfalen. Bielefeld 1995, S. 327-345; *Gabriele Stüber*: Der Kampf gegen den Hunger 1945-1950. Die Ernährungslage in der britischen Zone Deutschlands, insbesondere in Schleswig-Holstein und Hamburg. Neumünster 1984, S. 447-475.

5 Zentralarchiv der Evangelischen Kirche der Pfalz (im Folgenden: ZASP): Protokolle der Kirchenregierung, 22.1.1946, S. 3ff.

6 Eugen Heinrich Herrmann, 22.9.1910 - 27.5.1976; Nachfolger Herrmanns wurde Johannes Leininger, der sein Amt bis zum 31. August 1954 wahrnahm.

7 Vgl. Amtsblatt Nr. 2/1. April 1946, S. 14.

8 Altregistratur Landeskirchenrat Speyer (im Folgenden: Altregistratur LKR) 625-0 Hilfswerk Bd. I: 3 Jahre Evangelisches Hilfswerk, 1.3.1949 (Verfasser vermutlich Pfarrer Eugen Herrmann), S. 3.

9 Eugen Roland, 21.2.1889 - 4.3.1946; Richard August Bergmann 7.12.1890 -3.12.1972.

10 Hans Otto Stichter, 9.11.1877-31.3.1948; zu den Funktionszuordnungen vgl. Beilage Nr. 1 zum Amtsblatt vom 1. April 1946, S. 12.

11 Vgl. zum Folgenden: Amtsblatt Nr. 2/1. April 1946, S. 15f.

12 Vgl. a.a.O., S. 16f.

13 Beilage Nr. 1 zum Amtsblatt vom 1. April 1946, S. 3.

14 A.a.O., S. 8; siehe auch Beilage Nr. 3 zum Amtsblatt vom 14. Juni 1946, S. 34; ZASP Abt. 102 Nr. 215 enthält die Arbeitsberichte der ersten Monate.

15 Beilage Nr. 4 zum Amtsblatt vom 10. August 1946, S. 37ff.

16 Beilage Nr. 6 zum Amtsblatt vom 5. Dezember 1946, S. 65.

17 A.a.O., S. 61.- Beide Bezeichnungen wurden jedoch noch längere Zeit synonym verwendet, wohl auch wegen der Kopfbögen des Sozialamtes, die aufgrund der Papierknappheit weiter benutzt wurden, vgl. etwa ZASP Abt. 1 Nr. 633.

18 Altregistratur LKR 625.13, Akte Speyer: Arbeitsbericht des Gemeindedienstes Speyer für 10.10. bis 31.12.1945.

19 Amtsblatt Nr. 4/1. August 1946, S. 42. Die hier angegebenen Zahlen stellen das Endergebnis dar, die in Beilage Nr. 3 zum Amtsblatt vom 14. Juni 1946, S. 24f., abgedruckten Beträge hingegen das vorläufige Ergebnis. Eine genaue Auflistung findet sich in den „Mitteilungen des Sozialamtes der Pfälzischen Landeskirche" Nr. 2 vom 5. August 1946, S. 10-29.

20 Amtsblatt Nr. 4/1. August 1946, S. 42.

21 Altregistratur LKR 625.0 Hilfswerk Bd. II: Kurzer Rückblick auf das Jahr 1948. Aus der Tätigkeit des Evangelischen Gemeindedienstes und der Dekanatsgeschäftsstelle Ludwigshafen, 15.3.1949.

22 Verhandlungen der Vorläufigen Landessynode der Verein. Prostest.-Evangelisch-Christlichen Kirche der Pfalz in den Jahren 1946/1947. Grünstadt o.J., S. 174-188, S. 188. - Hans Heinrich Stempel 8.7.1894 - 2.11.1970, wurde am 30.8.1946 Vorsitzender des Landeskirchenrats und der Kirchenregierung.

23 Vgl. hierzu die ausführliche Darstellung der alliierten Vorstellungen bei *Edward McSweeney*: Amerikanische Wohlfahrtshilfe für Deutschland 1945-1950. Freiburg 1950, bes. S. 49f.

24 So z.B. Drei Jahre Hilfswerk. Hrsg. v. Hilfswerk der Evangelischen Kirchen in Deutschland. Stuttgart 1948, S. 25; ebenso aus kanadischer Sicht *Gottlieb Leibbrandt*: 25 Jahre caritative und kulturelle Arbeit des Hilfswerkes der Deutsch-Kanadier. Festschrift zum 25jährigen Bestehen der Canadian Society for German Relief. Waterloo/Ontario 1972, S. 8.

25 Vgl. Humanitäre Auslandshilfe für Deutschland nach dem Zweiten Weltkrieg. Darstellung und

Dokumentation kirchlicher und nichtkirchlicher Hilfen. Hrsg. v. Deutschen Caritasverband e.V. Freiburg 1976, Quelle 180, S. 341-349: Zusammenstellung der ausländischen Hilfsorganisationen.

26 Vgl. *McSweeney* (wie Anm. 27), S. 51f.

27 Beilage Nr. 7 zum Amtsblatt vom 1. November 1947, S. 123f.

28 So *Martin Vorgrimler*: Auslandshilfe nach zwei Weltkriegen. Der Wandel der Auslandshilfe 1919 und 1945. In: Jahrbuch für Caritaswissenschaft und Caritasarbeit. Freiburg 1958, S. 86-101, S. 98f.

29 So *Hans-Josef Wollasch*: Nachkriegshilfe im Überblick. In: Humanitäre Auslandshilfe (wie Anm. 25), S. 21-66, S. 29f.

30 Vgl. *McSweeney* (wie Anm. 27), S. 82 sowie S. 26-31; Humanitäre Auslandshilfe (wie Anm. 34), Quelle 184, S. 359f.: Zusammenstellung der Liebesgabensendungen von CARE vom 20.2.1957.

31 Vgl. *McSweeney* (wie Anm. 23), S. 26.

32 Vgl. hierzu u.a. *Hans Gaul, Dieter Hauck und Gerd Lehmann*: Das Evangelische Hilfswerk in der Pfalz in den ersten Nachkriegsjahren. In: Blätter für pfälzische Kirchengeschichte 53/1986, S. 25-33, S. 30.

33 *Wollasch* (wie Anm. 29), S. 59.

34 Altregistratur LKR 625.04: Hilfswerk. Paket- und Spendenaktionen; Beilage Nr. 7 zum Amtsblatt vom 1. November 1947, S. 115.

35 A.a.O., S. 116.

36 Vgl. *Gabriele Stüber*: Kanadische Deutschlandhilfe in den ersten Jahren nach dem Zweiten Weltkrieg. In: Zeitschrift der Gesellschaft für Kanada-Studien 6/1986, S. 39-62, bes. S. 48ff.; *John Unruh*: In the Name of Christ. A history of Mennonite Central Committee and its Service 1920-1951. Pennsylvania 1952. - Die Mennoniten in USA und Canada zählten damals ca. 200 000 Gemeindeglieder.

37 ZASP Abt. 102 Nr. 219: Ausstellungsbericht „Zwei Jahre Evangelisches Hilfswerk der Pfalz" vom 2. bis 14.3.1948.

38 *McSweeney* (wie Anm. 23), S. 30.

39 Altregistratur LKR 625.04: CARE-Paket-Aktion.

40 Vgl. etwa ZASP Abt. 102 Nr. 1, 2, 31-35; Nr. 3 dokumentiert die Ludwigshafener Schulspeisung des Jahres 1947. Die Briefe verblieben in Deutschland, weil in der Regel Übersetzungen gefertigt und weiterversandt und nur wenige deutsche Originale beigefügt wurden.

41 Text der Rede abgedruckt in: Europa-Archiv. Hrsg. v. *Wilhelm Cornides*. Oberursel 2. Jg./1947, S. 821.

42 Vgl. hierzu insgesamt auch *Wollasch* (wie Anm. 29).

43 Vgl. hierzu *Stüber* (wie Anm. 4), S. 557-577.

44 Vgl. ZASP Abt. 43 Landau Nr. 567. Auf dem Speiseplan stand: 1 Brötchen (3x wöchentlich); Grießbrei mit Pflaumenmus (1x wöchentlich), Weizenschrotsuppe mit Brötchen (1x wöchentlich), Nudelsuppe (alle 14 Tage), Kakao mit Brötchen (alle 14 Tage).

45 Vgl. Beilage Nr. 7 zum Amtsblatt vom 1. November 1947, S. 115-120.

46 Altregistratur LKR 625.02: Jahresbereichte 1949-1954; zur Betreuung der männlichen Jugendlichen wurde am 9.7.1953 in Landau ein Überleitungsheim eingerichtet (Altregistratur LKR 625.0 Bd. II, Buchstabe L, sowie 625.0 Bd. I, Buchstabe F).

47 Altregistratur LKR 625.04: Ostzonenbetreuung; 625.0 Bd. III, Buchstabe PQ: Patenschaftsaktion.

48 Altregistratur LKR 625.23: Hilfswerk - Siedlungswesen.

49 Altregistratur LKR 625.24: Hilfswerk - Siedlungswesen.

50 ZASP Abt. 44 Landau Nr. 183: Jahresbericht 1952 des Evangelischen Gemeindedienstes Landau.

51 Die Tendenz einer möglichen Entfremdung zwischen Kirche und Hilfswerk veranlaßte *Otto Fricke* zu einer Darlegung der theologischen Grundlagen des Hilfswerks (vgl. in: Mittelungen aus dem Hilfswerk der EKD. Stuttgart. Nr. 12/März 1948, Sp. 185-190).

52 So die Warnung des Darmstädter Professors und Pfarrers *Horst Seibert* anläßlich der Feier des 75jährigen Bestehens des Evangelischen Gemeindedienstes Ludwigshafen (epd Pfalz Nr. 24 vom 18.6.1996, S. 3).

53 Vgl. die Präambel zum Gesetz über die Diakonie in der Evangelischen Kirche der Pfalz vom 1.1.1987, Amtsblatt Nr. 4/23.3.1987, S. 74-81.

Die Arbeit des Mennonite Central Committee (MCC)

Gudrun Schäfer

> Welcher ist unter euch Menschen,
> so ihn sein Sohn bittet ums Brot, der ihm
> einen Stein biete?
> (Matthäus 7, 9)

In the Name of Christ

Das MCC wurde im Juli 1920 auf einer Konferenz verschiedener mennonitischer Hilforganisationen in Elkhart, Indiana, gegründet. Die Zentrale ist heute in Akron, Pennsylvania; seit 1943 ist das MCC Kanada regionaler Teil dieser Zentrale. Auf Vorschlag von John C. Coffman in einem Brief vom 14. April 1941 an den Generalsekretär Orie O. Miller wird das Motto *In The Name Of Christ* zum erstenmal verwendet. Der Dienst am Nächsten, die Hilfe für die Bedürftigen ist in der Täuferbewegung der Reformationszeit verankert. In der Nachfolge Christi und den Lehren der Apostel setzen sie sich freiwillig und aufopfernd für ihre Mitmenschen ein. Als Handelnde und nicht als Zuschauer legen sie Zeugnis von der versöhnenden und erlösenden Kraft des Evangeliums ab. Hilfe und Friedensdienst sind Teil der mennonitischen Lebensphilosophie. Von Mitarbeitern des MCC wird erwartet, daß sie mit einer christlich-brüderlicher Lebenseinstellung und einem gefestigten Charakter den Menschen gegenüber treten. Sie müssen andere verstehen können, sie leiten und ihnen geistliche und weltliche Hilfe leisten ohne Vorurteil und ohne Ansehen der Person. Diese Ideen schlagen sich mit Beginn der Arbeit in Europa 1943 in der Broschüre *MCC Standards for Workers* nieder.[1] Das MCC arbeitet überall dort in Notgebieten, wo die Hilfsorganisationen des Staates oder der Parteien kaum vertreten sind.

Anfänge in Rußland und Paraguay

Bis zum Ersten Weltkrieg hatten die Mennoniten mit anderen Hilfs- und Missionsorganisationen zusammen Notleidenden im Ausland geholfen. Als aber 1920 eine mennonitische Studienkommission aus Rußland in den USA weilte und um Hilfe bat, wurde führenden Persönlichkeiten klar, daß die Mennoniten auch unter ihrem eigenen Namen in der Welt wirken müssen. Schon am 21. Oktober 1921 vereinbarte man mit der Russisch-Sozialistischen Föderativen Sowjetrepublik ein Hilfsprogramm für Mennoniten in Südrußland. Dabei ging es um Nahrungsmittellieferungen und um Strukturhilfe für Landwirte; diese wurden mit neuen Anbaumethoden vertraut gemacht, außerdem bekamen sie Traktoren und Erntemaschinen. Die sozialen und politischen Verhältnisse hatten sich aber nicht nur nach der Revolution von 1917 verändert. Als Stalin dann ab 1929 sein Industrialisierungs und Kollektitivierungsprogramm brutal durchzog, kümmerte sich das MCC um die vielen Menschen, die zwangsweise enteignet und in den Norden umgesiedelt wurden und um Auswanderungswillige, weil das Land unter diesen veränderten Lebensbedingungen nicht mehr ihre Heimat sein konnte. Über Harbin in China und über Deutschland reisten viele tausende Mennoniten aus. Die Reichsregierung brachte sie in Durchgangslager unter und half ihnen mit Geld, so weit das in einer wirtschaftlich schwierigen Zeit möglich war. Die Arbeit des MCC war aber mit dem Besorgen von Pässen und Schiffspassagen noch nicht beendet. Sie mußte die Neuankömmlinge in ihren Zielländern im Chaco in Paragay und in Brasilien weiter betreuen.

Auswandererlager

Nach dem Zweiten Weltkrieg half das MCC im den Lagern Gronau, Backnang, Fallingbostel und Berlin den Menschen, die sich mit den zückflutenden deutschen Armeen auf deutsches Territorium hatten retten können, eine neue Heimat zu finden. Am 1. Februar 1947 verließ die *Volendam* Bremerhaven und legte am 22. Februar in Buenos Aires an. In diesem Zusammenhang erfolgte 1947 im Chaco die Gründung der Siedlungen Volendam, Friesland und Neuland. Siegfried Janzen, der Leiter des Lagers Gronau, kümmerte sich um das Essen und vieles andere. „Continually we also stress the point that healthy people must work."[2] Dafür sorgte er dann auch innerhalb und außerhalb des Lagers. Er gab aber auch etwas viel Wichtigeres zu bedenken. Das MCC muß „provide sound Christian teaching and care for the refugee camps it opens". Vor allem brauchen die Menschen geistige Erneuerung.

„I approach this subject with rather a heavy heart. The bare fact that these people are refugees, ought to move anybody to sympathy. Though however great their material need is, it certainly does not compare with the spiritual. Harrowing experiences of the past have hideously seared which was sacred. Even during the last quarter century, the spiritual life in Russia has been crippled and all churches were closed."

Die Eltern konnten ihre Kindern nur im privaten Rahmen christlich erziehen. In der Schule lehrte man den Marxismus. Einer der Flüchtlinge sagte: „Das ist doch schrecklich, wenn man an der Kirche, in der man gebetet und gesungen hat, vorübergeht und dadrin werden dann Kühe gefüttert." Seit dem 8. Oktober 1947 gab es in Gronau sogar eine Lagerzeitung, *Unser Blatt*, die 14tägig erschien.

Friedensarbeit

Schon vor Ende der 30er Jahre betreute das MCC zusammen mit den Quäkern und der Church of the Brethren in Amerika Programme für Kriegsdienstverweigerer, nämlich den Civilian Public Service (CPO). Ein ähnlicher Dienst war das Pax-Programm in den 50er Jahren in Deutschland. In Espelkamp, Lübeck, Backnang und Enkenbach, aber dann wurden auch in Griechenland für Kriegsopfer und Bedürftige Siedlungshäuser gebaut. Schon während des Bürgerkrieges 1936/37 half das MCC in Spanien, dann 1940 in England mit einem Speisungsprogramm für Kinder und in Frankreich. Diese Aktiviät wurde nach Kriegsende fortgesetzt. Henry Buller organisierte das Hauptnachschublager für Europa in Châlons-

MCC-Mitarbeiter testen das Essen

sur-Saône. Die Aufbauarbeit am Geisberg bei Weißenburg und die Betreuung des Kinderheims Vogelsberg bei Weiler begannen 1947. In Weißenburg hatte man auch die Möglichkeit, die Fahrzeuge des MCC zu reparieren.

In Deutschland

Nach dem Zweiten Weltkrieg war das MCC in Deutschland als Untergruppierung der zivilen Organisation CRALOG (Committee of Relief Agencies in Occupied Germany), in allen Besatzungszonen außer der russischen tätig. Es wurde auf mehreren Ebenen gearbeitet. Einmal in den Lagern für Vertriebene, die wieder in den Arbeitsprozeß eingegliedert wurden oder auswandern wollten. Den Hauptteil ihrer Arbeit verrichteten die Mitarbeiter des MCC in einzelnen Städten und Regionen, die vom Krieg besonders betroffen waren. C. F. Klassen war zunächst für Flüchtlinge verant-

wortlich und kam schon im Herbst 1945 in das zerstörte Deutschland. Der eigentliche Beginn der Arbeit war der 28. März 1946, als Robert S. Kreider in Berlin eintraf. Anfangs durfte er nur mit Erlaubnis des Militärgouverneus Lucius D. Clay in der amerikanischen Zone arbeiten.

„Never in my life have I felt so enveloped in the military ...I am confident that our civilian dress and status will have its rewards as we proceed with our work. It is best that we be not too closely identified with the conquering power."[3]

Die Amerikaner erlaubten zu diesem Zeitpunkt noch keine Hilfe als Privatinitiative. Kreider arbeitete von Anfang an mit dem Evangelischen Hilfswerk zusammen, und ihm gelang es auch, das Mennonitische Hilfswerk Christenpflicht, nach dem Ersten Weltkrieg von Michael Horch (1871-1945) in Ingoldtadt gegründet, ab Juni 1946 in die Versorgung einzubeziehen. Im Oktober 1946 durfte das MCC Mitarbeiter in die britische und in die französische Zone schicken. Cornelius Dyck und Ernst Crous aus Göttingen begannen mit Projekten in Kiel, Lübeck und Krefeld in der britischen Zone. Anfangs war Kiel das Hauptquartier, später wurde es nach Hamburg verlegt.

Walter Eicher glaubte, daß die Arbeit in der französischen Zone gut zu organisieren sei, weil die Militärregierung nur die Menge der Hilfsgüter und die Verteilungsorte kontrollierte, Er hatte sein Hauptquartier in Neustadt. Von dort erreichte er mit seinen Projekten außer Neustadt und Umgebung besonders Friedelsheim, Limburgerhof, Ibersheim, Monsheim, Kriegsheim, Weierhof, Sembach, Katzweiler, Erfenbach, Ludwigshafen, später auch Landau. Die Mennonitengemeinden an diesen

Orten hatten mit dem Hilfswerk der Vereinigung Deutscher Mennoniten schon vorher einiges auf den Weg gebracht. Walter Eicher und später Delbert Grätz arbeiteten eng mit Richard Hertzler vom Evangelischen Hilfswerk zusammen. Zur gleichen Zeit wurden Nachbarschaftsheime gegründet, so in Heilbronn unter der Leitung von Frank und Marie Wiens und in Kaiserslautern unter der Leitung von Stanley und Iona Hofstetter. Am 3. August 1949 wurde das Nachbarschaftsheim in Berlin-Kreuzberg eingeweiht, dessen Direktor Harold Buller war. Geplant wurde es von Atlee Beechy auf Bitten der amerikanischen Militärregieung in der Zeit der Blockade von Berlin. Marjorie Yoder und Norman Wingert leiteten studentische Arbeitskreise in Mainz. Auch für die Kinder, Waisen und Flüchtlinge tat man einiges. Joe Wyses und Alice Snyder betreuten in Kaiserlautern Kinder aus Berlin, die sich in der Pfalz erholen sollten. In Bad Dürkheim begann die Arbeit in einem Kinderheim am 15. Oktober 1949. In Neustadt arbeitete Elizabeth Wiebe seit dem 27. März 1948 mit großem Erfolg. Sie organisierte eine Bibelschule für Kinder „All are welcome, Protestant, Catholic, Communist, Baptist and Mennonite", war ihr Wahlspruch. Die Kinder lasen in der Bibel, lernten und sangen Lieder. Vor allem durften sie Szenen aus dem Alten und dem Neuen Testament malen und szenisch darstellen. Diese Treffen fanden immer samstags statt. Ab und zu war auch ein Wochenendseminar auf der Kropsburg geplant. Anfangs nahmen an den Treffen nur 20 Kinder teil. Später kamen auf Einladung des kleinen Amerikaners Fritz Schwartzrauber immer mehr, so daß manchmal 370 bis 400 Jugendliche anwesend waren. Am Ostersamstag 1949 kamen sogar 690 Kinder zusammen.[4]

Nach der Währungsreform 1948 war es notwendig, mehr den älteren Menschen zu helfen. Außerdem wurde in dieser Zeit auch die Hoover-Speisung für Schulkinder eingeführt, so daß das MCC sich auf andere Bereiche konzentrieren konnte. Das Hauptquartier in Neustadt wurde im Herbst 1950 aufgelöst. Die Hilfe des MCC für Deutschland reichte aber weit in die 60er Jahre. Aus einer Zusammenstellung bei Unruh ist zu sehen, daß bis 1951 insgesamt 153 Vertreter des MCC in Deutschland gearbeitet haben. Im Sommer 1947 nahmen ungefähr 80 000 Menschen an der Speisung teil, im Mai und Juni 1948 allein waren es 140 000.

Die Helferinnen des MCC bei der Erholung

Heute ist das MCC weltweit in Gebieten der Not tätig, in den Ländern des ehemaligen Ostblocks, in Afrika und in Asien, im Nahen Osten. In Süd- und Mittelamerika war es notwendig, sich um die Indianer zu kümmern. Dabei geht es hier nicht mehr einzig und allein um Evangelisation. Sehr viel wichtiger werden wirtschaftliche Fragen, Fragen die Gesundheit und Erziehung betreffend und schließlich die Einrichtung einer Indianerkirche. Die Mennoniten sind hier heute nicht mehr Missionare, sondern Lehrer und Berater.

1   Bender, Harald S. et al., eds.: The Mennonite Encyclopedia, Vol. III, Scottdale, PA, Herald Press, 1982, S. 608 und Dyck, Cornelius J. et al. eds.: Service and Witness in North America, The MCC Story, Vol. 3, Herald Press, Scottdale 1980, S. 101-103.
2   Dyck, Cornelius J. et al. eds.: From the Files of the MCC, Herald Press, Scottdale 1980. S. 69-71.
3   Unruh, John D.: In the Name of Christ, Herald Press, Scottdale 1952.
4   a.a.O.

Dwight Wiebe

Pax - A Program of Peace

Pax - the Latin word for Peace means the opposite of war. War, a time of conflict, hatred and destruction. Peace, a time for healing, caring and repairing. Out of the ashes of war arose the prayers of the victims of war asking God for answers to this brutal plague of war. Unfortunately, the consequence of war is death and destruction on both sides of the battle line- therefore, it is no surprise that Bismarck once said that if his soldiers stopped to think, he would have none left to fight.

The tragedy of this war syndrome is that no new solution can come from the establishment which since the beginning of time has been going in the wrong direction on the right road called Quest for Peace. (...)

Today the alternative way is still alive in the United States of America. During World War II approximately 6000 young men from the Mennonite and the Church of the Brethren refused to take up arms. These men were drafted to serve in the US Army but they were given the privilege to do work of civilian national Importance. They were CO's, Conscientious Objectors. I was one of them, who served in a soil conservation project in Idaho and in a hook worm project under the Department of Health in Mississippi. Four years later, I was drafted again during the Korean War to serve in a State Mental Hospital for another two years. Upon completing this and my Masters Degree program at Purdue University, the Mennonite Central Committee asked me to serve as the third Pax director in Europe for four years. I agreed.

I arrived in Europe in February 1954 after a 12-day boat ride to Amsterdam. Here in Europe, I met 30 young Pax boys, ages 18 to 22, who had came to Germany to put their Christian faith into action. All of them came equipped to be Ambassadors for Peace. All were Conscientious Objectors to war. The rubble and ruins everywhere in Germany made it clear that the Allied Forces had destroyed many German civilian homes as well as enemy military installations. How would these young Pax boys be received in Germany? Would they be seen as part of the American military forces or would it be possible to be recognized as Ambassadors for Peace?

My first encounter with Pax boys was at Espelkamp-Mittwald. Here heavy rains and poor roads had turned an old ammunition factory, into a miserable home for 12 Pax boys who had came to build new homes for refugees living in camps. (...)

My second stop was Ludwigshafen, where I met Banker Fritz Stauffer, treasurer of the Mennonitische Siedlungshilfe e.V., the German Mennonite agency in charge of refugee resettlement. Through Banker Stauffer's expertise, the German Mennonites were able to qualify for a government mortgage that made it possible to finance homes for penniless refugees. More than 12 000 Mennonites were among the millions of refugees that had escaped Russia and Poland with the retreating German army. Banker Stauffer explained how the German Federal Government provided 90% of the money needed to build new homes for refugees. These building loans were available for families who could raise 10% cash or earn the 10% through sweat equity by doing the construction work themselves. However, who would do the building work for the widows and children living in refugee camps for 5 years without hope for help or a new life? This is where the Pax boys' service enters the picture. These young men each paid $75.00 per month to MCC für the privilege of joining a Pax building team in Germany. This money was used to pay for their room and board and transportation so that all of the money earned by their labor could be applied to the 10% loan which made the project possible. In a letter dated March 12, 1968, Mr. Richard Hertzler and Banker Fritz Stauffer representing Mennonitische Siedlungshilfe, confirm emphatically the significance of Pax service. (...) It is estimated that the 10% labor loan was equal to 3,300 hours of Pax labor in a 4-apartment 2-story building in Enkenbach, which included 44 houses and 140 apartments for 450 Mennonite refugees. Approximately the same in the 110 apartments built in Backnang. The Bechterdissen project included 49 houses which provided new homes for about 450 people. At Wedel, the Pax men built 12 houses with 4 apartments in each providing homes for 48 families.

The Pax men wanted to know who these refugees were that were going to move into these new homes they were building. The Europe Pax News, December 1954 issue reported:

„At the South German City of Backnang the government is using a large school building to provide temporary housing for approximately 1,000 persons. Although it is a substantial structure, extreme overcrowding makes the place hardly livable. In one case, fifteen persons - five families -

Pax boys beim Aufbau eines Gemeindehauses in Bechterdissen (oben)

Mennonitensiedlung in Bechterdissen (unten)

were living in a space about 20 feet square. Very few families have a whole room to themselves. Living units packed to overflowing, with not a single partition anywhere, make privacy impossible. Double-deck beds, pushed together end to end, fill the rooms and leave only narrow paths. Adding to the impersonal austerity of settlement life, the central kitchen prepares meals for everyone and dispenses the food in simple line-up fashion. Each takes his portion to his quarters where there is often no table on which to put it."

The dedication of the Pax boys did is best illustrated in the following story reported in a 1956 issue of Stars sind Stripes, a newspaper for army men living in Germany. This newspaper heard about Paxboys in a unit about 5 miles from their headquarters and asked to do a cover story which was shared with the German Press. The reporter visited the Enkenbach project in the middle of winter, unannounced. He watched the Pax boys dig out the frozen house basements with a pick and shovel. He asked to speak with the supervisor of the project. The men said there was none. He then asked: „Why are you men working in the cold?" They replied: „Because that is what we are here for." His response was: „Well, I'll be damned", because he had never before seen men working without supervision. (...)

We have seen that the road to Peace is a legitimate alternative to the road to war. The torch of hope burns brightly once again in the hearts and eyes of the first, second and third generation. And every home built by the Pax boys is a lasting tribute to the power of love, compassion and Peace in a restless world.

Elisabeth Wiebe

The Voice[1]

As the months of the year 1945 slipped by, there was a tug-of-war going inside of me, together with the consciousness that a definite decision had to be made ere the next to last month of the year would have gone by. Inch by inch that spirit won, which made it possible for me to make the decisive telephone call on that November morning in 1945, to the superintendent of schools in a small city in one of the midwestern United States of America, that put an end to a teaching career of twenty and a half years. Each one of these years had been full of many and varied experiences that had made life worth living. Because there was a call to another service, by a voice inside of me, the working of which was noticed and felt by a change of ideas in my mind. I found myself thinking differently on certain things than I had thought of them in times past. I was not forced to think differently of them, but I began to see things differently, and because of this my conduct was different. (...)

And that is the way it happened; there was joy, sorrow, disappointment and encouragement on the way, as things kept on advancing. (...)

There followed thirteen years of untiring labor on both sides of the Atlantic Ocean. The first three years were a time of preparation, of tearing away from old ties. (...) It was a time of getting used to not receiving a monthly check, and yet never lacking the necessary essential things, such as food, clothing and shelter; it was a time of getting used to a life that was not routine, and finally a time of leave taking of people and things, and of my home land.

The morning I was to board the *Nieu-Amsterdam*, a Dutch ship, I was awakened by a gentle but firm shake of the shoulder, at five thirty o'clock in the morning, and the voice said to me; Arise, for this is the day, on which you are leaving your country to go to the place I have prepared for thee.

The trip across the great Atlantic Ocean was a wonderful experience, as the *Nieu-Amsterdam* ploughed its way through the ever moving and roaring waters. There was something supreme in the whole experience.

On March 14, 1948, we entered the place that had been prepared, the new place of service. On that day there began a steady and untiring service among the children and the old people, in a number of cities and villages, together with a number of people working under the auspices of a certain relief organization, that was active in war-torn Europe.

The children and old people were chosen to be served by our particular relief organization, because they were not particularly taken care of by other relief organizations that were active in some of the same places where we were operating. The people that were attended to were destitute of food and clothing, and many of them of an adequate place to live in, because of the destruction of the recent war, and because of the occupation troops, that were stationed in many of the cities and even in some of the villages. We were able to alleviate only the first two great needs of the lives of these people through the material aid of our relief organization.

Nach dem Essen - Warten auf Miss Wiebe

The, time went on, healing, erasing and filling in somewhat the gaps that the horrors of World War II had created, especially in the cities. The spiritual work among and with the women and children - begun indirectly through and because of the bedding programs and the clothing distributions - was the main part of the work, and here is where the real joys and heartaches began to make themselves known.

During the years that followed were house visitations made in all sort of apartments. These apartments, or mere attic rooms, in which the people lived that I visited, were mostly in the third and fourth stories of the age old massive houses built of stone. There were miles and miles of stairs to climb during the time of ten years. Many stairways were dark and worn with the footsteps of generations of feet that have climbed them in years gone by. The numbers or the names on the doors of these apartments had to be found by the help of a flashlight, a constant aid in the house visitations; many of these apartments were directly under the roofs of the houses, with small openings in them that were opened and closed by small trap windows. In such places lived the people whose hearts were full of stories of sadness, homesickness, reproaches, criticism, hatred, bitter disappointments, with occasional exceptional cases of people that were patient and content with the lot that had befallen them.

1   Auszug aus Wiebe, Elizabeth: The Voice, The Fireside Anthology, Vol. 1, Greenwich Book Pubsihers, New York, o.J.

Roger Hochstetler

Als Pax boy in Enkenbach[1]

1951 kam ich nach Deutschland und folgte damit einer Bitte des MCC, als Freiwilliger Häuser zu bauen für Flüchtlinge, die Jahrhunderte in Ostpreußen und Rußland gelebt hatten und nun nach Westdeutschland zurückkehrten. Ihre Vorfahren hatten Westeuropa verlassen, weil sie ihre Religion frei ausüben wollten.

Einmal fragte mich die Frau eines Freundes, der nicht als Mennonit aufgewachsen war: „Wie hast du dich gefühlt, als du in Deutschland warst?" Ich wußte zuerst nicht, was sie meinte, denn ich konnte mich an keine negativen Gefühle erinnern. Sie hatte angenommen, ich hätte die Deutschen so wie sie selbst gehaßt für das, was sie unseren amerikanischen Soldaten während des Zweiten Weltkrieges angetan hatten. Aber Liebe war immer schon meine Lebensphilosophie.

Wir bauten in Deutschland Häuser, um Opfern des grausamen Krieges zu helfen. Anfangs schickte das Mennonite Central Committee (MCC) den Hungrigen Essen. Delbert Grätz hat dies in Städten der Pfalz organisiert. Viele kranke und unterernährte Waisenkinder mußten in Heimen leben. Für kurze Zeit half ich deshalb in einem Heim in Bad Dürkheim an der Weinstraße. Ein weiteres Heim lag in Weißemburg, Frankreich. Solche Kinderheime waren schon nach dem Ersten Weltkrieg als American Homes for Children in the Rheinpfalz Inc. gegründet worden.

Die Mitarbeiter des Bauprogramms bekamen keinen Lohn. Das auf diese Weise gesparte Geld erhielten die zukünftigen Besitzer für eine Anzahlung. So brauchten sie zunächst keinen Kredit aufzunehmen. Wie man sich vorstellen kann, mußten die deutschen Behörden davon überzeugt werden, daß die jungen Männer im Alter von 19-23 auch wirklich Häuser bauen konnten. „Sie sind nicht einmal Lehrlinge", war die typische Antwort. Die Entscheidung fiel positiv aus, weil man sich daran erinnerte, was das MCC mit seinen Mitarbeitern beim Schulspeisungsprogramm geleistet hatte. Alle hatten einen sehr positiven Eindruck hinterlassen. Sie waren als ehrliche, freundliche, bedächtige und sorgende Menschen in Erinnerung.

Auf einer Reise mit Delbert Grätz im Herbst 1996 besuchte ich Enkenbach. Ich kam dort mit einer Dame ins Gespräch, die mir erzählte, daß sie sich noch gut an die Paxboys erinnert. Sie berichtete, wie hart die Jungs gearbeitet haben. „Das waren einfach gute Menschen". Diese Erfahrung auf meiner Europareise hat mir neue Perspektiven eröffnet.

1 Übersetzung und Bearbeitung des englischen Originals Ulrike Lackner und Gudrun Schäfer

Frank und Marie Wiens

FÜr das MCC in Deutschland [1]

Von März 1947 bis Mai 1949 lebten wir in Deutschland. Nur das Committee of Relief Agencies (CRALOG), eine Dachorganisation aller privater Hilfsdienste, war berechtigt, mit den Militärbehörden zusammenzuarbeiten, die unsere Arbeit im besetzten Deutschland genehmigen mußten.

Das Jahr 1947 verbrachten wir in der Pfalz. Zunächst organisierte ich zusammen mit Delbert Grätz ein Programm in Ludwigshafen. Wir versorgten dort Kriegsverwundete, werdende Mütter und Schulkinder mit Essen. Später war ich dann in Kaiserslautern und Marie im Hauptbüro in Neustadt tätig. In Frankenstein arbeitete ich mit einem evangelischen Pfarrer zusammen, dessen Name ich vergessen habe. Das einzige, woran ich mich erinnere, ist sein Ausspruch: „Wenn Gott eine Gemeinde segnen will, stattet er diese mit einem guten Lehrer und liebevollen und sorgenden Pfarrern aus."

Im Jahr 1948 waren wir in Heilbronn. Dort gründeten wir mit aus Schweden importierten Holzbaracken ein Nachbarschaftsheim. Ähnliche Heime hatten die Quäcker auch in der Umgebung von Frankfurt errichtet. Die Heilbronner Mennoniten nutzten einen Teil der Baracken als Versammlungshaus. Marie und ich hatten im anderen Teil eine einfache Wohnung. Wir richteten eine kleine Textilfabrik mit ausgebildeten Schneiderinnen ein, für die uns die Pfaff-Werke in Kaiserslautern 15 neue Nähmaschinen spendeten. Alte Kleider, Leder, Stoffe, Knöpfe und anderes Materialien wurden vom MCC bereitgestellt. So produ-

Das ehemalige mennonitische Kinderheim in Bad Dürkheim in der Weinstraße

zierten wir schöne neue Kleider, verkauften sie und verwendeten den Erlös für unsere Arbeit. Im Schuhreparaturladen beschäftigten wir mehrere Meister und einen Lehrling.

Von Januar bis Ende Mai 1949 waren wir in Fallingbostel. Eine Kaserne, ein Krankenhaus und viele andere Gebäude waren noch immer von einem Stacheldrahtzaun umgeben. Im Lager befanden sich viele mennonitische Flüchtlinge aus der UdSSR, die mit den zurückflutenden deutschen Truppen noch deutschen Boden erreicht hatten. Wir bereiteten diese Menschen im Auftrag des Inter-

national Office for Refugees (IRO) auf ihre Auswanderung nach Kanada vor. Wir versuchten immer, ihre Probleme und Schwierigkeiten schnell zu lösen.

Während unseres Aufenthaltes in Deutschland hatten wir immer guten Kontakt zur Bevölkerung. Gelegentlich setzten wir uns auch mit ihnen zusammen und erzählten von unserer Arbeit. Wir machten ihnen klar, daß alle Spenden von unserer Kirche, der Mennonitenkirche, kamen. Weder die Regierung noch die US-Armee hatten uns zur Arbeit in Deutschland aufgefordert.

Marie erzählte vom Schicksal ihrer Familie, die 1929 aus Sibirien geflohen war. Sie erinnert sich auch heute noch an die Ängste ihres Vaters, der Pfarrer und Lehrer in einer Gemeinde war. Sie erzählte von der gefährlichen Überquerung des zugefrorenen und stark bewachten Amurs, dem Grenzfluß zwischen der UdSSR und der Volksrepublik China. Während der einjährigen Wartezeit in Harbin in China zitterte die Familie jeden Tag, weil nicht sicher war, daß sie als Staatenlose von irgendeinem Land aufgenommen würde. Auch hier hat das MCC zur Lösung der Problems beigetragen. Die Familie durfte sich 1930 in Kalifornien ansiedeln.

Der Aufenthalt in Deutschland war für uns eine glückliche Zeit.

1 Übersetzung und Bearbeitung des englischen Originals Ulrike Lackner und Gudrun Schäfer

Hans Hege

Das MCC auf dem Geisberg bei Weißenburg

Der Krieg

Der Krieg kam zweimal über unsere Gegend. 1939 wurde die ganze Bevölkerung nach Haute-Vienne im inneren Frankreich für ein Jahr evakuiert. Außer dem Haus von Heinrich Hirschler wurden alle Wohnungen auf dem Geisberg zerstört, das schöne Schloß sowie auch unsere Kapelle. 1940 wurden dann zwei Wohnbaracken aufgestellt sowie einige Feldscheunen für die Landwirte.

1944 im Dezember kam der Krieg so nahe, daß Geisberger und Schafbuscher Schutz bei ihren deutschen Glaubensbrüdern suchten. Als sie im Mai 1945 zurückkehrten, war das große Schafbuscher Wohnhaus völlig zerstört, die Felder verwüstet, von Schützengräben durchquert und voller Granatlöcher.

Die Familien unserer Gemeinde

Familie Heinrich und Anna Hirschler mit Großmutter Marie, geb. Koller mit Kindern: Yvonne, Ruth, Henri, Théo, Marcel, Werner, Walter. Sie trauern um ihren ältesten Sohn Oscar, der 1944 gefallen ist. Sie wohnen in dem einzigen Haus, das nach dem Krieg auf dem Geisberg noch bewohnbar ist.

Familie Lydia Hirschler mit Kindern: Louise, Hélène, Emma, Agnès und die zwei Pflegekinder Jean-Pierre und Gilbert. Ihre Wohnung im Schloß Geisberg wurde 1939 zerstört, nachher wohnten sie auf dem Schafbusch, wo das Haus 1944 niederbrannte, nun wohnen sie bei ihrem Schwager Heinrich Hirschler auf dem Geisberg.

Familie Jean und Hélène Hirschler und Schwester Suzanne. Mit dem Sohn Fritz Hirschler und Frau Trudy mit Kindern: Edith und 1948 Alice. Ein zweiter Sohn ist Rudolf. Der andere verheiratete Sohn Willy ist im Krieg gefallen. Ihre Wohnung wurde 1939 zerstört. Sie wohnen in einer Baracke auf dem Geisberg. Familie Daniel und Lydia Hirschler, Sohn Daniel und Frau Eugenie mit Kindern: Lina, Frieda und 1948 Raymond. Auch diese Familie hat einen Sohn namens Friedrich im Krieg verloren. Sie wohnen seit 1940 in einer Baracke auf dem Geisberg. Madeleine Hirschler, auch ihre Geisberger Wohnung wurde 1939 zerstört, bis 1944 wohnte sie auf dem Schafbusch, nach dem Krieg wurde sie in Cleebourg von Freundinnen aufgenommen.

Familie Daniel und Marie (Mimi) Ehrismann mit Kindern: Jeanne, Hélène, Gérard, Daniel. Der Sohn Henri konnte nach dem Krieg nicht auf dem Geisberg bleiben. Ihre Tochter Marie starb kurz nach dem Krieg an Tuberkulose. Auch diese dritte Familie wohnt seit 1940 in einer Baracke auf dem Geisberg. Familie Philippe und Emma Hege mit Kindern: Dora heiratet 1946, Ernest studiert ein Jahr in Amerika, Irène, Alfred, René, Erica, Eric, Willy, Fritz, Alice, Oscar, Hans Jean, Louise, Marthe, Théo. Auch diese Familie hat einen dreizehnjährigen Sohn, Uli, im Krieg verloren. Das große Wohnhaus ist abgebrannt, sie wohnen in einer kleinen Wohnung und einer Baracke auf dem Schafbusch. Familie Otto und Dina Hege mit Kindern: René, André, Jean, Herrmann und Daniel. Diese Familie kam erst später von

Deutschland zurück. Ihre Wohnung wurde 1939 auf dem Schafbusch zerstört, 1942 bekamen sie eine neue Wohnung; in diese Wohnung zog die große Familie Philippe Hege, als sie von Deutschland zurückkam. Familie Otto Hege zog in eine Baracke auf dem Schafbusch, die mit Hilfe des MCC errichtet wurde.

Familie Walter und Martha Hege mit dem kleinen Manfred. Sie wohnten 1939 auf dem Geisberg als Pächter, das Anwesen wurde zerstört. Während dem Krieg wohnten sie dann eine Zeitlang bei Heinrich Hirschler. Nach dem Krieg zogen sie in die Straßburger Gegend. Familie August Gerber mit Kindern: Martha, Erna, Alice (Liesel) und Albert. Sie wohnen in ihrem Haus auf dem Dieffenbacherhof. Familie Joseph und Marie Steiner mit Kindern: Else, Lydia und Rudi. Sie wohnen auf dem Frönsburgerhof bei Lembach. Unsere Gemeinde zählte also mit Kindern etwa 75 Personen. Die Familien Roth und Schmidt haben seit dem Krieg keinen festen Kontakt mehr mit der Gemeinde. Von diesen Familien trauerten fünf um eins der Kinder. Zwei weitere Todesfälle im Jahre 1946, Madeleine und Lydia Hirschler, die zwar schon älter waren, könnten noch Folge des Krieges gewesen sein. Nur drei Familien konnten in ihrem eigenen festen Hause wohnen.

Die materielle Lage

Als unsere Familien nach dem Krieg in ihre Heimat zurückkehrten, fehlte es an vielem. Aus einer Liste notwendiger Bedarfsartikel, die Philippe Hege im August 1945 für den Schafbusch aufstellte, entnehmen wir folgendes: Wolle, Wolldecken, Matratzen, Bettwäsche, warme Unterwäsche, Männerarbeitshemden für sechs große Männer, Regenmäntel für acht Schulkinder, Winterkleider, Petroleumlampen, Fleischhackmaschine, Butterfaß, Milchzentrifuge, Eßbestecke, Wasserpumpe, Einkochapparate, Küchenwaage, Fahrräder, 2 Wagen für Gespann und als Anhänger für den Traktor, Dreschmaschine mit Strohpresse, Wohnbaracke. Heinrich Hirschler sollte auch unbedingt zwei Zugochsen haben.

Philippe Hege verlangt auch nach Bibeln, Konkordanzen, Bibelerklärungen und anderen nützlichen Büchern, um Predigten und Taufunterricht vorbereiten zu können.

Die Gemeinde Geisberg

Philippe Hege ist Ältester der Gemeinde. Mit Fritz Hirschler, Prediger, versieht er abwechselnd das Predigtamt. Fritz Hirschler ist auch noch Sonntagsschullehrer und später Dirigent des gemischten Chores. Sonntagsschullehrer wird dann Erica Hege. Diakon ist Jean Hirschler. Heinrich Hirschler war Liedansager und Vorsänger. Eines seiner liebsten Lieder war wohl: *Wie schön leucht uns der Morgenstern.* Jeden Sonntagmorgen ist Gottesdienst im Hause von Heinrich Hirschler. Am Nachmittag ist Kinderstunde, Taufunterricht und Chorübung, in verschiedenen Wohnungen. Bruder Bieber von der Chrischona Gemeinschaft hält uns jede zweite Woche eine Abendbibelstunde.

Die Hilfe

1940 als wir wieder zurückkamen, haben uns unsere deutschen Glaubensbrüder geholfen, mit Geld, mit Lebensmitteln, mit Saatgut für unsere Landwirte und sogar einem Harmonium für die Gemeinde.

1945 hatten wir als erstes staatliche Hilfe. Die Entre-aide Française half uns, unsere Wohnungen wieder auszustatten mit Möbeln und Geschirr. Lange benutzten wir Teller, in denen ein Soldatenkopf abgebildet war. Sie gaben uns auch Kleider. Unsere Nachbarn aus den Dörfern halfen uns. Die Geisberger halfen den Schafbuschern. Nachdem Pierre Widmer mit Albert Klopfenstein und Willy Hege von Boulay die Gemeinde besucht hatten und einen Bericht im Bulletin Mennonite von September 1945 machten, wurde unsere Not auch bei unseren französischen Glaubensbrüdern bekannt. Auch da wurde Hilfe organisiert.

Hilfe von Amerika

Bald kam auch materielle Hilfe aus Amerika. Auf dem Schafbusch wurden Kisten mitten im Hof abgeladen mit Geschirr, Kleidern, warmen Decken und anderem. Die Gemeinde war versammelt und jeder holte sich, was er brauchte. Ein besonderes Gerät fand nicht gleich einen Abnehmer, man wußte nicht so recht, was es war, schließlich nahm es Rudi Hirschler doch mit... Der erste Rasenmäher war auf den Geisberg gekommen! Auf dem Schulhof der Bubenschule von Wissembourg war großes Aufsehen: Die sechs Mennoniten-Buben hatten schöne, neue, amerikanische Mützen. Selbst der Schullehrer fing an, Fragen zu stellen.

Es kamen auch Kinderpakete. Sonderbar, was die Amerikaner für Zahnputzmittel hatten: Puder! Ich habe jetzt noch ein Malbuch von damals. Ich habe darin gemalt, meine Neffen und Nichten haben darin gemalt, meine Kinder haben darin gemalt. Mit seinen 160 Seiten ist es noch nicht fertig gemalt.

Die Freiwilligen vom MCC

Ankunft in Wissembourg
Am 18. November 1946 kamen sie von Amerika direkt nach Frankreich. Da ihre Baracke in Wissembourg noch nicht fertig war, wohnten sie in dem Kinderheim Vogelsberg. Von Anfang an war die Weissenburger Zeitung ihnen freundlich gesinnt. Hier einen Ausschnitt des ersten Artikels:

> „Diese jungen Leute, die aus Kansas, Ohio, Missouri und anderen Staaten Nordamerikas kommen, haben die spezielle Mission, im Auftrage des ‚Mennonite Central Comité' das Schloß Geisberg wieder aufzubauen...Da die Planung für den Wiederaufbau des Geisberges noch nicht fertig ist, werden die jungen Amerikaner einstweilen beim Barackenbau und bei den allgemeinen Arbeiten der Reconstruction in Wissembourg und Umgebung mithelfen ... Wir heißen diese jungen Helfer und Helferinnen herzlich willkommen."

Ankunft in unserer Gemeinde

Gleich hatten unsere jungen Helfer Kontakt mit der Gemeinde aufgenommen, und am ersten Gottesdienst auf dem Geisberg durften sie sich vorstellen. Für uns Kinder waren da sonderbare Namen und Vornamen dabei, daß Frau Gingerich mit Vornamen Fanny hieß, wollten wir nicht so recht begreifen, so hieß nämlich ein Pferd von Onkel Heinrich. Aber bald merkten wir, mit was für Leuten wir es zu tun hatten. Wir winkten ihnen auch fleißig zu, wenn wir sie auf dem Schulwege kreuzten und bald wußten wir, wer am meisten Chewing Gum zu verteilen hatte.

Unsere Jugend erlebte besonders schöne Tage: Jugendstunden, Weihnachtssingen in den Gassen von Wissembourg, Ostersingen bei Sonnenaufgang sind uns noch allen in Erinnerung. Auch die Ausflüge mit dem GMC Lastwagen nach der Haut Königsburg im Juni 1947 und nach Grauftal, Lichtenberg und Hanauer Weier im August 1948 waren Erlebnisse, die ohne unsere Freunde nicht möglich gewesen wären. Der Männerchor, den Helen Goering dirigierte, erfreute uns mit manch einem schönen Liede.

Von ihrer Arbeit

Was unsere lieben Freunde in ihrer Arbeit geleistet haben, lesen wir wieder aus der Zeitung:

„... Es wurden in der Stadt Kaminbauten, Reparaturen an Wohnhäusern und Gipsarbeiten durchgeführt, sowie Instandsetzungsarbeiten. Auch sind die Mennoniten im Hause Rappold und am Hause Breidt tätig gewesen, wo sie die dem Wetter ausgesetzte Fassade verputzten. Im Stadtinnern wurde die Not-Synagoge der israelitischen Kultusgemeinde fertig gestellt, auf dem Schafbusch eine Wohnbaracke gestrichen und mit Fenstern versehen. In der Nachbargemeinde Rott wurde ein Gerätehaus für das Pompierskorps errichtet und so fort. Aber auch auf sozialem Gebiete haben die jungen Amerikaner ihren Mann gestellt. Der beste Beweis hierfür ist das Foyer des Vieux im quartier Douay, das dank ihrer reichen spenden bisher lebensfähig blieb. Auch um die Kleinen auf dem Vogelsberg im dortigen Kinderheim neh-

men sich die Helfer liebevoll an und beteiligen sich auch im Betrieb der Eclaireurs, mit denen sie schon manch hübsches Fest feierten... Unsere Amerikaner haben auch durch zahlreiche Fahrten, die sie im Interesse der Allgemeinheit unternahmen, das Werk des Wiederaufbaus zu fördern gesucht; sie stehen in ständiger Fühlungnahme mit der Sous-Délégation du MRU, wo man ihre uneigennützige Mitarbeit an der Reconstruction sehr zu schätzen weiß.“

Arbeit in unserer Gemeinde

Nun durften unsere Freiwilligen auch endlich einmal auf dem Geisberg arbeiten. Das Haus von Lydia Hirschler sollte gebaut werden. Da gab es viele Sandsteine zu klopfen; aber die Geisberger Mädchen machten ihnen immer wieder Mut.

Ohne unser Zutun beschlossen die Behörden im Spätjahr 1946 unsere Kapelle zu reparieren, damit doch noch etwas vom alten Geisberg erhalten bliebe. Es wurden etwa 300.00 Frs. Bewilligt. Auch da halfen unsere Lieben mit, indem sie gipsten, schreinerten und malten in etwa 900 Arbeitsstunden. Am 31. August 1947 wurde unsere restaurierte Kapelle eingeweiht. Philippe Hege sagt am Schluß seiner Einleitung: „Hier haben wir nun den ersten Raum, der in Ordnung gebracht, neu gemacht mit Gottes Hilfe. Das soll für uns ein Zeichen sein, daß, wenn Gottes Stunde da ist, auch unsere Häuser und Höfe wieder aufgebaut werden. Wir haben einen reichen und mächtigen Vater im Himmel. Ihm wollen wir alles weitere überlassen.“ Bruder Professor Bender, Komiteemitglied des MCC hielt die erste Predigt.

Wenn unsere Freunde für ihre Glaubensbrüder arbeiten durften, so war es für sie und für uns eine besondere Freude.

Die Gemeinde hilft mit

Unsre Freiwilligen wollten uns aber nicht nur als Zuschauer, sie wollten uns in das Hilfswerk mithineinziehen. Wenn wir auch noch lange keine wohlhabenden Leute waren, so wohnten wir doch auf dem Lande, und unsere Obstbäume hingen voll. Als das MCC für ihre Kinderheime Konserven brauchte, war die Gemeinde Geisberg bereit. Aus einem Brief vom 18. Oktober 1947, den Bruder Cocanower, Direktor der Mennonitischen Kinderhilfwerke in Frankreich an die Gemeinde schrieb, lesen wir: „Vous méritez d'être félicité pour l'énorme quantité (plus de 500 bocaux) de conserve faite pour notre 'Home' et la part importante que vous prenez pour le ravitaillement en fruits et légumes frais, donnés au nom du Christ. Votre exemple a été pour nous une source d'inspiration et d'élévation morale." Ein Viertel der gesammelten Konserven kam in diesem Jahr von der Gemeinde Geisberg.

Hatte Jonny Classen in den späteren Jahren Personalmangel auf dem Vogelsberg, so fand er immer wieder ein Mädchen unserer Gemeinde, das für kurz oder lang dort einsprang.

Der Abschied

In einem Abschiedsbrief an die Mennonitengemeinden in Frankreich vom 10. September 1948 schreiben Orlo und Hilde Goering: „Jetzt, wo für uns der Augenblick des Abschiedes kommt, sehen wir, daß wir wenig erreichen konnten. Manchmal war es hart, wir verspürten Mutlosigkeit oder ähnliche Sorgen, aber es fand sich immer jemand, der durch einen warmen Händedruck seine Freundschaft und Hilfsbereitschaft bekundete. Und wir haben es sehr wohl verspürt, daß wir uns gegenseitig brauchen, so wie jedes Land das andere."

Die Arbeit war gewiß nicht immer leicht, aber sie taten sie unter dem Motto „In dem Namen Christi", und somit konnte sie nicht vergeblich sein.

Nach seiner Rückkehr im Dezember 1948 erklärt Frank Shirk den Journalisten seiner Heimat: „Unser Ziel bestand nicht nur darin, mit handwerklicher Geschicklichkeit zu arbeiten, sondern ein christlich geprägtes Leben vorzuleben." In ihrer Arbeit, ihrem fröhlichen und doch ernstem Leben waren sie uns zum Vorbild geworden. Sie haben uns wieder neuen Mut gegeben. „Was wären unsere Gemeinden ohne die Amerikaner geworden!" hörte man manchmal sagen.

Nun waren sie wieder von uns gegangen, einige hatten inzwischen geheiratet oder waren Vater und Mutter geworden. Aber die Bande waren geknüpft. Die folgenden Jahre haben gezeigt, daß wir einander nicht vergessen haben. Immer wieder haben uns die Amerikaner besucht, MCC-Arbeiter und andere. Durch das Trainee-Programm haben viele von unserer Gemeinde bis in die heutigen Jahre einige Zeit in Amerika verbracht. Durch Frank Shirk, der als Schwiegersohn und Schwager immer wieder zu uns kam, erfuhren wir auch, was aus seinen Arbeitskollegen geworden war.

Gudrun Schäfer

Die widerspenstigen Söhne der Reformation

Ich glaub dem Wort Gottes einfältiklich, uss Gand, nit uss Kunst.
(Konrad Grebel, 1524)

Der Januar 1525 ist kalt und frostig. In diesen dunklen Tagen des Jahresbeginns versammeln sich am Samstagabend, dem 25. Januar, in der Neustadtgasse in Zürich im Haus von Felix Mantz mehrere junge Männer.

„Als sie so beieinander sitzen und Probleme des Glaubens und Lebens miteinander besprechen, wirken sie sehr bedrückt. Und es begab sich, daß sie beieinander waren, bis die Angst anfing und auf sie kam, ja, sie in ihren Herzen bedrängte. Da fingen sie an, ihre Knie zu beugen vor dem höchsten Gott im Himmel, und riefen ihn an als einen, der die Herzen kennt, und beteten, daß er ihnen geben möge, seinen göttlichen Willen zu tun, und daß er ihnen Barmherzigkeit erweisen möge, denn Fleisch und Blut oder menschlicher Fürwitz habe sie gar nicht getrieben, weil sie wohl wußten, was sie darüber würden dulden und leiden müssen. Nach dem Gebet stand Georg vom Hause Jakob auf und bat Konrad Grebel um Gottes Willen, daß er ihn taufen möge mit der rechten christlichen Taufe auf seinen Glauben und seine Erkenntnis. Und da er mit solchen Bitten und Begehren niederkniete, taufte Konrad ihn, weil dazumal kein verordneter Diener war, solches Werk zu tun. Als das geschehn war, begehrten die anderen gleichweise von Georg, daß er sie taufen solle, was er auf ihr Begehren tat. Und sie begaben sich so miteinander in hoher Furcht Gottes dem Namen des Herrn. Einer bestätigte den anderen zum Dienst am Evangelium, und sie fingen an, den Glauben zu lehren und zu halten. Damit brach die Absonderung von der Welt und von ihren bösen Werken an."[1]

Am Morgen des gleichen Tages hatte der Rat der Stadt Zürich unter dem Vorsitz von Diethelm Roist beschlossen, mit einem neuen Gesetz über die Taufe der Gruppe um Konrad Grebel die Zähne zu zeigen. Was war eigentlich passiert?

Ulrich Zwingli (1484-1531) wurde 1518 als Leutpriester an das Großmünster in Zürich berufen. Bekannt als Humanist im Kreis der

Die Neustadtgasse in Zürich

Schweizer Humanisten, als Schüler des Erasmus von Rotterdam (1466/69-1536) und als Gegner des französischen Söldnerhandels war er den Stadtvätern aber auch willkommen wegen seiner theologischen Gelehrsamkeit. Als Schritt zur Reform kann der von ihm gegründete Bibellesekreis gelten, in dem er Theologen und Laien um sich versammelte und mit ihnen die Bibel im griechischen Urtext studierte. Zu diesem Kreis gehörten Felix Mantz (1498-1527), Konrad Grebel (ca. 1498-1526), ein Züricher Patriziersohn, der Buchhändler Andreas Castelberger, der Priester Ludwig Hätzer, sowie Simon Stumpf, Priester in Höngg und einige andere. Später schloß sich ihnen noch der Priester Georg Blaurock (ca. 1492-1527) an. Als Reformator nahm Zwingli 1523/25 die theologisch-kirchliche und die politisch-soziale Neuordnung in Angriff, um kirchliche und städtische Mißstände abzuschaffen und die Religion wieder allein auf die Bibel zu gründen. Von nun an galt in Zürich das calvinistisch-reformierte Bekenntnis. Viele Menschen waren von Zwinglis Predigten begeistert. Dem Vordringen der Reformation diente auch seine geschickte Art, in der Züricher Kommunalpolitik mitzuarbeiten. Aber bald gab es Zerwürfnisse mit Grebel und dem Kreis seiner Freunde. Sie trennten sich von Zwingli, weil sie sich von allen kirchlichen Traditionen abwenden wollten. Sie wollten die Kirche vollständig reformieren und sie radikal auf das Evangelium verpflichten. So verstanden sie nicht, daß Zwingli seine Entscheidungen ständig mit dem Rat der Stadt abstimmen mußte. Sie verlangten die absolute Trennung von Staat und Kirche sofort, beachteten aber in keiner Weise, daß Zwinglis Stellung nicht immer gefestigt war. Er mußte, um seine Ideen durchzusetzen, den Konsens mit Politikern und Menschen suchen. Im Frühjahr 1522 brachen die radikalen Reformierten die Fastenordnung im Hause des berühmten Verlegers Christoffel Froschauer. Grebel und seine Freunde gingen bald noch weiter. Sie meldeten sich innerhalb der Gottesdienste mit eigenen Kommentaren zur Predigt zu Wort. Sie wendeten sich gegen die Einziehung des Zehnten für die Kirche durch den Staat, waren also für lokale Selbstbestimmung in den Gemeinden. Dies war eine Bedrohung der traditionellen Kirchenordnung. Zur gleichen Zeit lehnten auch die Bauern der Landgemeinden die Zahlung des Zehnten ab.

Grebel und seine Anhänger verlangten schließlich 1523 den absoluten Bruch mit traditionellen Institutionen und setzten sich für die Gründung einer neuen Glaubensgemeinschaft ein. Zwingli hielt dies für gottlos und außerdem für politisch unklug. Die Spannung stieg, als Zwinglis Kritiker zur direkten Aktion schritten und die Reform des Gottesdienstes mit einem Bildersturm herbeizwingen wollten. In einer öffentlichen Disputation im Oktober 1523 wurde festgestellt, daß Messe und Bilderverehrung nicht biblisch begründet seien. Zwingli wollte aber dem Rat der Stadt den Zeitpunkt der Abschaffung überlassen. Und so verbündeten sich die Radikalen in und außerhalb von Zürich gegen ihn. 1524 beendeten die Pfarrer in Wittikon und Zollikon die Praxis der Kindertaufe. Zwar war es nicht ihre Absicht, eine neue Sekte zu schaffen,

„aber dieses Vorgehen bedeutete eine anarchische Initiative zur Kultreform, die der Rat von Zürich ablehnte (...) weil damit eine Usurpation der Ratsautorität gegeben war. Auch gegen ihren Willen entwickelten die Radikalen in Zürich unter

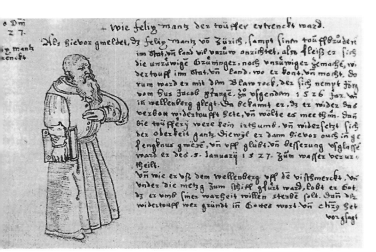

Der Täufer Felix Mantz

Führung von Grebel, Mantz und Castelberger eine proto-sektiererische Mentalität.[2]

Im Laufe des Jahres 1524 verschärfte sich der Konflikt der Gruppe mit Zwingli und dem Rat weiter durch die Diskussion um die Kindertaufe. Es gab Ende 1524 einige Gespräche zwischen reformierten Pfarrern und Gegnern der Kindertaufe, die aber ohne Ergebnis endeten. In einer formellen Disputation am 17. Januar 1525 erklärte der Rat die Kindertufe für schriftgemäß. In seinen Anordnungen vom 18. und 21. Januar verbot er die Treffen des Bibellesekreises. Täuferführer, die keine Bürger Zürichs waren, wurden ausgewiesen. Die Taufen am Abend des 25. Januar waren daher wohl ein Schritt der Verzweiflung. Damit war die Täuferbewegung oder die Bewegung der Schweizerischen Brüder entstanden.

Die Ideen der Täufer breiteten sich schnell in der Schweiz aus. Täufergemeinden gab es unabhängig von diesen Ereignissen in Süd-deutschland, sogar in Holland und Norddeutschland. Auch in Schlesien und Preußen wurden die Täufer ansässig. In Holland setzte sich Menno Simons (1496-1561) aus Witmarsum an ihre Spitze. Er hatte schon lange an den Lehrsätzen der katholischen Kirche gezweifelt und deshalb sein Priesteramt aufgegeben. Seine Persönlichkeit war so stark, daß seit 1544 die Taufgesinnten am Niederrhein als Mennoniten bezeichnet wurden.

Die Wiedertäufer oder Anabaptisten, wie ihre Gegner sie nannten, hatten in der Folgezeit sehr unter Verfolgung zu leiden. Trotz Redeverbots predigten Grebel, Mantz und Blaurock mit großem Erfolg im Zürcher Oberland. Man nahm Mantz gefangen, und der Rat von Zürich verurteilte ihn zum Tode. Er starb, in der Limmat ertränkt, am 5. Januar 1527 als einer der ersten Märtyrer der Taufgesinnten. Im Ausbund[3], dem ältesten Gesangbuch der Schweizer Brüder, findet sich ein von ihm verfaßtes Lied, das seine Gesinnung deutlich ausdrückt:

Mit Lust so will ich singen,
mein Herz freut sich in Gott,
der mir viel Kunst tut bringen,
daß ich entrinn dem Tod,
der ewiglich nimmet kein End.
Ich preis Dich Christ vom Himmel,
der mir mein Kummer wend!

Die weltliche Obrigkeit und die Gesellschaft waren immer bestrebt, die Täuferbewegung in die Absonderung zu drängen. Aber auch die Täufer selbst trugen mit ihrem Verhalten dazu bei. Die Ablehnung des Eides und der Wehrpflicht, auch ihr Bestehen auf einer autonomen Rolle des Christen im kirchlichen und politischen Leben trennen sie unü-

Täufer werden hingerichtet

berbrückbar von der Staatskirche. Auch Fragen der Kirchenzucht, ja später sogar der Kleiderordnung gehören zum Dissens. Im Laufe dieser Auseinandersetzung wurden 4000-5000 Täufer als Ketzer wegen Widerstands gegen die Obrigkeit ins Gefängnis geworfen. In Reichenweiher im Elsaß erinnert eine Tafel an der Stadtmauer an die Einkerkerung von Täufern im Jahr 1570. Gerichte verurteilten viele von ihnen zum Tod. Sie wurden auf dem Scheiterhaufen verbrannt, enthauptet oder ertränkt. An diesen Grausamkeiten beteiligten sich die evangelischen und katholischen Obrigkeiten gleichermaßen. Die Täufer standen mit ihrem unbeugsamen Glauben immer in einer Art Niemandsland, immer zwischen allen Fronten. Die erste große Konferenz, auf der ihre Glaubensgrundsätze besprochen und beschlossen wurden, fand im Februar 1527 in Schleitheim im Kanton Schaffhausen statt. Die Leitung hatte Michael Sattler (ca. 1490-1527), der ehemaligen Prior des Benediktinerklosters St. Peter im Schwarzwald.

Um den Verfolgungen zu entgehen, wanderten viele Täufer aus dem Kanton Bern aus, verzogen sich in die Hochtäler des Emmentals und des Simmentals und siedleten im Jura. Immer wieder von neuem verfolgt und durch Übervölkerungsdruck gezwungen, zogen sie zwischen 1643 und 1671 ins Elsaß, wo sie in der Rheinebene zwischen Schlettstadt und Kolmar, später im Markircher Tal und im Silbertal Haus und Hof gründeten. Das Städtchen Markirch im Elsaß spielte in der Täuferbewegung eine wichtige Rolle. Auf dem linken Ufer des Flüßchens Leberbach galt das Recht der Herzöge von Lothringen, man war katholisch und sprach französisch. Die Gemeinde hatte die Kirche St. Louis, die nach einem Besuch Ludwigs XIV. in Markirch 1673 erbaut worden war, um damit einen gewissen Druck, *douce violence*, auf die anderen Konfessionen auszuüben 4). Die rechte Flußseite, also der Süden, war das Gebiet der Grafen von Rappoltstein. Es war sprachlich und konfessionell gemischt. Die Menschen sprachen französich und alemannisch. Es lebten dort vier Konfessionen friedlich miteinander: Die Französisch-Reformierten, die Deutsch-Reformierten und die Lutheraner, deren Gemeinde hauptsächlich aus Bergwerksknappen, die aus Thüringen und Tirol eingewandert waren, bestand. Außerdem gab es eine Täufergemeinde, deren Situation juristisch sehr kompliziert war, weil die Täufer im Westfälischen Frieden 1648 nicht als offizielle Religoin anerkannt worden waren. Beide Seiten des Leberbachs aber unterstanden der französischen Krone. Die Rappoltsteiner gewährten den im Rheintal bedrängten Täufern Zuflucht auf ihrem Gebiet und räumten ihnen wegen ihrer enormen Fähigkeit, das entvölkerte Markircher Tal nach den Zerstörungen des Dreißigjährigen Krieges neu zu kultivieren und Viehzucht ein-

zuführen, viele Privilegien ein. Sie bildeten ein Viertel der Bevölkerung, und ihre Abgaben trugen zu einem Drittel zu den Einnahmen der Grafen bei.

Antoine Rice, ein lothringischer Priester, beschreibt 1706 die Bewohner des Tales:

*„Il y a à Sainte-Marie des anapabtistes qui sont encore divisés entre eux en trois différentes sectes, et n'ont aucune communication en fait de religion; pour se distinguer les uns portent la barbe longue, et les hommes ny les femmes ne s'habillent jamais que de toile hyver et été; les autres portent la barbe moins longue et sont habillez de gros drap; et les trosièmes sont à peu près comme les catholiques.“*5

Zur letzten Gruppe gehörten die Nachkommen der Flüchtlinge aus Bern, die vermutlich schon in den 1630er Jahren nach Markirch gekommen waren. Sie waren mit ihrem Ältesten Rudolph Hauser völlig in die Bevölkerung des Silbertals integriert. Durch ihre bürgerliche Weltoffenheit waren sie in die lokale Wirtschaft als Händler mit Stoffen und Lederwaren eingebunden. In der Mühle von Ohnenheim übernahmen sie 1660 das Dordrechter Bekenntnis, das Glaubensbekenntnis der Taufgesinnten in den Niederlanden. Außerdem setzten sie sich für ihre verfolgten Brüder in Bern ein. Nach 1670 siedelten viele Flüchtlinge aus Bern zunächst in den verlassenen und zerstörten Dörfern der Rheinebene, später zogen sie ins Markircher Tal und waren dort als Bauern auf großen Höfen tätig.

Mit ihnen kam Jakob Ammann (1644-1730) aus Erlenbach im Simmental, Kanton Bern. Als er diesen Mikrokosmos betrat, verstand er die Welt nicht mehr. Er begann über Gemeinde-

Mennonitische Bauern im Elsaß

zucht und Glaubensdisziplin zu reflektieren. Er kritisierte die autochthonen Täufer in vielen Bereichen. Ihre Glaubensgrundsätze waren milde geworden. Sie benutzten Kirchen anderer Konfessionen als Versammlungsorte und begruben ihre Toten auf deren Friedhöfen. Diese freundschaftlichen Beziehungen zu den Reformierten erregte bei Jakob Amman besonderern Anstoß. Er, der sich mit seinen Täufern in der Schweiz im Untergrund hatte verstecken müssen, hatte kein Verständnis für theologische und kulturelle Offenheit. Amman, der Patriarch von Markirch, kämpfte heftig gegen Abweichungen von den täuferischen Regeln. In der Auseinandersetzung mit Hans Reist aus Obertal im Emmental gelang

es ihm, sich mit seinem Rigorismus durchzusetzen. Dies betraf das Abendmahl, die Fußwaschung, die strikte Meidung solcher Gemeindemitglieder, die gegen die Ordnung verstoßen hatten. Seine Anhänger sollten absolute Gewaltlosigkeit bewahren und ein einfaches, naturhaftes Leben führen. Auch eine Kleiderordnung wurde von Ammann festgelegt: dunkle Kleider, kein Schmuck, ein Häubchen für die Frauen; die Männer müssen einen Bart tragen. Wegen dieser Kontroversen kam es 1693 zur Spaltung. Möglicherweise hängt die Verordnung spezieller Kleidung mit der Tatsache zusammen, daß sowohl Amman wie sein Vater das Schneiderhandwerk ausübten. Die Mühle in Ohnenheim war am 13. März 1694 noch einmal von besonderer Bedeutung, als dort Schweizer und Pfälzer Mennoniten Ammans Thesen ablehnten. So brachte es Amman dazu, für seine Gruppe in einer Welt, die versuchte Toleranz zu üben, den alten Dualismus von Kirche und Welt wieder aufleben zu lassen. Amman selbst verschwindet von der Bildfläche. Starb er in Holland, Pennsylvanien oder North Carolina, starb er vielleicht gar durch die Hand von Indianern?

Seine Ideen leben auf jeden Fall heute noch immer fort. Die Anhänger Jakob Ammanns wurden später die strenggläubige Gruppe der Amischen. In den USA sind dies die Old Order Amish, die ein ländlich bestimmtes einfaches Leben führen, Gottesdienst mit Laienpredigern in ihren Privathäusern abhalten. Sie besitzen keine Autos, sondern bewegen sich in Pferdekutschen (buggies) fort. Ihre Schulen sind einklassig und schließen mit der 8. Klasse ab. Sie benutzen Elektrizität nur mit größter Einschränkung nach bestimmten Regeln. Ihre mündliche Sprache ist das Pennsylfaanisch-Deitsch. Das Leben nach strengen Regeln gilt auch für die Old Order Mennonites, die sich in den USA und Kanada zwischen 1872 und 1901 von der Mennonitenkirche trennten. Ähnliches gilt für die Old Colony Mennonites in Manitoba, Kanada, die aus der ersten russischen Kolonie von 1789 aus Chortitza in Südrußland stammen. Auch die Hutterer sind eine strenge religiöse Gemeinschaft. Als Täufer fanden sie 1526 in Böhmen Zuflucht. Ihre Nachfahren heute in Europa und Amerika sind die Bruderhöfler.

Das Jahr 1712 war für die Täufer im Elsaß ein Schicksalsjahr. Um sich dem Dienst im Heer Ludwigs XIV. zu entziehen, der im Spanischen Erbfolgekrieg (1701-1714) gegen Österreich, England und die Haager Allianz in Bedrängnis geriet, mußten sie Markirch endgültig verlassen. Viele siedelten sich in der Grafschaft Salm und in dem württembergischen Mömpelgard an. Viele verließen Europa für immer und fanden in Amerika oder Rußland eine neue Heimat. Die wenigen, die in Frankreich geblieben waren, gaben mit der Zeit ihre strengen Regeln auf und wurden Mennoniten. Die letzten amischen Bauernhöfe, deren Grundmauern heute wieder in den Wäldern von Aubure bei Markirch ausgegraben werden, waren bis 1846 bewohnt. Im Elsaß und in Lothringen existieren heute weiterhin viele kleine mennonitische Gemeinden. Im Jahre 1994 hatten sie eine Mitgliederzahl von 2000. Seit 1980 sind alle französischen Mennoniten in der L'Association des Eglises Evangéliques Mennonites de France vereint, deren Zeitschrift *Christ Seul* die Menschen durch Nachrichten aus den Gemeinden in aller Welt verbindet. Ein Drittel der jungen Mennoniten ist heute in der Landwirtschaft tätig, in der Elterngenerartion waren es noch zwei Drittel.

Die Zahl der Mennoniten in aller Welt wird mit rund einer Million angegeben. Die Gemeinden vergrößern sich ständig, besonders in Afrika und Asien. Die Mennoniten von heute verstehen es, an ihren religiösen Grundsätzen festzuhalten und dennoch für die Entwicklungen unserer Zeit offen zu bleiben.

1 Bender, Harold S.: Conrad Grebel, Herald Press, Scottdale, 1971, S. 137. Wolkan, Rudolf et al. (Hg.): Geschicht-Buch der Hutterischen Brüder. Nachdruck Macmillan, 1974, S. 34, 35. Lichdi, Diether Götz: Über Zürich und Witmarsum nach Addis Abeba, Agape Verlag, Maxdorf 1983, S. 26/7.

2 Stayer, James M. Die Anfänge des schweizerischen Täufertums in: Goertz, Hans-Jürgen, Hg.: Umstrittenes Täufertum 1525-1975, Vandenhoeck und Ruprecht, Göttingen, ²1977.

3 Der Ausbund, Verlag von den Amishen Gemeinden in Lancaster County, PA, 1987, S. 41

4 Spenlinhauer, Henri: Frühere Religionverhältnisse im Amt Markirch , in: Sonvenance Anapabtiste, Nr. 16, 1996, S. 39.

5 Eichenlaub, Jean-Luc: Le contexte économique, religieux et politique de Sainte-Marie-aux-Mines et des environs dans la seconde moitié du XVIIe siècle. In: The Amish, Origine and Characteristics, AFHAM, Ingersheim 1996.

Hans Mercker

Jenseits von Kirche und Staat

> *Wo zwei oder drei versammelt sind*
> *in meinem Namen,*
> *bin ich mitten unter ihnen.*
> *(Matthäus 18,20)*

Leben, Werk und Wirkung Menno Simons

Nach der Niederschlagung der Täuferherrschaft des „neuen Jerusalem" in Münster wuchs den Täufern in den Niederlanden ein neuer Führer heran: Menno Simons aus Witmarsum in Westfriesland. Er zählt zu jenen, die sich um die verfolgten und versprengten Täufer kümmerten und ihnen neuen Halt boten.

Von Mennos Frühzeit ist nur wenig Sicheres bekannt. Er soll um 1494/95 in Witmarsum, einer kleinen friesländischen Stadt geboren und aus bäuerlichem Milieu stammen. Er hatte einen Bruder, der in den täuferischen Wirren umkam. 1515 ist er als Novize in der Prämonstratenserabtei Vinea Domini aufgenommen und bald darauf zum Diakon geweiht worden. Möglicherweise bekam er dort auch seine schulische Ausbildung. Vermutlich erhielt er um 1524 in Utrecht die Priesterweihe, um anschließend als Vikar in Pingjum zu wirken. Früh kamen im Zweifel an der eucharistischen Realpräsenz Christi. Einfluß darauf hatten sicherlich Nachrichten von der Reformation in Deutschland. Weder Gespräche mit Amtsbrüdern noch die Lektüre der Bibel konnten seiner Verunsicherung abhelfen. Unter dem Eindruck der erbarmungslosen Verfolgung und Hinrichtung der Täufer, begann er schließlich auch an der Rechtmäßigkeit der Kindertaufe zu zweifeln. Weiteres Studium der Bibel führten ihn zur Überzeugung, „daß wir mit der Kindertaufe betrogen waren". Dies führte dann in der Folge zu seinem „Ausgang aus dem Papsttum". Als Pfarrer in Witmarsum, mußte er sich mit den Täufern auseinandersetzen. Rückblickend meint er, damals gegen die münsterischen Täufer gepredigt zu haben, weil sie viele Menschen zu apokalyptischer Gewalttätigkeit verführt hätten. Das Schicksal der versprengten Täufer, die 1535 nach der Besetzung des nahen Oldeklosters zusammengeschossen und hingerichtet wurden hat ihn tief bewegt. Es war das auslösende Moment für seinen Austritt aus der Kirche und seine Hinwendung zu den Täufern der eher friedfertigen Richtung. Hier wuchs er in die religiöse Welt des Melchior Hoffman hinein. Von ihm übernahm er auch dessen monophysitisch geprägte Christologie. Anfang 1536 wurde er getauft und zum Ältesten in Groningen eingesetzt. In diese Zeit soll auch seine Heirat mit Geertruydt Hoyer aus Witmarsum, einer ehemalige Angehörigen des Beginenordens stattgefunden haben. Aus der Ehe gingen ein Sohn und mehrere Töchter hervor. Für Menno Simons, der als einer der meistgesuchten Ketzer durch kaiserlichen Haftbefehl mit Kopfprämie verfolgt wurde, begann nun ein unstetes Umherziehen zwischen Friesland, den Niederlanden, Holstein und Westpreußen. Auch Emden, Lübeck und Köln sind als Stationen nachgewiesen. Seit 1554 fand er eine Zuflucht auf Gut Fresenburg bei Oldeslohe, wo er sich eine Druckerei einrichten konnte. Die Entwick-

Menno Simons, ca. 1494-1561

auch die Auseinandersetzung mit den Nachfolgern Melchior Hoffmans. Dieser aus Schwäbisch Hall stammende Kürschner begann ursprünglich als lutherischer Prediger, kam bis nach Stockholm und war zunächst Pastor in Kiel. Wann er Täufer wurde, ist nicht näher bekannt. Jedoch forderte er vom Rat in Straßburg für die Täufer einen eigenen Kirchenraum. Als er deswegen verfolgt wurde, floh er nach Friesland und in die Niederlande. So brachte er die in Oberdeutschland entstandene Täuferbewegung dorthin und löste eine Massenbewegung aus. Er war von der Idee des nahen Weltendes und von seiner eigenen Rolle als charismatischer Führer erfaßt. Auch vertrat er die Vorstellung von den „apostolischen Sendboten". Als er sich schließlich für den wiedererstanden Propheten Elias der Endzeit hielt und 1533 wieder nach Straßburg ging, um eine Disputation zu veranstalten, wurde er vom Rat verhaftet und starb nach zehnjähriger Haft.

In seiner Auseinandersetzung mit den Ideen Melchior Hoffmans gelang es Menno Simons die apokalyptischen Tendenzen und den übertriebenen Spiritualismus der von ihm geführten Täufer auszumerzen. Allerdings übernahm er aus Hoffmans Ideengut die Vorstellung von den apostolischen Sendboten und vor allem dessen gefährliche Christologie. Hoffman hatte die Vorstellung vom „himmlischen Fleisch Christi". Schon von den Reformatoren wurde deshalb den Täufern entgegengehalten, sie glaubten nicht an die Erlösungstat Christi. Wenn er kein wirklicher Mensch gewesen sei, hätte er nicht sein Leben für uns hingeben können. Sein „scheinbarer" Tod sei für uns ohne Kraft.

Im Gottesstaat von Münster lassen sich die anthropologischen Konsequenzen dieser An-

lung in der Bruderschaft ging aber allmählich über ihn hinweg. Vereinsamt und krank starb er am 31. Januar 1561. Es ist nicht ohne Tragik, daß seine letzte Zeit nicht durch äußere Anfeindungen, sondern durch innere Auseinandersetzungen der Bruderschaft, in welcher er sich nicht mehr durchsetzen konnte, überschattet waren.

Menno warb im nord- und ostdeutschen Raum, aber auch im Rheinländischen für einen friedfertigen Separatismus in den täuferischen Gemeinden. Das Überleben der Täufer ist sein bleibendes Verdienst. Dazu gehörte schauungen ablesen. Dort verband sich eine apokalyptische Endzeitstimmung mit dem extremen Supranaturalismus dieses Christusbildes: wie bei Christus hätten Geist und Fleisch, Seele und Körper, Gott und Welt nichts miteinander gemein. In einer schrecklichen Vereinfachung wurde das Böse mit der Materie und dem Leib, das Gute mit dem Geist gleichgesetzt. Man schaffte das Privateigentum ab. Da überhaupt alles Körperliche mit dem eigentlichen Menschen nichts zu tun habe, wurde dort auch die Ehe abgeschafft. Die sichtbare Kirche gehöre ebenfalls dem Reich des Materiellen an und müsse auf die wahre unsichtbare Kirche hin überwunden werden: es sei also sofort das Reich Gottes zu errichten. Menno Simons gelang es zwar, solche Folgerungen zu vermeiden. Die Täufergemeinden wollten im Gegenteil eine sichtbare Kirche, in der sich das Reich Gottes schon jetzt ablesen lasse. Da dies aber nicht auf breiter Basis zu realisieren sei, versuchte man, dieses Ideal im eingeschränkten Kreis der Täufergemeinden anzustreben. Hieraus erklärt sich der Nonkonformismus der frühen Mennoniten, noch deutlicher bei den Schweizer Brüdern und ihren Denominationen, die auch in späterer Zeit in scharfer Distanz zur weltlichen Macht und den von ihr gesteuerten Großkirchen blieben. Die Nachwirkung der melchioritischen Christologie hatte aber bei den Täufern noch andere Folgen für das Gemeindeverständnis. Sollte sie eher auf Brüderlichkeit, auf gegenseitige Hilfe und Ermahnung auf dem Glaubensweg angelegt sein, oder nicht vielmehr ihre erste Sorge der Reinhaltung der als Braut Christi verstandenen Gemeinde „ohne Flecken und Runzeln" gelten? Hier kam es schon zur Zeit Simons, aber auch später noch zu heftigen Auseinandersetzungen um die

Strenge der Gemeindezucht und die hierfür erforderlichen Maßnahmen. Der Supranaturalismus des Gottesreiches von Münster wirkte sich bei den Mennoniten als ethischer Rigorismus aus. Die reformatorischen Kirchen versäumten denn auch nicht, den Mennoniten wegen ihrer ethischen Forderungen eben wieder jene Werkgerechtigkeit der alten Kirche vorzuwerfen, statt ihre Hoffnung auf Rettung allein auf Glaube und Gnade zu setzen. Die starke Betonung der Willensfreiheit und Verantwortung für das Heil unterscheidet denn auch die Mennoniten der damaligen Zeit von der Lehre Luthers vom unfreien Willen. Menno Simons vertrat anfänglich eine milde Gemeindepraxis, konnte sich aber gegen die Befürworter einer strengen Gemeindezucht nicht durchsetzen. Er schwenkte mit der Zeit auch auf die rigorose Praxis ein, sei es, um selbst nicht gebannt zu werden, sei es daß es seiner inneren theologischen Entwicklung entsprach.

Mennonitische Bekenntnisschriften

Bleibende Bedeutung für den Zusammenhalt der Täufergruppen im 16. Jahrhundert kommt dem „Fundamentbuch" Menno Simons zu. Etwas später wurde dann die Schleitheimer Erklärung wegweisend, die im Kreis der oberdeutschen und schweizerischen Brudergemeinden von Michael Sattler, einem ehemaligen Prior des Schwarzwälder Benediktinerklosters St. Peter, 1527 verfaßt wurde und über den geistigen Umschlagplatz Straßburg auch bei den niederdeutschen Gruppen Aufnahme fand. Straßburg verfolgte zwar eine eindeutig reformatorische Linie im Sinne einer mit der Obrigkeit liierten Großkirche, war aber eine liberale Stadt geblieben und im 16. Jahrhundert ein Sammelbecken für Glaubensflüchtlinge der verschiedensten Art und ermöglichte so den Austausch unter den Täufern, welche die Hauptmasse der Flüchtlinge ausmachten. Die Schleitheimer Erklärung betonte die Absonderung von der Welt und war überdies klar antihierachisch-laikal ausgerichtet. Aber es enthielt schon alle mennonitischen Identitätsmerkmale wie die freikirchliche Unabhängigkeit, Tauf- und Abendmahlsverständnis, Schwurverbot und Wehrlosigkeit. Im 17. Jahrhundert wurde für lange Zeit das 1632 entstandene Bekenntnis von Dordrecht zu einer von vielen Gruppen anerkannten Grundlage. Es enthielt keine theologischen Spekulationen und stützte sich auf die Bibel.

In der Frage der Gemeindezucht wurde der Gedanke der Strafe mehr im Blick auf Besserung als auf Ausschluß und Meidung der Sünder angelegt. Auch die schroffe Ablehnung der staatlichen Gewalt war aufgegeben worden. Dieses neue Bekenntnis war eine notwendige Klammer. Denn seit 1579 ließ in den Niederlanden infolge der Union von Utrecht, die auch den Täufern Glaubensfreiheit zusagte, der äußere Druck nach, begünstigte aber auch Verfallserscheinungen. Verstärkt wurde diese Tendenz durch das Erstarken des Calvinismus, der im Freiheitskampf gegen Spanien viel Zulauf gewann, während die Mennoniten wegen ihrer Verweigerung des Kriegsdienstes damals stark an Boden verloren. So sollte das Dordrechter Bekenntnis die Positionen nach außen und innen klären helfen.

Die Täuferbewegung ist polygenetischen Ursprungs. Die beiden Hauptwurzeln der Täuferbewegung, die sich dann weiter verzweigten, liegen in den oberdeutschen und schweizerischen Bruderschaften einerseits und den im Norden entstanden Gemeinden, die Men-

no Simons um sich sammelte. Allmählich setzte sich jedoch in diesen freikirchlichen Gemeinschaften, die trotz ihrer Verschiedenheit doch gewisse Identitätsmerkmale aufweisen, allgemein der Name „Mennoniten" durch.

Schriftverständnis, Taufe und Abendmahl, Eidverweigerung und Wehrlosigkeit, autonome Gemeinde

Schriftverständnis:
Eine einheitliche mennonitische Theologie läßt sich kaum erheben. Dies hängt mit der autonomen Verfassung der Gemeinden zusammen. Es lassen sich gewisse Koordinaten ausmachen, welche die mennonitische Identität charakterisieren.

Mit der übrigen Reformation gemeinsam ist das Verständnis der Bibel als einziger Glaubens- und Lebensnorm, und damit die Abkehr von einem allgemein verbindlichem kirchlichen Lehramt. Verbindlich ist nur das klare, eindeutige Wort der Schrift, die keine übergeordnete Interpretation braucht. Das einzige Glaubensfundament ist Christus selbst. In einigen Sondergruppen führt dieses Wortverständnis manchmal freilich zur wortwörtlichen Befolgung mit einer Neigung zur Starrheit.

Taufe und Abendmahl:
Im Sakramentenverständnis stimmen die Mennoniten mit der reformatorischen Auffassung überein, wenn sie ebenfalls die bisherige Siebenzahl auf zwei, nämlich Taufe und Abendmahl reduzieren und auch die objektive Wirksamkeit der Sakramente ablehnen. Die Sakramente seien äußere Zeichen, die nicht von sich aus bewirken, was sie anzeigen,

vielmehr sind sie die sichtbare Kundgabe der Glaubensüberzeugung, welche das eigentliche Fundament der Sakramente sei.

Deshalb lehnen sie die Kindertaufe ab. Die Schleitheimer Erklärung sprach damals von ihr als einem päpstlichen Greuel. Die Kindertaufe bildet deshalb auch ein großes Hindernis für das Gespräch mit den reformatorischen Großkirchen und rückt sie in den Augen der Mennoniten in die Nähe der altgläubigen katholischen Kirche, wo die Sakramente als eine Art Magie verstanden werden. Im Selbstverständnis der Großkirchen rechtfertigt sich die Kindertaufe durch die Überlegung von der Gnädigkeit Gottes, die vorgängig zu unserer eigenen Initiative sich dem Menschen zuwende. Glaube ist Antwort auf die gnädige Initiative Gottes. Der Mensch, der ohne sein persönliches Zutun in die Erbsünde hineingeboren wird, braucht die Erlösungstat Christi in der (Kinder-)Taufe zum neuen Leben. Die Mennoniten sehen in dieser Praxis jedoch eher ein Mittel zur Machterhaltung der Großkirchen, die das Gewicht der persönlichen Glaubensentscheidung nicht ernst nehme. Ihre eigene Taufe nennen sie deshalb konsequent Glaubenstaufe oder Bekenntnistaufe. Die mennonitischen Gemeinden taufen deshalb erst im Jugendalter nach vorheriger Katechese, meist ab dem 17. Lebensjahr. Die Taufe verbindet den Gläubigen mit Christus und der Gemeinde. Die Taufe geschieht entweder durch Übergießen oder durch Besprengen mit Wasser oder auch in Form von gänzlichem Untertauchen des Täuflings, entsprechend dem Aspekt, der besonders betont werden soll: Abwaschen der Sünde (Übergießen), pfingstliche Geisterfüllung (Besprengen, in Anlehnung an die Feuerzungen, die sich beim Pfingstfest auf die Häupter der Apostel senkten), Untertauchen und Wiederauftauchen (Mitsterben und Mitauferstehen mit Christus).

Das Abendmahl gilt als Erinnerungszeichen an das letzte Abendmahl Jesu mit den Aposteln. Es wird ein- oder zweimal jährlich gefeiert und unter beiderlei Gestalten gereicht.

Eidverweigerung:
Die Eidverweigerung ist wie die Wehrlosigkeit das charakteristischste Merkmal der Mennoniten, und es war damals für die weltliche Macht wie auch für die Großkirchen das hauptsächliche Kennzeichen von Nonkonformismus.

In Anlehnung auf das Schwörverbot Jesu in der Bergpredigt lehnen sie den Eid ab. Aus Jesu Argumentation leiten sie die Unzulässigkeit des Schwurs aus der Geschöpflichkeit und der religiösen Bindung ab. Der Mensch ist als Geschöpf ganz von Gott umfangen. Es gibt also keinen Freiraum, wo der Mensch sich ganz selbst gehören würde. Alle Haare des Hauptes sind gezählt. Welchen Sinn sollte es da haben, bei seinem Haupte zu schwören. Aber auch beim Tempel zu schwören, verkennt die Größe Gottes, denn er ist doch bestenfalls der Schemel seiner Füße. Der Mensch lebt ganz aus Gottes Hand, steht mit seiner Existenz vor Gottes Angesicht. Vor der allumfassenden Wahrheit, die Gott selber ist, könne es daher keine zwei Ebenen von verschiedener Verbindlichkeit geben. Also sei nur das einfache Ja und Nein möglich. Von dieser Überlegung her verstehen die Mennoniten alle sonstigen Schriftstellen des Alten und Neuen Testamentes, die von Schwurhandlungen berichten und somit die Erlaubtheit des Schwörens zu belegen scheinen.

Wehrlosigkeit:

Die von Jesus Christus verkündete Nächstenliebe und die Pflicht zum Verzeihen sowie der Vorbildcharakter des Lebens und Leidens Jesu, macht die Tötung anderer Menschen unmöglich. Deshalb wird auch jede Begründung eines gerechten Krieges, selbst wenn er von der von Gott eingesetzten Obrigkeit angeordnet wird, verworfen. Für diese Überzeugung nahmen die Täufer das schwere Schicksal von Verfolgung und Ausweisungen inkauf.

Die große Erweckungsbewegung, welche Anfang des 20. Jahrhundert die USA durchzog, führte unter den Mennoniten zu einer Neubesinnung ihres Grundsatzes der Wehrlosigkeit. Sie wurde verstärkt durch drei große Einwanderungswellen von Mennoniten aus Westpreußen, Galizien (1873-1874), wo die allgemeine Wehrpflicht eingeführt worden war, und (zwischen 1923-1926) aus dem revolutionären Rußland nach Kanada (insgesamt ca. 50000). Dadurch wurden die Ermüdungserscheinungen aufgebrochen. Noch im amerikanischen Bürgerkrieg (1861-1865) hatten sich manche Mennoniten ohne großen Gewissenskonflikt vom Kriegsdienst losgekauft oder sogar den Weg über die Bereitstellung eines kriegswilligen Nachbarn als Ersatzmann gewählt. Hieraus läßt sich eine moralische Erschlaffung und formalisierte Erstarrung der Glaubensgrundsätze ablesen.

Der Eintritt der USA in den Ersten Weltkrieg und die damit verbundene Welle nationaler Begeisterung führte dort zur Einführung der allgemeinen Wehrpflicht. Dies zwang zu einer eindeutigen Stellungnahme gegenüber Regierung und Öffentlichkeit. Erschwert wurde die Situation der Mennoniten durch ihre deutsche Abstammung und Sprache, so daß sie von vielen Nationalisten als Spione verdächtigt, als Feiglinge beschimpft wurden und sogar Übergriffen ausgesetzt waren. Sie sollten in der Armee zu Dienstleistung ohne Waffen verwendet werden. Da sich deshalb einige weigerten, Uniformen zu tragen, sowie Offiziere und Flaggen militärisch zu grüßen, wurden sie schikaniert. Ungefähr 10% der Eingezogenen verweigerten jede Art der Mitwirkung und wurden zu Zwangsarbeit verurteilt. Sie erkannten, daß auch der waffenlose Dienst in der Armee den Krieg indirekt unterstützt und keine wirkliche Lösung des Gewissenskonfliktes darstellen kann. Gegen Ende des Krieges konnte ein großer Teil beim Wiederaufbauprogramm der Quäker in Frankreich Ersatzdienst leisten. So rückten nach dem Kriegsende die Mennoniten mit den historischen Friedenskirchen der Quäker und der Bruderkirche in der Frage der Wehrdienstverweigerung enger zusammen, um bei den staatlichen Stellen eine Ersatzdienstregelung anzustreben. Als Grundlage diente eine gemeinsam erarbeitete Auffassung vom biblischen Zeugnis der Wehrlosigkeit, wobei sie sich gleichzeitig von einem bloßen Pazifismus politischer oder humanistischer Prägung absetzten. Die Mennonite Church, eine der bedeutendsten Vereinigungen der amerikanischen Mennoniten, verabschiedete 1937 ihre Erklärung zu „Frieden, Krieg und Kriegsdienst", worin sie sich auf „Christus und sein Wort" beruft. Er rufe seine Jünger auf, mit allen Menschen in Frieden zu leben. Militärdienst, auch Verpflichtungen beim Roten Kreuz, finanzielle Beteiligung oder Mithilfe bei der Rüstungsindustrie und Kriegspropaganda seien daher ohne Einschränkung abzulehnen.

Als dann Amerika im Zweiten Weltkrieg 1940 erneut die Wehrpflicht einführte, konnten die Wehrdienstverweigerer Ersatzdienst unter ziviler Aufsicht in Arbeitslagern leisten. Die Leitung hatte jeweils ein Angehöriger einer religiösen Vereinigung zusammen mit einem Staatsbeauftragten, der die Arbeiten überwachte. Die Kosten wurden vom Staat und den religiösen Vereinigungen getragen. Sie arbeiteten vorwiegend im Straßenbau, später auch in der Landwirtschaft, aber oft bei der Betreuung von Geisteskranken. Die meisten Wehrdienstverweigerer waren Amische und Hutterer mit über 90%, aber auch die Mennonite Church verzeichnete mehr als 60%. Der Einsatz in den Arbeitslagern, die Betreuung der Ärmsten, schärfte den Blick für den inneren Zusammenhang von Kriegsdienstverweigerung und Nächstenliebe. Man erkannte, daß die bloße unangepaßte Verweigerung nur dann dem Vorwurf legalistischer und unfruchtbarer Erstarrung entgeht, wenn diese Friedensliebe durch tätige Nächstenliebe mit Leben erfüllt wird. Sie darf sich nicht in der Wehrlosigkeit des persönlichen Friedenszeugnisses erschöpfen. Diese aktive Kriegsdienstverweigerung ging nach zwei Richtungen: einmal war es prophetischer Protest gegen Rüstung und Krieg, andererseits aber auch humanitäre Hilfe. Als 1947 die staatlichen Arbeitslager aufgelöst wurden, durften die Kriegsdienstverweigerer ihren Zivildienst innerhalb des Mennonite Central Comitees ableisten. So wurden Heilanstalten gegründet und Kriegsfolgen im Ausland gelindert. Hinzu kamen in Amerika Indianerprogramme und seit den 60er Jahren Arbeit in der Entwicklungshilfe, hauptsächlich in Afrika. Pro Jahr sind ca. 800 freiwillige Helfer für die Hilfsprogramme unentgeltlich tätig. Sie üben ihren Dienst in der Regel über drei Jahre aus. Es melden sich mehr, als die Hilfskomitees anstellen können. Neuerdings werden auch Fragen des Umweltschutzes angegangen. Die Verbindung zwischen Umweltschutz und Entwicklungshilfe zeigt die Aktion „Jute statt Plastik", eine Idee der Mennoniten. Das prophetische Element bekam durch die breite Antikriegsbewegung anläßlich des eskalierenden Vietnamkrieges neuen Auftrieb.

Autonome Gemeinden:
Die Mennoniten verstehen sich als Freikirchen; sie grenzen sich vom Staat und den durch ihn beeinflußten Großkirchen ab. Auch die altgläubige Kirche und die reformatorischen Landeskirchen gehören zur „Welt". Die historische Enttäuschung über die weltliche Macht, von der man sich die Mitwirkung für die Verwirklichung des Reiches Gottes versprach, wendete sich nach innen auf die kleine Gemeinde und führte zur „Absonderung" von der „Welt". Diese Autonomie gilt auch für die einzelnen Gemeinschaften. Freilich gibt es regionale, landsmannschaftliche und überregionale, ja weltweite mennonitischen Konferenzen, aber nicht alle Gemeinden gehören ihnen an. Die Beschlüsse sind nur Empfehlungen, sie dienen zur gegenseitigen Vergewisserung gemeinsamer Anschauungen. Besonders auf dem Gebiet der Mission, Diakonie und der Predigerausbildung sind sie Zweckbündnisse.

Hutterer und Amische

Diese beiden Denominationen sind Sonderwege weniger, kleiner Gemeinden. Die Hutterer bilden keinen Zweig der ursprünglichen Mennoniten. Vielmehr sind sie ungefähr gleichzeitig aus der gemeinsamen Wurzel der Täuferbewegung mit ihnen entstanden. Da sie aber deren originären Züge in Einzelheiten noch stärker bewahrt haben und parallel zueinander ähnliche Entwicklungen durchliefen, kann ein Blick auf die Hutterer das geistige Umfeld erhellen und so auch indirekt zum Verständnis der Mennoniten beitragen.

Ihren Namen haben sie von Jakob Hutter (ca. 1500-1536), einem Hutmacher aus Südtirol. Er stieß 1529 in Mähren auf versprengte Täufergruppen, die in der Nähe von Austerlitz ohne rechtes Zuhause herumirrten. Die Obrigkeiten hatten begonnen, die Täufer auszutreiben. Nach internen Auseinandersetzungen unter den Täufergruppen mußten in Nikolsburg, wo eine Gruppe Zuflucht gefunden hatte, die friedlichen „Stäbler", den „Schwertlern" weichen. Als sie vor Nikolsburg lagerten, kam es zu den Anfängen einer Gütergemeinschaft. Ein Teil der Flüchtlinge hatte seinen Besitz verkauft, andere schleppten ihre Habseligkeiten mit sich und wieder andere hatten gar nichts. Damit die Gruppe überleben konnte, breiteten sie ihre Mäntel aus und legten alles zusammen. Wie der Chronist Kaspar Braitmichel in seinem Geschichtsbuch berichtet

„haben zu der zeit die Männer ein mantel vor dem volck nider gebreit und yderman hat sein vermögen dargelegt mit willigem gemuet, ungezwungen zu unterhaltung der notdurfftigen, nach dem leer der propheten und aposteln".

Die Idee der Gütergemeinschaft lag schon in vorreformatorischer Zeit in der Luft und wurde von den böhmischen Brüdern, den Waldensern, Beginen zu verwirklichen versucht. In der Reformation wurden diese Ideale wieder aufgegriffen. So auch von dem ehemaligen Franziskaner Leonhard Schiemer - hingerich-

tet 1528 - der in seinen Schriften die Gütergemeinschaft als christliche Lebensweise in der Nachfolge Christi empfahl. Die Verwirklichung des gemeinsamen Lebens in Besitzlosigkeit war ja auch in der bisherigen Kirche durch ihre Orden als eine Sonderform christlicher Verwirklichung immer wachgehalten worden. Staats- und Gesellschaftstheorien der Renaissance und des Humanismus, die ebenfalls Entwürfe einer Gemeinschaft ohne Eigenbesitz entworfen haben, dürften allerdings auf die Motive der Täufergruppen kaum eingewirkt haben.

Als Ideal galt die Gütergemeinschaft des urchristlichen Liebeskommunismus, wie er in der Apostelgeschichte (Lk 4,32/5,11) beschrieben wird. Wie dort, gab es auch hier Unregelmäßigkeiten. Die schon vorher wegen der Gemeindeordnung zerstrittenen Gruppen wurden nun von Hutter geeint, der allerdings 1536 zusammen mit seiner Frau wegen seiner Missionstätigkeit hingerichtet wurde. So erging es den meisten der Sendboten, die anschließend in Tirol, Österreich und Südwestdeutschland wirkten und die Menschen auf die mährischen „Bruderhöfe" einluden. Auf ihn geht jedenfalls die hutterische Lebens- und Arbeitsgemeinschaft nach dem Ideal der Jerusalemer Urgemeinde zurück, die in ihrer Grundgestalt bis heute Geltung hat. Einer dieser Missionare, Peter Riedmann (1505-1556), Schuster aus Schlesien, wurde zum Sammler der zweiten Täufergeneration im Südosten. Sein Werk „Rechenschaft unserer Religion, so man die Hutterischen nennt" formuliert die maßgeblichen Überzeugungen der Hutterer: die Liebe Gottes als Nächstenliebe, sodann die Absonderung von der Welt („wer Gott Freund sein will, der muß der welt feindt sein"), schließlich die Gütergemeinschaft als der einem Anhänger Jesu Christi allein angemessenen Lebensform. Seine Predigten und seine Liedersammlung trugen viel zum Zusammenhalt der Bruderhöfe bei.

Nach dem „Goldenen Zeitalter" in Mähren unter der Führung von Peter Walpot (1521-1578) engte der Erfolg der Gegenreformation, vor allem die Erfolge der Jesuiten ihren Lebensraum zunehmend ein. Hinzu kamen die Türkenkriege und in ihrer Folge Enteignungen und Ausweisungen durch kaiserliche Truppen, welche die Wiedertäufergesetze erneut durchzusetzen versuchten. Einige wurden sogar als Sklaven an die Türken verkauft. Nach 1620 wurde die Lage aussichtslos. Viele flohen zu den slowakischen Bruderhöfen und vergrößerten die dortige Not. 1685 schaffte man die Gütergemeinschaft zunächst ab. Einige gingen zum katholischen Glauben über. Eine Gruppe zog weiter nach Siebenbürgen, ebenfalls unter Aufgabe der Gütergemeinschaft. Dort wurden sie teilweise von der deutschsprachigen protestantischen Umgebung absorbiert. Jedoch stießen 1755 protestantische Glaubensflüchtlinge aus Kärnten zu ihnen, die nun mit dem Hutterischen Schrifttum bekannt wurden und vom Gedanken der Gütergemeinschaft angetan waren. Es wurde ein neuer Bruderhof gegründet, dessen Mitglieder nach der Vertreibung durch Österreich über verschiedene Zwischenstationen nach Molotschna in der Ukraine kamen. 1859 machten sie die Hutterische Forderung der Gütergemeinschaft erneut wahr.

Gleichzeitig mit den Mennoniten, aber ohne organisatorischen Zusammenhang zu ihnen, brachen sie 1874 nach Amerika auf und begründeten in Süd-Dakota mit etwas über 400 Menschen drei Bruderhöfe. 1918 zogen einige Gruppen nach Kanada. Inzwischen zählt man auf 250 Bruderhöfen ca. 25 000 Hutterer, die dort das Prinzip der Gütergemeinschaft verwirklichen. Ziel ist nicht die ideale Gesellschaftsordnung oder wirtschaftlicher Erfolg, sondern die „Besserung des Lebens" und „Fromm-Machung" des Einzelnen in der Gemeinschaft. Die Lebensform der Gütergemeinschaft ist die gleichsam die Hutterische Variante des Ideals der „Gelassenheit".

Die Bruderhöfe sind alle nach dem gleichen Prinzip angelegt: um ein großes Geviert gruppieren sich die Wirtschaftsräume, Stallungen und Schlafhäuser, deren Räume unter die einzelnen Familien aufgeteilt sind. In der Mitte des Platzes befinden sich Küche und Speisesaal. Männer und Frauen sind dabei, wie an den Gottesdiensten, durch einen freibleibenden Durchgang getrennt. Die kleinen Kinder nehmen ihr Essen unter Aufsicht einer Betreuerin in einem gesonderten Raum ein. Zum persönlichen Besitz, der auch weitervererbt werden kann, zählen nur die Kleidung, sowie Uhr, Werk- und Schreibzeug. Alles andere gehört der Gemeinschaft, die für alle sonstigen Bedürfnisse sorgt. Alle Berufe, die zur Erhaltung eines Betriebs gebraucht werden, werden im Hof von eigenen Kräften ausgeübt. Der Kontakt nach außen beschränkt sich auf den Verkauf der landwirtschaftlichen Produkte, sowie den Erwerb von Maschinen und Düngemitteln. Anders als etwa die Amischen sind die Hutterer bestrebt, technisch auf der Höhe der Zeit zu sein. Dies gilt im Schulwesen, im Gesundheitswesen und in der Altersversorgung. Man zahlt zwar die vom Staat für seine Sozialeinrichtungen verlangten Abgaben, nimmt seine Leistungen jedoch nicht in Anspruch. Die Freizeit (an den Nachmittagen der Sonntage) wird in der Familie oder der Hofgemeinschaft verbracht. Die Arbeitsabläufe sind durchrationalisiert. Man kann die Hutterer als Vorläufer der modernen Arbeitsteilung bezeichnen. Wird die Gemeinschaft zu groß oder reicht die Landfläche von ca. 1500-4000 ha pro Hof nicht mehr aus, wird ein neuer Bruderhof gegründet, wobei die Altersstruktur der Neusiedler der bisherigen Zusammensetzung gleichen soll. Der hierfür nötige Finanzaufwand wird von alter und neuer Gemeinschaft zu gleichen Teilen getragen. Der Prediger ist in Personalunion auch Leiter der Gemeinde, er hält den Gottesdienst, teilt zweimal jährlich das Abendmahl aus, tauft, segnet die Ehen und die Verstorbenen. Die Taufe bedeutet die Übergabe von Leib und Seele an Christus und bewirkt die volle Eingliederung in die Gemeinschaft des Bruderhofes. Dem Prediger als „Diener des Wortes" steht als Hilfe der „Diener der Notdurft" zur Seite. Ihm obliegt die Organisation des Arbeitsablaufs und der wirtschaftliche Kontakt nach außen. Der Prediger wird durch das Los aus einer Reihe von Kandidaten bestimmt, die zuvor von den getauften Männern - der „Gemein" - ausgewählt wurden. Trotz Gütergemeinschaft gibt es innerhalb der Gruppe Abstufungen. Frauen wählen nicht, junge Männer erst nach der Heirat. Ein Ratsmitglied steht höher als ein Feldarbeiter.

Die privat organisierte Schule gliedert sich in eine Art Kindergarten und eine einklassige „Deutschschule". In beiden hat der Bibelunterricht mit Auswendiglernen von Bibelstellen und religiösen Liedern einen hoher Stellenwert. Daran schließt sich die „Englischschule" mit dem staatlichen Lehrplan an. Deren Unterricht wird von einem von außen kommenden Lehrer erteilt. Dadurch wird dem staatlichen Anspruch Genüge geleistet, ohne die prinzipielle Selbständigkeit aufzugeben zu müssen. Das Erziehungsziel der beiden ersten Schulstufen ist vor allem auf die Einübung in die Gemeinschaft durch die Tugenden des Gehorsams und der Bescheidenheit ausgerichtet. Man sieht sich als Treuhänder Gottes, dem die Erde zur Nutznießung, nicht als Besitz übertragen wurde. Auch die Zeit als Gottes Gabe darf nicht vertan werden darf. So umfaßt der Bruderhof den Einzelnen geistlich wie sozioökonomisch. Er will ihm helfen, sein Leben als Treuhänder Gottes im Einklang mit dessen Willen in Gelassenheit zu führen.

Die Amischen

Im Jahre 1693 versuchte Jakob Ammann in seiner Funktion als Ältester eine verschärfte Gemeindezucht durchzusetzen. Er griff Gedankengut aus der mennonitischen Frühzeit auf und wollte zurück zum Ideal der neutestamentlichen Urkirche, um „den Tempel Gottes wieder auf die alte Hofstatt (zu) bauen". Die Gemeinde sollte sich als irdische Vorwegnahme des Reiches Gottes verstehen. Durch die strikte Handhabung des Banns löste er heftige Auseinandersetzungen aus, in deren Folge er nun alle, die sich seiner Reform widersetzten, mit dem Bann belegte. Besonders im Elsaß bildeten sich nach seinem Vorbild amische Gemeinden. Ab 1720 wanderten die meisten Amischen nach Pennsylvanien aus, wo heute ihr Hauptverbreitungsgebiet ist. Jene, die im Elsaß zurückblieben, gingen allmählich wieder in ihrem mennonitischen Umfeld auf. Die beiden letzten amischen Gemeinden in Europa waren die von Ixheim bei Zweibrücken, die 1937 mit der mennonitischen Gemeinde von Zweibrücken verschmolz und die von Luxemburg.

Einfachheit in der Lebensführung, Bescheidenheit und die Distanz zum Weltgetriebe als Gegenhaltungen zu Hochmut und Stolz sind für die Mennoniten, vor allem aber für den amischen Sonderweg charakteristisch. Äußerlich sollte die Kleidung die Einfachheit dokumentieren. Sie verzichteten auf Putz und verwendeten statt Knöpfen Haken und Ösen. Von Außenstehenden wurden sie wegen dieses Unterschieds zu den übrigen Mennoniten, - den „Knöpflern" - als „Häftler" bezeichnet. In Amerika kursiert für sie der Spottname „Hookies". Noch heute erinnert die Kleidung der Amischen an die Tracht ihrer pfälzisch-elsässischen Herkunft.

Ein Grundbegriff mennonitischer Haltung, die vor allem die Amischen zu verwirklichen suchen, ist die Gelassenheit, die nicht nur inneren Seelenfrieden meint; dieser Begriff schließt auch die Bedeutung von „sich lösen", „loslassen" ein.

Was von außen als Nonkonformismus und mangelnde Bereitschaft zur Integration erscheint, versteht sich aus der Innensicht als die Konsequenz einer Konzentration auf das Wesentliche, auf das für das Heil Notwendige. Daraus erklärt sich das Mißtrauen gegen die Kultur und Zivilisation der Stadt, die vom eigentlichen Ziel des Menschen her gesehen unnütz ist. Auch eine gewisse Technikfeindlichkeit findet in dieser Haltung ihre Erklärung. Hochmut und Stolz als die geheime Wurzel aller menschlichen Fehlhaltungen werden auch in ihrer Einschätzung des Bildungswesens als unnützer, den Glauben eher gefährdender geistiger Besitz und sogar im Glaubensleben selbst diagnostiziert. Deshalb soll die Schulbildung, die privat organisiert wird, auf Grundbedürfnisse wie Lesen, Schreiben und Rechnen beschränkt werden. Besonders

mißtrauisch war man lange auch gegenüber geistlicher Gelehrsamkeit. Noch bis in unser Jahrhundert hat man sich bei den Mennoniten gegen die theologische Ausbildung der Prediger und die Einführung von Sonntagsschulen gewehrt. Beides gibt es bei den Amischen bis heute nicht. Geistliche Gelehrsamkeit verführe zu gekünstelter Auslegung der Bibel, die durch Weltweisheit verwässert werde. So genügen ihnen Bibel, Erbauungsliteratur, die Geschichte der Märtyrer und ihr geistliches Gesangbuch. Der sonntägige Gottesdienst, welcher zweiwöchentlich jedesmal auf einer andern Hofstatt der Nachbarschaft abgehalten wird und den gesamten Vormittag einnimmt, ist ein Wortgottesdienst mit Gebet und Predigt. Der Gemeindegesang findet ohne Instrumentenbegleitung statt. Auch bei den anderen Mennoniten setzte sich erst in den letzten Jahrzehnten allmählich die Orgelbegleitung durch. Musik- und Tanzveranstaltungen, Gewinnspiel und die üblichen Freizeitbeschäftigungen gelten als verpönt und unschicklich. Freilich ist die Tendenz eher eine Bewahrung aus dem Gefühl, das Weltgetriebe sei ein Ort der Versuchung und führe leicht zur Zerstreuung und hindere die Sammlung, so daß es sicherer sei, eine gewisse Distanz zu wahren. Letztlich ist es die Frage, ob der Mensch die ethische Kraft hat, den ihm durch Wissenschaft und Technik zugefallenen Machtzuwachs und damit letztlich sich selbst zu steuern.

Die Amischen orientieren sich am ursprünglichen Kontakt mit der Erde, an Grund und Boden, den sie bearbeiten und aus dem sie den Lebensunterhalt ziehen. Ihre Verantwortung gegenüber der Welt sehen sie durchaus, aber im Rahmen einer überschaubaren Größenordnung, wo Ursache und Wirkung des Tuns noch zu überblicken sind. Überdies fürchten sie, daß infolge der durchorganisierten sozialen Großstrukturen mit ihrer zwangsläufigen Anonymität das lebendige Miteinander des solidarischen Helfens verdunkelt wird. Sie verstehen sich als Gottes Mitarbeiter, getreu dem Schöpfungsauftrag, wie er im 1. Buch Mose (2, 15) als „Bebauen und Bewahren" der Erde beschrieben ist. Der Zusammenhang von Arbeit und Gewinn, von Mühe und Erfolg muß einsichtig bleiben. Aus der Arbeit auf den Feldern kommt die Erfüllung der elementaren Lebensbedürfnisse wie Essen, Kleidung und Wohnung, aus ihr kommt der Rhythmus einer sinnvollen Lebensordnung im Einklang mit der Natur und das soziale Gefüge des Miteinander in Zusammenarbeit und gern geleisteter Nachbarschaftshilfe. Außer ihr pflegt man nur im Rahmen des wirtschaftliches Austauschs den Kontakt nach außen. Sonst bleibt man am liebsten unter sich. Gerüchte und Spott die infolge dieser Abgeschiedenheit ertragen sie ohne den Versuch einer Richtigstellung. Im Gegensatz zu den meisten anderen Mennoniten sehen sie die Missionsarbeit nicht als ihren Auftrag an. Dem technischen Fortschritt in der Landwirtschaft öffnet man sich nach ausgiebigen Diskussionen mit den Ältesten nur zögerlich und nur, wenn es die Konkurrenzsituation zu den anderen Farmern unumgänglich macht. Der Verzicht auf chemische Düngung und Pflanzenschutzmittel muß durch Mehrarbeit auf den Feldern ausgeglichen werden. Dadurch wird aber auch der Zusammenhalt der Großfamilie mit mehreren Generationen gefestigt, da jeder gemäß seinen Fähigkeiten zum Wohl der Gemeinschaft beiträgt. Wenn selbst sechsspännige Zugpferde für die landwirtschaftlichen Maschinen nicht mehr ausreichen, entschließt man sich hier und da zu einem Traktor, der dann aber wenigstens schwarz gestrichen wird, um aufkommenden Stolz zu unterbinden. Körperliche Arbeit gehört nach 1. Mose 3, 19 zum gottgewollten Schöpfungsauftrag. Vom Haushalt selbst wird die Technik ferngehalten. Es gibt keinen elektrischen Strom, damit auch weder Radio und Fernsehen noch elektrische Haushaltsgeräte. Wenn es unbedingt sein muß, behilft man sich mit der öffentlichen Telefonzelle am Straßenrand. Dagegen benutzen sie für die Wasserversorgung windradgetriebene Pumpen, offenbar eine Technik, die den Zusammenhang mit den natürlichen Kräften der Schöpfung noch erkennen läßt.

Kennzeichnend für die Amischen ist das einfache Leben im Einklang mit dem Glauben und dem hieraus verstandenen Schöpfungsauftrag und der Nachfolge Jesu in wörtlicher Auslegung der Bibel. Ihre alternative Lebensform, die vordergründig wie ein Relikt aus einer überholten Vergangenheit anmutet, scheint im sog. postindustriellen Zeitalter mit seinem wachsenden Bewußtsein für die Probleme der Technikfolgeabschätzung, wenngleich aus anderen Gründen, wieder überraschend modern zu sein.

Literaturauswahl:

Lexikon für Theologie und Kirche: (Artikel) „Mennoniten", Freiburg: Herder
Lichdi, Diether Götz: Über Zürich und Witmarsum nach Addis Abeba. Die Mennoniten in Geschichte und Gegenwart, Maxdorf: Agape, 1983
Mennonitisches Lexikon, Bd. 1-4, Frankfurt am Main: Weiherhof, 1913-1967
Penner, Horst: Weltweite Bruderschaft, 2. Aufl., Darmstadt 1960
Theologische Realenzyklopädie: Artikel „Menno Simons"; „Mennoniten".

Alfred H. Kuby

Die Mennoniten in der Südpfalz

Was Feuershand, was Schwert verheert
was Kriegsfeuer hat verzehrt
in diesem Lande, Schloß und Stadt,
der fromme Fürst erneuret hat.

Nicht zuletzt dank der intensiven Bemühungen von Schweden und Frankreich wurde im Frieden von Münster und Osnabrück 1648 die Kurpfalz restituiert, wenigstens in ihren westlichen Teilen, also ohne die Oberpfalz. Kurfürst Karl Ludwig (1618-1680), der Sohn des unglücklichen Winterkönigs, Friedrichs V. (1596-1632), stand vor der schweren Aufgabe, sein um etwa drei Viertel der ursprünglichen Bevölkerung beraubtes Land möglichst schnell zu alter wirtschaftlicher Blüte zurückzuführen. Dazu brauchte er tatkräftige, fleißige Menschen. es interessierte ihn nicht, woher sie herkamen: aus Frankreich, aus dem Osten, vom Niederrhein, aus der Schweiz, es interessierte ihn auch nicht, welche Konfession sie hatten, ob sie Katholiken, Lutheraner, Reformierte oder gar Wiedertäufer waren. Schon nach dem 30jährigen Krieg im Jahre 1664 hatte der Kurfürst den Mennoniten mit seiner Generalkonzession Eine gewisse Duldung verschafft, die ihnen im beschränkten Umfang Gottesdienste gestattete. Im zweitgrößten pfälzischen Territorium, dem Fürstentum Zwei-

brücken, war der Zustand des Landes noch weit ärger als in der kurfürstlichen Pfalz. Auch hier begrüßte man gern die Zuwanderer aus der Schweiz und aus französischsprachigen Gebieten, fand sich aber erst nach Beginn des 18. Jahrhunderts bereit, auch Wiedertäufer in großer Zahl aufzunehmen.

Wer waren diese Wiedertäufer? Sie selbst nannten sich Taufgesinnte oder Mennoniten. Die eine Bezeichnung hing damit zusammen, daß ihre Vorfahren zur Zeit der Kirchenreformation des 16. Jahrhunderts im Unterschied zu Luther, Zwingli und Calvin bestritten, daß die Säuglingstaufe biblisch begründbar sei, und darauf bestanden, daß nur mündige Menschen die Taufe empfangen dürften. Mit dieser Ablehnung der Kindertaufe sowie mit ihrer biblisch begründeten Weigerung, Eide zu schwören und Waffen zu tragen, hatten sie drei Grundlagen der mittelalterlichen *christlichen* Gesellschaft in Frage gestellt und sich Verfolgung und Verurteilung durch protestantische wie katholische Autoritäten zugezogen.

Der andere Name, Mennoniten, geht auf einen Priester Menno Simons (1496-1561) aus Witmarsum zurück, der sich 1536 den verfolgten Taufgesinnten in Friesland anschloß und sie in Niederdeutschland sammelte. Da man diesen Namen unter den übrigen Christen nicht kannte, wurde er vielfach verballhornt, am häufigsten zu der Form *Manisten,* wobei einige Gegner und Kritiker vielleicht an eine *Manie* dachten.

Kurfürst Karl Ludwig hatte keine Vorbehalte gegenüber den Mennoniten, wohl aber die Pfarrer der in der Kurpfalz tonangebenden reformierten Religion. Und auch die Leute auf dem Lande hatten ihre Bedenken, ob das wohl wirklich Christen sein könnten, die ihre Kinder nicht taufen ließen, keine Glocken hatten und auch keine Kirchengebäude. Nun, das Leben und die Arbeit der Mennoniten haben diese Zweifel im Lauf der Zeit völlig behoben. Und Nicolaus Stoltzfuß (1718-1774) aus Zweibrücken, Enkel eines lutherischen Pfarrers, war nicht der einzige, der davon so beeindruckt wurde, daß er sich ihrer Gemeinschaft anschloß.

Die Mehrzahl der in der Pfalz zugewanderten Mennoniten - zum Teil kamen sie vom Niederrhein, zum größeren Teil aus dem Berner und Zürcher Gebiet - wurden hier Pächter, damals nannte man dies Beständer. Sie bewirtschafteten große landwirtschaftliche Güter, die meist aus früherem Klosterbesitz stammten und nun von der Geistlichen Güteradministration in Heidelberg zugunsten des reformierten Kirchenwesens verwaltete wurden. David Möllinger (1709-1786) aus Monsheim ist einer der ganz berühmten Landwirte. Er wird von Jung-Stilling *des Heiligen Römischen Reiches Erzbauer* genannt. Er stellte Bier und Essig her. Als erster brannte er Kartoffelschnaps und verfütterte die Rückstände an sein Vieh. Mit Klee- und Luzerneanbau war er besonders erfolgreich, weil er bislang unfruchtbares Land mit Kalk und Dung aus der Stallhaltung seines Viehs düngte. In einem Nachruf heißt es:

Er schaffte so, als wenn er ewig leben wollte,
und betete, als wenn er täglich sterben sollte.
Ein Mann wie Abraham, der fromme Patriarch.

Es gibt in Archiven unzählige Zeugnisse dafür, wie gediegen und erfolgreich die meisten mennonitischen Hofbeständer gearbeitet haben. Im badischen Generallandesar-

chiv in Karlsruhe findet sich dazu ein Briefwechsel aus dem Jahre 1780 zwischen dem zweibrückischen Staatsminister Ludwig Friedrich von Esebeck und seinem kurpfälzischen Kollegen, dem Freiherrn von Oberndorf, aus dem hervorgeht, wie unentbehrlich „dergleichen nützliche Leute" für die Wirtschaft beider Staaten inzwischen geworden waren. Schon 1759 lautete eine Beurteilung seitens der Geistlichen Güterverwaltung über die Mennoniten im südpfälzischen Essingen: „weilen sie die beste Baw-leuthe, auch man bey ihnen des Pfachts halber am besten gesichert ist". Nach der Französischen Revolution zu Zeiten des Kaisers Napoleon I. Bonaparte (1769-1821) hatten viele der pfälzischen Mennoniten die Möglichkeit, ihre bisher pachtweise bewirtschafteten Höfe zu kaufen oder zu ersteigern. Viele waren allerdings zu dieser Zeit schon der hiesigen Enge entflohen und nach Amerika, vor allem nach Pennsylvanien, ausgewandert, und viele andere folgten ihnen im Laufe des 19. Jahrhunderts.

In vielen pfälzischen Orten haben im Lauf des 18. Jahrhunderts Mennoniten gelebt und gewirkt: in Birkenhördt und Böchingen, das um 1759 aus ritterschaftlichem Besitz auf Mennoniten überging, im Doppeldorf Ober- und Unter-Essingen Essingen); in Eußerthal saßen 1743 bereits zwölf mennonitische Familien auf den verschiedenen zur Pflege Eußerthal gehörenden Höfen; das katholische Kirchenbuch nennt ab 1768 fünfzehn verschiedene mennonitische Familiennamen, da der Pfarrer auch von ihnen die Stolgebühren beanspruchte, auch wenn er keine Amtshandlungen für sie zu verrichten hatte. In Gossersweiler werden sie 1768 erwähnt. ferner siedelten sie in den Orten Hofstätten, Impflingen, Lug, Mechtersheim, Mörzheim, Mühlhofen, Völkersweiler, Walsheim. Die Gemeinde auf den Deutschhof existiert seit etwa 1790. Zu ihr gehört auch der Kaplaneihof, ca. 3 km östlich von Bad Bergzabern gelegen; er besteht aus 6 Bauernhäusern und gehört seit 1787 den Mennoniten, als der Pfalzgraf Carl Theodor dem Mennoniten Josef Schowalter aus Klein-Bundenbach bei Zweibrücken das Land verkaufte. Otto Schowalter, Pfarrer in Hamburg, und Paul Schowalter, Pfarrer auf dem Weierhof, stammen hierher. Es bestehen enge Verbindungen zu den Gemeinden Geisberg und Schafbusch bei Weißenburg. Als Folge des Zweiten Weltkriegs wurde 1945 die enge Verbindung der Gemeinden zerschnitten. Heute ist diese Trennung wieder überwunden.

Über die Geschichte und über den gegenwärtigen Bestand der Mennoniten kann man im Mennonitischen Jahrbuch 1997 nachlesen. Heute gibt es in der Pfalz und an ihren Rändern im Rheinhessischen 21 Mennonitengemeinden mit über 2 780 getauften Mitgliedern. Die kleinste Gemeinde ist die von Altleiningen (seit dem 17. Jhr.), die größte die von Bolanden-Weierhof (seit 1682). Die übrigen: .Enkenbach (seit 1956). In Frankenthal gibt es zwei getrennte Gemeinden; die Eppsteiner Gemeinde existiert seit 1779. Die weitaus größere Mennoniten-Brüdergemeinde besteht vorwiegend aus Umsiedlern aus der früheren Sowjetunion. Auch in Zweibrücken sind zwei Gemeinden, die Mennonitengemeinde seit 1680 und die Mennoniten-Brüdergemeinde, eine Filiale von Weißenthurm bei Neuwied. In Neustadt sind drei Gemeinden. Auf dem Branchweilerhof oder Spitalhof bei Neustadt an der Weinstraße gibt es seit 1683 eine Mennonitengemeinde. Auch hier wie auf dem Weierhof war es den Bewohnern vom Kurfürsten Karl II. (1651-85, Regierungszeit

Schweizer Einwanderer in die Pfalz

1680-85) verboten, andere Mennoniten oder Pfälzer einzuladen, damit sich das Täufertum nicht verbreiten sollte. Als sie wegen Verleumdung in Schwierigkeiten gerieten, bestätigte ihnen 1740 Christopherus Butzfeld, der Prior der in Neustadt/Weinstraße ansässigen Jesuiten, denen sie regelmäßig Abgaben leisteten, daß sie sich immer an das Gesetz gehalten hatten. Die Mennonitische Brüdergemeinde in Neustadt hat sich unter dem Einfluß der MCC-Mitarbeiterin Elizabeth Wiebe 1960 gebildet. Wie bei den Mennoniten aus dem Wolgagebiet wird hier das pietistische Element betont. Außerdem gibt es dort noch eine Missionsgemeinde. Friedelsheim (seit 1650), Katzweiler-Kühbörncheshof bei Kaiserslautern (seit 1832), Lettweiler-Neudorferhof (seit 1816), Limburgerhof-Kohlhof (seit 1716), Ludwigshafen am Rhein (seit 1702). In Mutterstadt gibt es seit 1987 eine Evangelische Freikirche. Die Gemeinde Obersülzen besteht seit dem 16. Jahrhundert, Sembach seit dem 17. Jahrhundert. dazu Monsheim (seit dem 16. Jhr.) und Worms-Ibersheim in Rheinhessen. Sehr bedeutend für die Geschichte der Mennoniten ist die letztgenannte Gemeinde. Sie besteht seit 1660 und ist wohl die erste und älteste Gemeinde in der linksrheinischen Kurpfalz nach dem 30jährigen Krieg. Sie wurde durch zwei Konferenzen aus den Jahren 1803 und 1805 bekannt, an denen Prediger und Vorsteher vieler süddeutscher Mennonitengemeinden teilnahmen. Die Beschlüsse von 1803 bestehen aus 15 Artikeln und betreffen die Gemeindezucht. Dies war aus der Sicht der Prediger notwendig geworden, weil Zucht und Ordnung in der damaligen Kriegs- und Nachkriegszeit gelitten hatten. Auf der Konferenz 1805 wurde ein von Valentin Dahlem ausgearbeitetes Formularbuch angenommen als Handreichung zum Gottesdienst für die Prediger.

Es ist dem Verfasser nicht bekannt, wie hoch oder niedrig heutzutage noch der Anteil von Landwirten in den Gemeinden ist. Jedenfalls haben sie vollen Anteil an den soziologischen und technologischen Entwicklungen der Zeit. Alle Gemeinden können auch in der Arbeitsgemeinschaft christlicher Kirchen in der Region Südwest mitarbeiten, die für alle christlichen Gemeinschaften offen ist, die für sich keinen Ausschließlichkeitsanspruch erheben. Lediglich die erwähnten mennonitischen Brüdergemeinden haben noch ihre Schwierigkeiten mit einer solchen ökumenischen Öffnung.

Und damit kommen wir nochmals zurück zur frühen Geschichte der Mennoniten in der Pfalz und spezielle zur Essinger Versammlung.

Es begann im Jahre 1693, daß die Taufgesinnten in der Schweiz und in der Folge davon auch die im Elsaß und in der Pfalz und anderswo in Aufregung und Zwiespalt gerieten durch einen ihrer Lehrer namens Jacob oder Jaggi Ammann, der eine strengere Handhabung der Kirchenzucht vertrat. Er forderte nämlich Bann und Meidung sündig gewordener Gemeindeglieder), Verzicht auf modische Eitelkeiten (z.B. kostbare Knöpfe) und für die Männer eine biblische Barttracht, so wie man im Mittelalter Gottvater dargestellt hatte. In jahrelangem Ringen gelang es nicht, sich auf eine Linie zu einigen. So spalteten sich die süddeutschen Mennoniten in zwei Richtungen: die strenge Richtung Ammans, also die Bart-Mennoniten oder *Häftler,* weil sie an ihrer Kleidung keine Knöpfe hatten. Die anderen wurden von den Außenstehenden dann *Knöpfler* genannt.

In der Südpfalz hatten Ammanns Nachfolger die Mehrheit, und ihr Mittelpunkt war die Essinger Versammlung. Ihr Ältester war jahrzehntelang Johannes Naf(f)ziger (1713-1791/92), ein Mann von, wie man mit Fug und Recht sagen kann, internationaler Reputation. Geboren war er um 1713 auf dem Berbelsteiner Hof am Fuß des Berwartsteins. Sein Vater Ulrich war nacheinander Hofpächter auf diesem Hof, dann auf dem Rothenhof bei Gräfenhausen und dann in Essingen, bis er seine Familie verließ, nach Pennsylvanien auswanderte und sich dort nach dem Beispiel des Erzvaters Jakob eine zweite Frau nahm. Die in Essingen zurückgelassene Ehefrau Magdalena trat seine Nachfolge als Beständerin des dortigen Obergutes an, übte daneben den Heilberuf als Doktorin aus und stellte ihr Kapital bedürftigen Bauersleuten im Umkreis zur Verfügung, agierte also als Vorläuferin einer Raiffeisenbank. 1760 trat der Sohn Johannes an ihrer Stelle in den Bestand ein. Spätestens 1765 wurde er zum Ältesten der Gemeinde gewählt, zu der auch Eußerthal mit allen Höfen, Mechtersheim und Mühlhofen gehörten. Mit dem Jahre 1765 begannen auch die Visitationsreisen, die ihn in die Niederlande, nach Lothringen und nach Mömpelgard (Montbéliard) führten. Im Interesse der mennonitischen Gemeinden unternahm er Reisen an den fürstbischöflichen Hof in Bruchsal und den kaiserlichen Hof in Wien.

Seine Korrespondenz reichte bis Galizien im Osten und Pennsylvanien im fernen Westen. Er sorgte dafür, daß der Märtyrer Spiegel, ein für das Selbstverständnis der Taufgesinnten sehr wichtiges Buch, zuerst 1660 in Holland erschienen, dann erstmals in deutscher Sprache 1748 im Kloster Ephrata in Pennsylvanien, 1760 in Pirmasens für die deutschsprachigen Gemeinden auf dem alten Kontinent nachgedruckt wurde. Wohl das aufregendste Erlebnis seines Lebens begab sich 1780, als zwei junge Frauen, die 1767 in Mannheim katholisch getauft worden waren, seit einigen Jahren aber bei ihrer mennonitischen Mutter in Mechtersheim lebten und an den Gottesdiensten der Essinger Versammlung teilzunehmen pflegten, darauf bestanden, von ihm wiedergetauft zu werden. Er konnte sich diesem Verlangen trotz anfänglichen Widerstrebens nicht entziehen, und so wurde Johannes Naffziger wirklich zum Wiedertäufer. Weil auf Wiedertaufe nach geltendem Reichsrecht die Todesstrafe stand, wurde Naffziger zwar eingesperrt, aber nie wirklich bestraft. Die oben erwähnte ministerielle Korrespondenz zwischen Zweibrücken und Mannheim erfolgte aus Anlaß seines Falles. Daß Bischof (so würde man ihn heute wohl nennen) Johannes daneben ein erstklassiger Landwirt und ein aufmerksamer Beobachter des Weltgeschehens war, wissen wir aus einigen seiner Briefe, die auf uns gekommen sind. Was er dort über die Themen Taufe, Heirat, Ordination von Predigern schrieb, galt den süddeutschen Amischgemeinden als eine Art Predigerhandbuch.

Die letzte Gemeinde von der Richtung des Jacob Ammann bestand bis in die 30er Jahre unseres Jahrhunderts in Zweibrücken. Aber die Gemeinden dieser Prägung blühen als sogenannte Amish in Pennsylvanien und Ohio, in Kanada und in anderen Staaten des amerikanischen Kontinents. Sie fühlen sich immer noch als Deutsche und pflegen mehr als die meisten anderen Gruppen die pennsylvanisch-deutsche Form der rheinfränkischen, das heißt: pfälzischen Mundart. Sie halten ihre Gottesdienste nach der Väter Weise, und wer je ihre herzliche Gastfreundschaft erfahren durfte, wird dies nie vergessen.

Klaus Kremb

Der Weierhof
eine mennonitische Siedlung

Das „Mennonitische Jahrbuch 1996" weist für Deutschland 129 Gemeinden aus, von denen 21 im pfälzisch-rheinischen Raum liegen, der damit (neben Ost-Westfalen) eine der beiden Hauptregionen von Mennonitengemeinden in Deutschland darstellt. Die meisten dieser pfälzisch-rheinhessischen Gemeinden - zwölf - reichen in die Zeit vor die Französische Revolution zurück. Ihre Entstehung erfolgte vor allem im 17. und 18.Jahrhundert im Territorium der damaligen Kurpfalz und des Herzogtums Pfalz-Zweibrücken.

Die stärkste Gründungswelle fällt in die 1650er bis 80er Jahre, in die Zeit unmittelbar nach dem Dreißigjährigen Krieges, in den die Pfalz besonders stark hineingezogen war. Die Pfalz war einer der Hauptkriegsschauplätze geworden. Am Ende des Krieges, 1648, hatte die Pfalz deshalb rund 70% ihrer vormaligen Bevölkerung verloren in Städten, Dörfern und Hofsiedlungen. 1649 begann der pfälzische Kurfürst Karl Ludwig (reg. bis 1680) daher unter der Devise „Sedendo non cedo" ein Wiederaufbauwerk. Denn, so ein Bericht des pfälzischen Kurfürsten aus dem Jahr 1654 an Kaiser Ferdinand III:

„Es liegen viele Dörfer ganz wüste, ohne dass ein lebendiger Mensch sich darin aufhält. In den übrigen Flecken und Dör-

fer aber ist kaum der zehnte, fünfzehnte oder zwanzigste Mann zu finden, welche dazu mehrenteils so blutarm, dass es ihnen schwerfället, ihre abgebrenneten oder sonsten niedergerissenen Hütten wieder aufzubauen und ein Stück Brot für sich und die Ihrigen zu erwerben."(Ernst, 287)

So gab es beispielsweise 1642 im ganzen kurpfälzischen Amt Bolanden nur noch 42 Einwohner (Kuby/Kimmel, 5). Diese Amt umfasste im 17. Jahrhundert die Orte Bolanden, Marnheim, Dreisen, Standenbühl und (zur Hälfte) Weitersweiler. Amtssitz war die Burg Bolanden. Sehr drastisch hat die damalige Situation der nassau-weilburgische Amtskeller von Kirchheimbolanden Erasmus Cramer „In seiner „Kurtzen Beschreibung der Herrschaft Kirchheim de anno 1657" geschildert.

Eine wichtige Komponente dieses Wiederaufbaus war in der Kurpfalz eine gezielte Bevölkerungspolitik. Sie basierte auf der Ansiedlung von (außerhalb der Pfalz) verfolgten Religionsgruppen. Das traf auf die durch das Edikt von Fontainebleau (1685) vertriebenen französischen Hugenotten, die v.a. in den ehemaligen Klöstern Otterberg, Frankenthal und Lambrecht angesiedelt wurden, ebenso zu wie auf die Mennoniten, die in der Schweiz „unerwünschte Personen" geworden waren.

Wurden die gewerbeorientierten Hugenotten eher den Städten „zugewiesen", so die vorwiegend landwirtschaftätigen Mennoniten hauptsächlich den wüstliegenden Hofsiedlungen. Auf diese Weise kam 1682 auch die aus der Schweiz stammende Familie von Peter Crayenbühl auf den Weierhof. Inzwischen war Kurfürst Karl Regent der kurpfälzischen Lande und versuchte, das Werk des Vaters fortzusetzen. Nachdem sich nämlich bereits mennonitische Ansiedlungsversuche in den 1660er Jahren in Worms-Ibersheim und Zweibrücken als Erfolg erwiesen hatten, wollte der Kurfürst nun in seinem Amt Bolanden ähnliches auf den Weg bringen. Daraufhin wurden hier nach 1648 „Welsche", Schweizer und Niederländer angesiedelt. Schon 1655 lassen sich so wieder über 140 männliche Einwohner nachweisen. Darunter waren zu diesem Zeitpunkt auch bereits zehn Mennoniten: in Elbisheimerhof und in Marnheim (Kuby/Kimmel, 37ff.).

Der Weierhof in der heutigen Gemarkung Bolanden lag in dieser Zeit noch brach. Aber auch „Wilre", wie der 893 im Prümer Urbar erstmals genannte Ort bis ins Spätmittelalter hieß und nach 1506 als „Weyer" belegt ist (Dolch/Greule, 480), wurde noch im 17. Jahrhundert wiederbesiedelt. Die entscheidende Rolle spielte dabei Peter Crayenbühl. Über ihn wissen wir gut Bescheid (Galle/ Neff, 485). Danach war Peter Crayenbühl, dessen Vater 1670 Opfer ausbrechender Mennonitenverfolgungen in der Schweiz geworden war, 1671 mit seinem Bruder Jost aus dem Berner Oberland emigriert und hatte über Basel die Kurpfalz erreichten. Hier ließ er sich zunächst an der Haardt nieder, sah sich dann aber durch den Franzoseneinfall von 1674 veranlasst, Temporalbeständer des Wild- und Rheingrafen von Gaugrehweiler zu werden. Da ihm diese befristete Erwerbsmöglichkeit jedoch wohl zu unsicher erschien, bewarb er sich 1681/82 um den Erbbestand in „Wilre".

In der zweiten Generation hatte der Weierhof wieder den Umfang eines Weilers erreicht, weil das Erbe Peter Crayenbühls auf fünf Söhne überging. Auch 1767 gibt es noch fünf Hofstellen mit folgenden Personen „Johannes Rupp, Heinrich Krehbiel, Adam Krehbiel, Christian Krehbiel, Daniel Dahlmann sowie Kaye als Müller.

Inzwischen gehörte der Weierhof nicht mehr zur Kurpfalz, sondern schon seit 1706 - mit dem übrigen Amt Bolanden - zu Nassau-Weilburg. Außerdem war er Mittelpunkt einer mennonitischen Gemeinde geworden, zu der Erb- und Temporalbeständerfamilien auf der Heuberger Mühle (bei Bischheim), dem Neuhof (bei Orbis), dem Münchhof und der Unteren Mühle (bei Albisheim), dem Münsterhof (bei Dreisen), Pfrimmerhof (bei Sippersfeld - hier konnte 1702 Jost Crayenbühl ansässig werden), der Dannenfelser Mühle, auf dem Donnersberg, Bolanderhof, in Bennhausen, Marnheim, Rüssingen, Kerzenheim, Eisenberg und Stauf gehörten. (300 Jahre, 23f.) Mennoniten gab es also - acht Jahrzehnte nach der Ansiedlung Peter Crayenbühls - im gesamten nassau-weilburgischen Territorium rund um die Residenzstadt Kirchheimbolanden.

Beschrieben werden die hier ansässigen Mennoniten in einer nassau-weilburgischen Akte aus dem Jahr 1767 wie folgt:

„Die Religionsausübung betreffend ist bekannt, dass sie ihre eigenen Prediger haben, welche jeden Sonntag über das ordentliche Evangelium predigen, taufen und kopulieren etc. Die Taufe selbsten wird von ihnen erst alsdann verrichtet, wenn das Kind eines Begriffs davon fähig ist und solche verlanget, welches ordinarie in einem Alter von 14 bis 18 Jahren geschiehet. Ihre Prediger werden von der Gemeinde, welche auf den Weier-Höfen ihre Zusammenkünfte hält, durch die mehresten Stimmen, oder wann mehrer gleichviel vor sich haben, durch das Los

gewählt. In den Hauptgrundsätzen der Religion sind sie mit den Protestanten bis auf den Unterschied der Taufe einig, jedoch nähern sie sich mehr der reformierten, denn der lutherischen Religion. (...) Sie nehmen die Lutherische Übersetzung der Bibel an, welche sie ebenfalls for den Grund ihres Glaubens halten und brauchen mehrenteils reformierte Gesangbücher. (...) In der Tracht unterscheiden sie sich darin, dass sie teils keine äußeren Taschen in denen Kleidern, teils noch über dieses anstatt denen Knöpfen, Haften und lange Bärte tragen, welche letzteren von denen anderen deswegen Häftler genannt werden." (300 Jahr, 22f.)

Eine eigene Weierhöfer Kirche bestand zum Zeitpunkt dieses Berichtes noch nicht. Es gab jedoch Pläne die 1770 verwirklicht wurden, in Form eines „ordentlichen Wohnhauses", wie es im Gesuch an die nassau-weilburgische Regierung in Kirchheimbolanden hieß. Fürst Carl Christian ließ sich die Baugenehmigung zwar mit 52 Gulden bezahlen, was einem Gegenwert von etwa 20 Maltern Korn entsprach, doch ist diese Zustimmung zugleich ein Beleg für das aufgeklärte Denken des Fürsten. Einen eigenen Friedhof durften die Weierhöfer Mennoniten freilich erst 1813 - in der napoleonischen Zeit - anlegen, unmittelbar neben der „Lehr", wie man das „Versammlungshaus" auch nannte.

In der bayerischen Zeit genügte diese Haus jedoch schon bald nicht mehr den gemeindlichen Notwendigkeiten. Ein neuer Kirchenbau entstand 1837.

In der um 1850 erfolgten Katasteruraufnahme des Weierhofes sind beide Sakralbauten verzeichnet. Die „Lehr" am Friedhof und die Kirche, zu der von der Ortsstraße - der heutigen Crayenbühlstraße - eine langgezogene Treppe hinaufführt. Das damalige Siedlungsbild lässt zwei Ortsbereiche erkennen:

- einen östlichen mit verschachtelten Gehöften, die im wesentlichen auf die Hofstellen der fünf Söhne Peter Crayenbühls zurückgehen, und dem Gebäudekomplex der Mühle
- sowie einen westlichen mit vier geschlossenen Gehöften, aus dem frühen 19. Jahrhundert.

Eine besondere Rolle in diesem westlichen Ortsbereich kommt dem Haus zu, das die Katasterkarte von 1850 unterhalb des Ortsnamens „Weyerhof" verzeichnet. Hier wurde 1821 Michael Löwenberg geboren, mütterlicherseits ein Ur-Ur-Ur-Enkel Peter Crayenbühls. Nach dem Besuch der Volksschule erlernte er zunächst im elterlichen Betrieb das Weberhandwerk, absolvierte dann erfolgreich das Seminar für Armenschullehrer im badischen Beuggen (1846) und erwarb zusätzlich noch den Abschluss des „Protestantischen Schullehrerseminars" Kaiserslautern (1847). Auf dem Weierhof zurück, setzte er sich sofort für die Gründung einer privaten Volksschule ein. Sein Gesuch wurde genehmigt, so daß bereits 1848 der Unterricht mit etwa 20 Schülern beginnen konnte. 1850 später wurde Löwenberg zusätzlich noch mit dem Amt des Predigers der Gemeinde betraut. Außerdem war er nicht nur für den Weierhof und die umwohnenden Mennonitenfamilien zuständig, sondern auch für die etwa 20 km vom Weierhof entfernte Gemeinde Uffhofen (bei Alzey) und zeitweise zusätzlich noch für Oberflörsheim. Trotz der damit verbundenen Belastungen fand er Zeit für weitergehende Schulpläne. Ihm schwebte nämlich zusätzlich zu seiner Volksschule die Gründung einer „Lehr- und Erziehungsanstalt" vor, die eine zweifache Zielrichtung hatte: „als eine unter dem Evangelium stehende Alternative zur weiterführenden öffentliche Schule (und) als Vorstufe zu einer in Aussicht genommenen Bildungsstätte für künftige mennonitische Prediger" (Haury, 35).

Der Plan fand Unterstützung, und so beantragten im November 1867 sieben Weierhöfer Mennoniten (Ulrich Gebels, Daniel Krehbiel III., Jakob Krehbiel IV., Michael Löwenberg, Johannes Kägy, Daniel Krehbiel IV. und Johann Jakob Krehbiel) beim „Königlichen Bezirksamt Kirchheimbolanden" die „polizeiliche Genehmigung" zur Schulgründung. Die damit verbundenen Kosten wollten sie selbst tragen. Schon am 2. Dezember 1867 konnte daraufhin der Unterricht beginnen. Im „Jahresbericht" des ersten Vollschuljahres 1868/69 sind 24 Schüler in zwei Klassen verzeichnet, die in Löwenbergs Elternhaus („Weberhäuschen") unterrichtet wurden (heute Crayenbühlstr. 5), während die Unterbringung der sieben „internen" Schüler im Haus gegenüber erfolgte (Crayenbühlstr. 10).

Parallel dazu warb Löwenberg für sein Seminarprojekt. Dazu wandte er sich 1868 in einem „Offenen Wort an die mennonitischen Gemeinden Deutschlands, Südrusslands und Hollands". Die Resonanz war jedoch enttäuschend. Als Michael Löwenberg 1874 starb, war zwar im „Eichbaumacker" nördlich des Dorfbereiches bereits das erste Gebäude des künftigen Schulcampus errichtet, doch ließ sich bei aller Initiative die Hoffnung auf ein Predigerseminar nicht umsetzen. Zudem gab es auch bald im Schulbetrieb ernste Probleme: 1884 stand die „Lehr- und Erziehungsanstalt" vor dem Aus. Sie hatte nur noch 13 Schüler. (Zehn Jahre vorher waren es 50, darunter etwa die Hälfte als Internatsschüler.)

Trotzdem sollte der Betrieb weitergehen. Es galt deshalb, einen Schulleiter zu finden, der eine Perspektive bot. Das war Ernst Göbel vom Wesachhof in Mittelfranken; er war 1871 bis 1874 selbst Schüler der „Anstalt" gewesen und nach seinem Studium der Germanistik, Geschichte und Erdkunde 1882 als Lehrer und Erzieher im Rauhen Haus in Horn bei Hamburg tätig. Durch seine Großmutter Maria Göbel, eine geborene Krehbiel vom Weierhof, gehörte er wie Michael Löwenberg zu den Nachkommen Peter Crayenbühls. 1884 begann so mit Ernst Göbel eine neue Phase der Weierhöfer Schule. Unter seiner Leitung wurde die institutionelle Krise überwunden und das „Schuldorf" Weierhof grundgelegt. Bereits 1897 war der heutige Internats-, Küchen- und Verwaltungsbereich in mehreren Etappen verwirklicht. Die „Realanstalt am Donnersberg" (RaD) hatte sich damit etabliert. Sie wurde um die Jahrhundertwende von 170 Schülern besucht, davon 130 im Internat.

Darunter waren rund ein Drittel Mennoniten. Die übrigen waren protestantisch oder katholisch. Der Einzugsbereich des Internates umfaßte den gesamten rheinhessisch-pfälzischen Raum, vereinzelt reichte er sogar darüber hinaus. So konnte der Anstaltsverein auch im Jahr 1900 an den Bau einer Aula gehen. Als Vorbild diente die „Walhalla" König Ludwigs I. bei Regensburg. Auch in der „Schulwalhalla" sollte nämlich eine Sammlung „Großer Deutscher" angelegt werden. Außerdem wollte man die Fenster nach und nach mit Glasgemälden versehen, um Akteure der pfälzischen, bayerischen und deutschen Geschichte darzustellen. Bis 1914 konn-

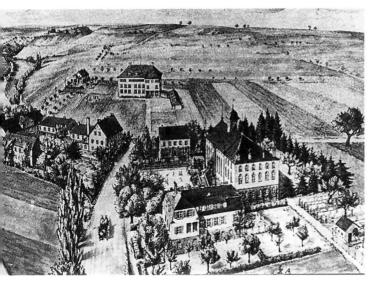

Die „Realanstalt am Donnersberg" um 1930:
Das Schuldorf Weierhof von Süden („Schulwalhal-
la" rechts, Internatsbereich links, Schulhaus oben)
(Abb. Slg.d.Verf.)

te allerdings nur ein Teil dieses Programmes realisiert werden.

Ein für die Erweiterung des Schulcampus weiterer wichtiger Schritt wurde 1914 unternommen: mit dem Bau eines neuen Schulhauses. Nur das Erdgeschoß konnte zunächst verwirklicht werden. Dann brach der Krieg aus. An einen Weiterbau konnte erst 1928 gedacht werden.

Als Ernst Göbel 1929 die Schulleitung abgab, war das „Schuldorf" Weierhof - trotz der Auswirkungen der Weltwirtschaftskrise eine im Kern gesicherte Institution. Einen guten Eindruck vom Umfang des Schulkomplexes gibt die hier abgebildete zeitgenössische Zeichnung.

Um so tiefgreifender war die Zäsur von 1936: die Verstaatlichung der Schule unter dem Druck des NS-Systems. Denn was die

„NSZ-Westfront" damals als „Ostergeschenk für die Jugend" feierte, war die Folge eines ultimativen Vorgehens gegen die bisherigen mennonitischen Schulträger. Ziel war es nun, „hier eine nationalsozialistische Musterschule einzurichten, die wichtige Grundsätze der Revolution zum Nutzen der Gesellschaft erstmalig in neuer Form vorführt." Die Auswirkungen waren schnell greifbar: Ausbau zum ersten Vollgymnasium (mit dem ersten Abitur 1938) im Bereich des heutigen Donnersbergkreises, Errichtung einer ausgedehnten Sportanlage, Uniformierung der Schüler, Umwandlung der Schule in eine „Nationalpolitische Erziehungsanstalt".

Der „Anstaltsverein" mußte tatenlos zusehen. Dann gab das Kriegsende die Möglichkeit einer Rückübereignung der Schule. Doch zog sich diese Maßnahme bis 1959 hin, so lange wurde das Schulgelände militärisch genutzt, durch amerikanische und zeitweise französische Streitkräfte.

Deshalb eröffnete der Schulträgerverein schon 1952 ein Schülerheim in Kirchheimbolanden (Amtsstraße 27). Bis 1961 wohnten hier zeitweise 90 Schüler, die das nahegelegene Staatliche Nordpfalzgymnasium besuchten.

Nach 1959 konnte sich die Schule erneut schnell etablieren. Heute hat sie rund 800 Schülerinnen und Schüler. Dies machte bauliche Erweiterungen des Unterrichtsgebäudes notwendig, die in drei Etappen (1964/65, 1976/77 und 1990/91) erfolgten. Das Internat verfügt über 90 Plätze.

Die Trägerschaft liegt nach wie vor bei einem privaten Trägerverein; aber es gibt keine mennonitische Trägerschaft. Dies bedeutet jedoch keineswegs einen Rückzug der Mennoniten. Sowohl der derzeitige Vorsitzende des Schulvereins (Jürgen Hohl) wie auch alle drei Mitglieder der amtierenden Schulleitung (Hans-Jürgen Friesen, Jürgen Haury und Gerhard Wiehler) sind Mennoniten. Außerdem waren mit der Schule seit ihrer Wiedereröffnung 1959 eine Reihe von zentralen Funktionen für das süddeutsche und das gesamte deutschsprachige Mennonitentum verbunden, die inzwischen verlagert wurden.

Über diese Funktionskomplexe berichtet Helmut Haury, der die Schule von 1959 bis 1975 geleitet hat: Mit der Wiedereröffnung der Schule „wurde auch die Gelegenheit wahrgenommen, eine wichtige mennonitische Zentralstelle Deutschlands von Ludwigshafen nach dem Weierhof zu verlegen und in einem Gebäude der Heimschule unterzubringen. Der Leiter dieser sogenannten 'Weierhöfer Stelle', Richard Hertzler, hatte neben seiner Tätigkeit als Verwaltungsleiter der Schule folgende Ämter zu versehen:

- Geschäftsführung des Vereins mennonitischer Heime,
- Geschäftsführung des Vereins mennonitischer Siedlungshilfe,
- Vertrauensstelle des Int. Menn. Hilfsvereins (IMH) - Osthilfegremium,
- Verwaltungsstelle der Vereinigung der Deutschen Mennonitengemeinden,
- 1970 kam die IMO (Int. Menn. Organisation) hinzu." (300 Jahre, 78f.)
- Außerdem wurde der Weierhof 1985 auch Sitz des Jugendwerkes der Konferenz Süddeutscher Mennonitengemeinden.

Alle diese Organisationen sind jedoch inzwischen nicht mehr auf dem Weierhof ansässig. Die Gründe ergaben sich aus Effizienzüberlegungen. Dazu kamen Änderungen in der übergemeindlichen Organisation.

Das Genossenschaftlichen Flüchtlingswerk eG Weierhof wurde am 14. Juni 1949 in der Wohnung des Weierhöfer Landwirtes Otto Zerger begründet. Die Geschäftsführung übernahm Johannes Driedger, der als „Ostflüchtling" auf dem Weierhof ansässig geworden war. In der Generalversammlung der Genossenschaft am 27. November 1949 - inzwischen zählte sie bereits 104 Mitglieder (68 „Einheimische" und 36 Heimatvertriebene) - wies Otto Zerger darauf hin,

„daß die Völkerwanderung, die Millionen Deutsche heimatlos gemacht hat, unsere deutschen Westgebiete mit einem Menschenstrom überflutet. (...) Unsere kleine Religionsgemeinschaft ist durch diese Ereignisse besonders hart betroffen, 50% der deutschen Mennoniten wurden aus ihren Wohnsitzen hinausgedrängt, sind entwurzelt worden. Die pfälzisch-hessischen Gemeinden haben sich der Not ihrer Glaubensgenossen angenommen. Sie haben etwa 700 Ostflüchtlinge in ihren Reihen aufgenommen und sehen sich jetzt vor die Aufgabe gestellt, deren Ansiedlung zu fördern. Dieser Aufgabe dient unser (...) 'Genossenschaftliches Flüchtlingswerk'". (Protokollbuch, 1; Driedger, 2)

Durch diese Weierhöfer Initiative - vor allem Johannes Driedgers - umfaßte das Flüchtlingswerk sehr bald Mitglieder aus fast allen rheinhessisch-pfälzischen Gemeinden: darunter auch aus Ibersheim, Friedelsheim, Deutschhof und Kühbörncheshof. Insgesamt vermerkt das „Verzeichnis der Genossen" 170 Mitglieder (letzter Eintritt: 1975). Über die Arbeit der Genossenschaft berichtet Burkhard Driedger in seiner „Geschichte des Genossenschaftlichen Flüchtlingswerkes":

„Besonders in den ersten fünf Jahren des Bestehens (konnten) mit Hilfe unserer Genossenschaft viele mennonitische Heimatvertriebene zu einem neuen Anfang kommen. Diese Hilfe erstreckt sich auf das Vermitteln von Siedlungsprojekten, auf das Verhandeln mit Behörden und auf die Vergabe von Krediten und Übernehmen von Bürgschaften in Höhe von 5 000 DM."

In der Folge wurde jedoch „die ursprünglich gestellte Aufgabe der Genossenschaft weitgehend von staatlichen Stellen nach und nach übernommen." (Driedger, 3) In einer außerordentlichen Generalversammlung löste sich die Genossenschaft deshalb am 28.September 1980 auf.

Damit die zentralörtliche Funktion im Kern fortbesteht, gilt das Bemühen neben dem Erhalt der Schule einer weiteren überregionalen bedeutsamen Einrichtung. Kommt dem Weierhof doch eine tragende Funktion für die gesamtmennonitische Geschichtsschreibung zu. Denn seit 1969 hat hier die Mennonitische Forschungsstelle ihren Sitz, bis 1997 in den Räumen der Schule, nach Bezug eines eigenen Bibliotheks- und Archivgebäudes an der Crayenbühlstraße zentral im Ortsbereich. Die Tageszeitung „Die Rheinpfalz" beschreibt die Forschungsstelle anlässlich der Grundsteinlegung des neuen Gebäudes im August 1996 wie folgt:

„Erstmals schaffen sich die deutschen Mennoniten eine eigene Heimstatt für ihre religionsgeschichtliche Spezialliteratur. (...) Die vom bundesweit organisierten Mennonitischen Geschichtsverein getragene

Der Weierhof 1996: Ortskern von Westen (Kirche am rechten Bildrand, Weberhäuschen unten Mitte) (Abb. Medienzentrum Donnersbergkreis)

Forschungsstelle ist die einzige Einrichtung in der Bundesrepublik, die Material zur Geschichte der Täufer, Menno- niten und verwandter Gruppen - etwa der Amischen und Hutterer - sammelt. Beginnend mit Antitäuferliteratur aus der Reformationszeit, umfasst die Bibliothek etwa 9 000 Bände. Hinzu kommen 60 Zeitschriftentitel und etwa 50 Meter Archivmaterial. Genutzt werden die Sammlungen vor allem von Studenten und Wissenschaftlern aus aller Welt. Aber auch für spezielle genealogische Nachforschungen wird die Forschungsstelle aufgesucht. Finanziert wird das Vorhaben zu einem Großteil durch weltweite Spenden." (Die Rheinpfalz vom 26.August 1996)

So ist der Weierhof mit seiner Mennonitischen Forschungsstelle (Leiter: Gary Waltner) zukünftig sogar noch verstärkt ein zentraler Ort für das deutsche und weltweite Mennonitentum. Daß seine Bestände auch das Wirken von Delbert Grätz in der Pfalz während der Jahre 1947/48 belegen, versteht sich von selbst.

Delbert Grätz ist aber auch nicht nur auf diese Weise mit dem Weierhof und der Mennonitische Forschungsstelle verbunden. Er ist hier auch immer wieder ein gern gesehener Gast, wenn er mit amerikanischen Reisegruppen durch die Pfalz kommt, die unter seiner Leitung mennonitische Stätten in Europa besuchen. Der Weierhof hat für ihn über die Forschungsstelle hinaus aber auch eine weitere besondere Bedeutung. Denn hier begannen Christian Hege und Christian Neff 1913 mit der Herausgabe des *Mennonitischen Lexikons*. Für dieses 1967 abgeschlossene Projekt hat auch Delbert Grätz eine Reihe von Beiträgen verfaßt. Er gehört auch dem Redakteurskreis der *Mennonite Encyclopedia* an, die zahlreiche Artikel des Mennonitischen Lexikon übernommen hat. So führen auch in dieser Hinsicht macherlei Wege zum Weierhof.

Quellen:

Hessisches Hauptstaatsarchiv Wiesbaden: Erasmus Cramer, Kurtze Beschreibung der Herrschaft Kirchheim de anno 1657; hier in der Abschrift von Pfr. Schaefer, Rüssingen, 51 gez. Bll., 1909. (Zitiert als: Cramer.)

Mennonitische Forschungsstelle Weierhof: Akten des Genossenschaftlichen Flüchtlingswerkes Weierhof; darin neben dem Protokollbuch der Mitgliederversammlungen der Genossenschaft auch Burkhard Driedgers Zusammenstellung »Ein Rückblick auf die Geschichte des Genossenschaftlichen Flüchtlingswerkes«, 3 gez. Bll., 1969. (Zitiert als: Protokollbuch/zitiert als: Driedger.)

Literatur:

Arbeitsgemeinschaft Mennonitischer Gemeinden in Deutschland (Hrsg.): Mennonitisches Jahrbuch 1996; Lahr 1996.

Dolch, Martin und Albrecht Greule: Historisches Siedlungsnamenbuch der Pfalz (= Veröffentlichungen der Pfälzischen Gesellschaft zur Förderung der Wissenschaften, Bd. 81); Speyer 1991.

Ernst, Albrecht: Konfession und Staatsräson, Die Wiederherstellung des Calvinismus in der Kurpfalz unter den Kurfürsten Karl Ludwig und Karl (1649-1685); in: Blätter für pfälzische Kirchengeschichte und religiöse Volkskunde 62 (1995), S. 284-301 (zugleich: Ebernburg-Hefte 29 (1995), S. 39-53).

Galle, Christian und Christian Neff: Weierhof; in: Christian Hege und Christian Neff (Hrsg.): Mennonitisches Lexikon, Bd. 4; Karlsruhe 1967, S. 484-488.

Haury, Helmut: Die Lehr- und Erziehungsanstalt auf dem Weierhof, Erster Abschnitt der Geschichte des Gymnasiums Weierhof am Donnersberg, 1867-1884 (=Schriften des Gymnasiums Weierhof, Bd, 7); Weierhof 1992.

Kuby, Alfred Hans und Helmut Kimmel: Die Wiederbesiedlung des Amtes Bolanden nach dem Dreißigjährigen Krieg (=Schriften zur Wanderungsgeschichte der Pfälzer; H. 38); Kaiserslautern 1985.

Lichdi, Diether Götz: Die Mennoniten, Eine moderne Freikirche; Hamburg 1992.

Mennonitengemeinde Weierhof (Hrsg.): 300 Jahr Mennonitengemeinde Weierhof 1682-1982; Kaiserslautern 1982. (Zitiert als: 300 Jahre)

Till, Barbara: Eigenes Haus für Forschungsstelle, Mennoniten beginnen Bau; in: Die Rheinpfalz, Donnersberger Rundschau vom 26. August 1996.

Danksagung:

Für freundliche Mitteilungen danke ich den Herren Ortwin Driedger, Gary Waltner und Gerhard Wiehler (alle Weierhof) sowie Hanspeter Bergtholdt (Bischheim). Für die Bereitstellung von Abbildungen sage ich dem Katasteramt Winnweiler (Herrn Vermessungsdirektor Otmar Scherrer) und dem Medienzentrum Donnersbergkreis (Herrn KMZ-Leiter Erhard Kern-Eimann) meinen Dank.

Monica Mutzbauer

Die Vereinigten Staaten als Zuflucht verfolgter Religionen in der Neuen Welt

> *Halleluja, halleluja,*
> *wir wandern nach Amerika.*
> *Was nehmen wir mit*
> *ins neue Vaterland?*
> *So allerlei, so allerhand.*
> *(P. Rohland, Hoffmann v. Fallersleben)*

Die Situation der christlichen Bekenntnisse in Deutschland nach dem 30jährigen Krieg

Das Ende des 30jährigen Krieges bedeutete für die Bewohner Mitteleuropas zwar eine Erleichterung im Hinblick auf die stets zu befürchtenden militärischen Übergriffe. Jedoch setzten sich die Bedrängnisse auf anderer Ebene fort, und es eröffneten sich sogar neue Notlagen. Man kann davon ausgehen, daß die Bevölkerung Deutschlands von 17 Millionen vor dem Krieg auf etwa 4 Millionen abnahm.[1] Ganze Landstriche waren auf diese Weise entvölkert; die Äcker lagen brach, das Vieh war weggeführt oder verhungert. Die wirtschaftliche Not, die der Krieg mit sich gebracht hatte, setzte sich auch nach seinem Ende fort. Für eine große Anzahl von Menschen kam aber auch noch eine neue Form der Bedrängnis hinzu: die ungeklärte

Frage nach der Existenzberechtigung der zahlreichen in der Reformation entstandenen christlichen Bekenntnisse wurde nun endlich angegangen. Freie Religionsausübung garantierte der Westfälische Friede nur drei Konfessionen: der katholischen, der lutherischen und der reformierten. Betroffen von dieser Regelung waren vor allem jene Gruppierungen, die dem Bereich des sogenannten „linken Flügels" der Reformation nahestanden, also ihre Wurzeln in täuferischem Gedankengut hatten. Viele dieser „Sekten" verfügten über eine beträchtliche Anhängerschaft, so die Mennoniten, Pietisten und Labadisten, die Herrenhuter, Schwenkfelder und Tunker, sowie die in England und Holland beheimateten Puritaner und Quäker.

Sie alle erfuhren nun die unterschiedlichsten Versuche ihrer regionalen Landesoberhäupter, den Inhalt der Friedensbestimmung durchzusetzen und sie einem der legitimen Bekenntnisse anzugliedern. Während die Regierungen in den ersten Jahrzehnten nach dem Krieg noch für jeden Untertan dankbar waren, der sich am Wiederaufbau des Landes beteiligen konnte und die Frage nach dem religiösen Bekenntnis als zweitrangig betrachteten, wendete sich in den 70er Jahren das Blatt deutlich.

In dieser Situation machte sich ein Mann auf den Weg von England nach Deutschland, der den verfolgten Sektenmitgliedern als Retter in der Not erscheinen mußte: William Penn, Quäkermissionar und Besitzer eines bedeutenden Landstrichs in den englischen Kolonien in Nordamerika. Die Krone schuldete Penns Vater eine beträchtliche Summe und bot dem Sohn und Erben das Land als Gegenwert an. William Penn akzeptierte, besichtigte das Land am Delaware, schloß einen rechtsgültigen Vertrat mit den Indianern und nannte die Kolonie „Pennsylvania".[2] Seiner religiösen Überzeugung zufolge war die Welt das Reich der Finsternis, der ein Christ durch Separation zu entkommen suchen mußte; das hieß: Ablehnung der staatlichen Verpflichtungen zu Kriegsdienst und Bürgereid, Bruch mit der Gesellschaft und ihren Idealen von Erfolg und Luxus und Bruch mit der offiziellen Kirche und ihren nachsichtigen Moralvorstellungen.[3] Er wollte stattdessen eine Gemeinschaft zusammenführen, der es ernst war mit dem Streben nach christlicher Vollkommenheit; und sein neuerworbenes Land jenseits des Ozeans bot Raum genug dazu.

Auf zwei Missionsreisen durch Deutschland beschrieb Penn seine Ideale, verteilte Werbeschriften, machte günstige Kauf- und Pachtangebote - und fand viele willige Zuhörer. Die Frankfurter und die Krefelder Mennonitengemeinden, die enge Beziehungen mit holländischen Quäkern unterhielten, erwarben als ganze Gemeinschaft Landbesitz in Penns Kolonie. Mit der Verwaltung ihrer Finanzen und der Wahrnehmung ihrer Rechte beauftragten sie den Juristen Franz Daniel Pastorius, der auch ihre Glaubensüberzeugungen teilte. Pastorius wurde Führer und Gründer der ersten Ansiedlung von Deutschen in Amerika und erhielt 1709 als erster deutscher Siedler die englische Staatsbürgerschaft. Im Jahr 1682 schiffte sich Pastorius zunächst alleine nach Amerika ein, wo er in seiner Blockhütte in der Nähe von Philadelphia auf die Ankunft seiner Glaubensgenossen wartete und herzliche Freundschaft mit William Penn pflegte. Aus der Krefelder Gemeinde trafen im folgenden Jahr die ersten dreizehn Familien in Pennsylvania ein. Sie wählten einen Siedlungsort am Schuylkill, den sie „Germantown" nann-

ten - damals zwei Stunden von Philadelphia entfernt, heute ein Stadtteil der Metropole. Die Nachfahren dieser Gruppe ziehen bis heute gerne die Parallele zwischen der Auswanderung ihrer Ahnen und derjenigen der englischen Pilgerväter; so wie ein englischstämmiger Amerikaner stolz ist, wenn er seine Familiengeschichte bis zur Passagierliste der „Mayflower" nachweisen kann, ist es ein deutschstämmiger, wenn einer seiner Urahnen auf der Passagierliste der „Concord" stand.[4]

Zahlreiche andere Mitglieder verfolgter religiöser Gruppen in Deutschland folgten ebenfalls dem Aufruf William Penns, so daß die Kolonie am Delaware in Sprache und Brauchtum bald deutlich deutsche Züge trug.

In der Chronologie der Ansiedlungen sind als nächstes Mitglieder der „Tunker", die ihren Namen aufgrund ihres Taufritus erhalten haben.[5] Als ihre geistigen Väter werden Philipp Jakob Spener und August Hermann Francke angesehen. sie kamen als erste 1719 nach Germantown. Weitere Mitglieder folg-

THE IRON COLLAR by Fedor Sommer

A novel from the days of the Counter-Reformation, in Silesia, originally published under the title Die Schwenkfelder.

TRANSLATED BY ANDREW S. BERKY

ten später.[6] Vor allem Johann Christoph Sauer hat zur Erhaltung der deutschen Kultur auf amerikanischem Boden beigetragen. Er hatte bereits in Europa sektiererischen Ideen nahegestanden, ohne zunächst einer bestimmten Gruppe anzugehören. Er war jedoch den Behörden verdächtig, mußte sich verstecken und entschloß sich schließlich zur Auswanderung. Nach seiner Ankunft in Pennsylvanien trat er dort 1728 den Tunkern bei und betätigte sich fortan als erster deutscher Drucker und Herausgeber in Amerika. Seine Druckerzeugnisse hatten profanen und religiösen Charakter; neben Erbauungsschriften und Liedern veröffentlichte er regelmäßig

Kalender und eine Wochenzeitung in deutscher Sprache.[7]

Eine relativ kleine und geschlossene Gruppe von verfolgten Sektierern soll noch erwähnt werden, da die Geschichte ihrer Verfolgung einige besonders tragische Momente enthält. Es sind die seit 1734 in Pennsylvanien anzutreffenden Schwenckfelder. Die Gruppe geht zurück auf Caspar von Schwenckfeld, einen Zeitgenossen Luthers, den dieser verächtlich als den „Stenckfeld" bezeichnete. Merkmale der Glaubenslehrer dieser Gruppe sind die radikale Ablehnung einer äußerlich verfaßten Kirche und die Abstinenz von den Sakramenten aufgrund der Überzeugung von der eigenen inneren Unzulänglichkeit.[8]

Schon Schwenckfeld selbst und seine zeitgenössischen Anhänger hatten regelmäßig Verfolgungen zu erdulden; für die Nachkommen wurde die Glaubensüberzeugung kurze Zeit nach dem Westfälischen Frieden zum Lebensrisiko.

Um 1715 gab es nur noch eine einzige Gruppe von Schwenckfeldern in Schlesien mit ca. 1500 Mitgliedern.[9] Zu diesem Zeitpunkt - Schlesien unterstand der habsburgischen Herrschaft - war Kaiser Karl VI. daran interessiert, die Bedingungen des Westfälischen Friedens erfüllt zu wissen und ließ über die Behörden im schlesischen Liegnitz die Schwenckfelder zur Rückkehr in eine der legitimen Kirchen gemahnen. Gleichzeitig wurden die lutherischen Pfarrer aufgefordert, ihnen bekannte Anhänger des Schwenckfeldertums namhaft zu machen. Eine diesbezügliche Mitteilung an den Kaiser in Wien erfolgte 1718, was den Entschluß zur Folge hatte, eine ständige Missionsstation der Jesuiten in Harpersdorf - dem Zentrum des Schwenckfeldertums - einzurichten. Kurz vor Weihnachten

1719 trafen zwei Jesuitenpater im Dorf ein und ergriffen sofort eine Reihe von Maßnahmen. Aus Furcht vor den zu erwartenden Repressalien nahmen etliche Schwenkfelder rasch an den Abendmahlsgottesdiensten der evangelischen Ortskirche teil, was ihnen aber von den Jesuiten untersagt wurde. Stattdessen wurden sie behördlich verpflichtet, an „Kontroversgesprächen" mit den Patern teilzunehmen, die ihrer Rückführung in die katholische Kirche dienen sollten. Zunächst nur als Einschüchterungsversuch, in den nächsten Jahren aber durchaus in die Tat umgesetzt, drohten die Pater, das Fernbleiben von diesen Gesprächen mit Gefängnisstrafen und Gütereinziehung zu ahnden. Schwenckfeldische Frauen wurden auf dem Marktplatz in den Stock geschlossen; die Ernten konnten nicht mehr eingebracht werden, da die Männer im Gefängnis waren, oder man sie als Galeerensträflinge deportiert hatte. Da die lutherische Kirche den Schwenckfeldern die Kausalien nicht mehr gewähren durfte, versuchten viele heiratswillige Paare, sich in Nachbarorten heimlich trauen zu lassen, doch bei ihrer Rückkehr erhielten sie die Ungültigkeitserklärung ihrer Ehe. Kinder, deren Mütter bei der Geburt starben, wurden von den Jesuitenpatern sogleich katholisch getauft. Am schlimmsten traf es die Schwenckfelder, daß ihnen die Grabstätte auf dem Ortsfriedhof verweigert wurde, wenn sie sich nicht der katholischen Beerdigungszeremonie unterwarfen. Zahlreiche Schwenckfelder dieser Zeit wurden auf den Viehtrieben begraben, womit sie mit Selbstmördern auf die gleiche Stufe gestellt waren.[10]

Die so gequälte Gruppe sandte schließlich 1721 eine Delegation an den Hof zu Wien, um die religiöse Duldung zu erbitten.[11] Das Verfahren zog sich vier Jahre hin, um letztlich abschlägig beschieden zu werden. In einem nächsten Schritte wandten sie sich an die Amsterdamer Doopsgezinden, die sie als bewährte Vermittler in Toleranzfragen kannten und baten um Fürsprache beim Kaiser. Erstmalig trugen sich Mitglieder der Gruppe auch mit dem Gedanken an Auswanderung, denn man trug den Holländern auf, sich um das ius emigrandi zu bemühen, falls das Toleranzgesuch scheitern sollte.[12] Im Dezember 1725 baten die Schwenckfelder den Grafen Nikolaus von Zinzendorf um Hilfe, da aus Holland keine Antwort kam. Zinzendorf erklärte sich sofort bereit, die Schwenckfelder in Herrenhut aufzunehmen, woraufhin einige Familien unter Zurücklassung ihrer Besitztümer aus Schlesien nach Herrenhut flohen. Beständige Anfragen und Überprüfung durch die Behörden ließen sie jedoch auch hier nicht zur Ruhe kommen, so daß sie sich schließlich mit dem Gedanken vertraut machten, einen Neuanfang in Pennsylvania zu suchen. Im April 1734 schifften sich 180 Personen nach Philadelphia ein, wo sie im folgenden September landeten. Ein knappes Jahrhundert später gab es in Schlesien nach dem Tod der Zurückgebliebenen und ihrer Nachkommen keinen einzigen Schwenckfelder mehr.

In Pennsylvania siedelten sich die Emigranten im Berks County, in Goshenhoppen und Skippack an, lehnten sich in ihrer Verfassung theologisch an die Mennoniten an und existieren heute noch als eigenständige Gruppe in fünf Gemeinden mit 2500 Mitgliedern.[13]

Eine andere in Europa verfolgte Gruppe fand ebenfalls Aufnahme auf den Ländereien des Grafen Zinzendorf; es waren die „Mährischen Brüder", die sich als Nachfolger des 1415 in Konstanz hingerichteten Johannes Hus verstanden. Mitglieder dieser Gruppe wanderten im Jahre 1735 nach Pennsylvania aus, sahen sich aber weniger als Glaubensflüchtlinge, sondern vielmehr als Sendboten der reinen apostolischen Kirche und wollten sich die Indianermission zur Hauptaufgabe machen.[14] Die Städtegründungen Nazareth und Bethlehem gehen auf diese Gruppe zurück. Im Dezember 1741 traf Graf Zinzendorf selbst in Amerika ein, um in Bethlehem mit seinen Glaubensfreunden das Weihnachtsfest zu feiern. Das eigentliche Ziel seiner Reise war jedoch ein anderes: er hatte vor, alle mittlerweile in Pennsylvania vertretenen Kirchen und Sekten zu vereinigen und lud zu diesem Zweck zu einer „freien Konferenz" am Neujahrstag 1742 nach Germantown ein.[15] Er suchte zahlreiche Gemeinden auf, um sie von seiner Idee zu überzeugen. Doch die Mehrzahl der Emigranten, die nach jahrzehntelanger Verfolgung, entwürdigender Behandlung und beständiger Angst nun endlich unangefochten ihren Glauben leben durften, waren keinesfalls bereit, diese Selbständigkeit wieder aufzugeben und konnten Zinzendorfs Gedanken keinen Vorteil abgewinnen. Ein Jahr später mußte der Graf seine Mission als gescheitert ansehen und er verließ die Neue Welt.

Die Ansiedlung von Mennoniten in Pennsylvania und ihre Gruppierungen

Die Ankunft jener ersten 13 Krefelder Mennonitenfamilien im Jahre 1683 ist als Ereignis so berühmt geworden, daß eine Briefmarke zum 300. Jahrestag daran erinnert hat. Doch dieses Ereignis war nicht einzigartig: etwa 50 Jahre später hatten sich etwa 3000 Mennoniten in Pennsylvania niedergelassen. Anders als die zahlreichen Flüchtlinge aus wirtschaftlicher Not, die nach Kriegen und Hungersnöten die Heimat verlassen mußten, die sie nicht mehr ernährte, waren die Mennoniten fast immer Glaubensflüchtlinge, die sich wegen bekenntnisbedingter Einschränkungen, die man ihnen auferlegte, zur Auswanderung entschlossen. Zwar waren die Verfolgungen nicht so gravierend, wie die Schwenckfelder sie in Schlesien erdulden mußten, da häufig das Nützlichkeitsprinzip vor den religiösen Bedenken rangierte, doch hatten sich die Mennoniten Bedingungen zu unterwerfen, die ihnen das Leben nicht erleichterten. So setzte die „Generalkonzession für die Mennoniten" des pfälzischen Kurfürsten aus dem Jahr 1664 fest, wieviele Personen sich höchstens an einer gottesdienstlichen Versammlung beteiligen durften und in welcher Höhe jeder Hausvater sein jährliches Schutzgeld zu entrichten hatte.[16] Als sich die Pfalz in den frühen Jahrzehnten des 18. Jahrhunderts von Kriegen und Verwüstungen weitgehend erholt hatte und man die als besonders arbeitsam bekannten mennonitischen Landwirte nicht mehr brauchte, wurden die Konditionen für ihren Aufenthalt im Land sofort verschärft. 1726 führte die kurpfälzische Regierung das „Erlösungs- und Rückkaufsrecht" (ius retractus) ein. Es räumte jedem, der einmal Güter oder Grundbesitz an Mennoniten verkauft hatte, das Recht ein, diese zu jeder Zeit zum gleichen Preis zurückzukaufen.[17] Durch ihre umfassenden landwirtschaftlichen Kenntnisse und ihren Fleiß hatten die Mennoniten den Wert der Höfe meist um ein Beträchtliches gesteigert. Dabei hatten sie häufig gar keine andere Wahl als Landwirtschaft zu betreiben, denn das Erlernen eines Handwerks und der Zugang zu den Zünften war ihnen untersagt.[18]

Aufgrund dieser Situation entschlossen sich immer mehr mennonitische Familien - besonders aus der Pfalz - dem Beispiel der Krefelder zu folgen und sich in Amerika anzusiedeln. Ein Mitglied der Krefelder Gemeinde hatte seinerzeit Landbesitz am Skippack-Fluß erworben; und die nächste mennonitische Gruppe, die im Jahre 1702 in Amerika eintraf, siedelte sich dort an.[19] 1710 und 1717 wanderten große Mennonitengruppen aus der Schweiz und aus der Pfalz ein. Ihr Hauptsiedlungsgebiet wurde das östliche Lancaster County, was man bald als das „Herz des pennsylvanischen Mennonitenlandes" bezeichnen konnte.[20] So zügig, wie die Einwanderer ihr Land rodeten, Blockhäuser bauten und Felder anlegten, so zügig bemühten sie sich auch um die Organisation ihres Gemeindelebens.

Als erster Gemeindeältester in Nordamerika wurde Jacob Gottschalk bestimmt; die Gemeinde von Germantown baute 1708 bereits ihr ersten Gottes- und Schulhaus.[21] Um die schulische Bildung bemühte sich in Lancaster County vor allem Christopher Dock, der sich erst in Pennsylvania den Mennoniten anschloß und 1718 seine erste Schule errichtete.[22] Noch bevor es einen englischen Bibeldruck in Amerika gab, hatte man, unter Mitwirkung der Mennoniten, eine deutsche Bibelausgabe in Ephrata, Pennsylvania, gedruckt.

Immer wieder mußten die Mennoniten auch in Amerika ihre Überzeugung verteidigen, keinen Kriegsdienst mit der Waffe zu leisten. Im Jahre 1775 baten sie um Wehrdienstverschonung im Unabhängigkeitskrieg; doch die Situation war auch während des amerikanischen Bürgerkriegs ungeklärt. Erst im Jahre 1903 wurden durch ein Gesetz Religionsgemeinschaften vom Dienst mit der Waffe be-

Konservative Mennoniten in den Zwanziger Jahren

*Verschiedene Moderichtungen
bei den konservativen Mennoniten*

freit, sofern sie diesen mit ihrer Glaubensüberzeugung nicht vereinbaren konnten.[23] Es muß jedoch betont werden, daß bei allen kriegerischen Auseinandersetzungen, in die die Vereinigten Staaten verwickelt waren, sich die Mennoniten nicht gleichgültig zurückhielten, sondern in großem Umfang karitative Dienste leisteten und die Versorgung mit Hilfsgütern sicherhielten.

Das Festhalten an überlieferten Glaubensinhalten oder partielle Assimilation an die Gepflogenheiten des neuen Landes und das Fortschreiten der Zeit war der Grund, daß sich die amerikanischen Mennoniten im Verlauf der nächsten Jahrzehnte in zahlreiche Untergruppierungen aufteiltln, deren Verzweigungen und Beziehungen untereinander für einen Außenstehenden kaum zu durchschauen sind.

Eine erste Spaltung ereignete sich bereits in Europa durch den Schweizer Jakob Amman 1693 und 1697.[24] Als der größere Teil der Gemeinde sich seinen Vorschlägen nicht zugänglich zeigte, trennte sich Amman mit seinen Anhängern von ihr, und es entstand die eigenständige Gruppe der „Amischen".

In den USA kam es zwischen 1872 und 1901 zur größten Spaltung, als sich die „Old Order Mennonites" von den fortschrittlicher Denkenden trennte. Es handelt sich bei dieser Bezeichnung um keine formale Organisation, sondern eher um eine Etikettierung ihrer Eigenarten. Die Altmennoniten selbst sind in weitere Gruppierungen untergliedert, die häufig aufgrund einer gemeinsamen Ursprungsregion oder durch einen führenden Bischof entstanden sind (z.B. „Wenger-Leute", „Brinsers"). Zuweilen werden Gruppen allerdings auch nach einer gemeinsamen Eigenart benannt, so z.B. die „Black bumpers", denen zwar das Fahren von Autos erlaubt ist, die jedoch alle Chromteile ihrer Wagen schwarz anstreichen, da die silberne Farbe in ihren Augen Hochmut und unnötigen Luxus bedeutet.[25]

Die „Brethren in Christ" (auch: River Brethren) gehen zurück auf 30 Schweizer Mennonitenfamilien, die in ihrem Heimatkanton Basel der Verfolgung ausgesetzt waren. Ihr wichtigstes Kennzeichen ist die Immersionstaufe; außerdem gibt es Kleidungsvorschriften und strenge Regelungen, was Vergnügungen anbetrifft.[26]

Der größte Teil der amerikanischen Mennoniten gehört der 1898 gegründeten „Mennonite General Conference" an; die Mitglieder bekennen sich zu einem gemeinsamen Konsens von Glaubensinhalten.

Aspekte des Alltagslebens im Spiegel mennonitischer Familienkorrespondenz

Mennonitische Auswanderer emigrierten häufig als ganze Familienverbände, denn jeder war von der Verfolgung im Heimatland betroffen. Es ging ihnen um freie Religionsausübung, weniger um in der Neuen Welt „ihr Glück zu machen". Dennoch kam es vor, daß Familienmitglieder zurückgelassen werden mußten, weil sie zu krank oder zu alt für die beschwerliche Reise waren und das Reisegeld nicht für alle Familienmitglieder gleichzeitig reichte. Häufig fanden die Verwandten dann erst nach Jahren wieder zusammen; häufig bedeutete die Auswanderung aber auch - besonders, wenn die ältere Generation zurückblieb - einen Abschied für immer. Dann blieb nur die Möglichkeit der schriftlichen Korrespondenz, um über das gegenseitige Schicksal zu berichten.

Ein solcher Briefwechsel existiert zwischen den Mitgliedern der Familie Möllinger - Weber aus Kindenheim bei Grünstadt.[27]

Martin Möllinger, 1752 geboren, wanderte 1772 nach Lampeter Township im Lancaster County aus. Eine Schwester von ihm lebte ebenfalls dort. Eine weitere Schwester, Charlotte Möllinger, verheiratete Weber, war mit ihren vier erwachsenden Kindern - Jakob, Peter, Maria und Katharina - in der Pfalz zurückgeblieben. Katharina Weber heiratete Johannes Risser, Mitglied einer bekannten Pfälzer Mennonitenfamilie, und wanderte mit ihm und den gemeinsamen acht Kindern 1832 ebenfalls aus; die Familie ließ sich in Ohio nieder, wo ein Bruder von Johannes Risser bereits ansässig war.

Der größte Teil der Briefe wurde zwischen Martin Möllinger und seinem Neffen Jakob gewechselt; Charlotte Weber schrieb seltener an ihren Bruder, doch aus einem Brief von 1826 wird deutlich, daß sie sich - als Vertreterin der älteren Generation - darüber im klaren war, einige ihrer Angehörigen niemals wiederzusehen: „Dann der abschied duth wehe, aber ich hoffe, wir werden einander wieder antreffen wo uns kein Tod thrennen wird."[28]

Die Themen des Austauschs zwischen Martin Möllinger und Jakob Weber erstreckten sich auf drei Bereiche: das Alltagsleben in der Familie und auf dem Hof, Ereignisse und Überlegungen zu religiösen Fragen und schließlich Berichte über Außergewöhnliches.

Onkel und Neffe betreiben Landwirtschaft, Berichte über das Wetter und die Qualität der Ernte nehmen breiten Raum in den Briefen ein. So berichtet Jakob Weber im September 1833 nach Pennsylvania:

„Die Frucht ist sehr gut gewachsen, gab jedoch wegen der Trockenheit, besonders wenig Stroh und Futter fürs Vieh; doch die Grundbirnen sehen außerordentlich gut aus und die Weinstöcke hängen durchgängig sehr voll."

Aus dem Jahr 1837 (Juni) findet sich folgender Bericht in einem Brief Martin Möllingers:

„... so hörte man durchgängig aus dem Ohio Stat, daß die Winter Früchten so gut geraten sind, im Gägentheil in ganz Pennsylvany ...daß mange Bauern von Weizen und Korn das Brot nicht haben und mange nicht so viel geerntet als sie gesäet haben."

Kennzeichnend für die Korrespondenz ist die religiöse Interpretation der Alltagsereignisse. So kommentiert Martin Möllinger die oben beschriebene schlechte Ernte mit folgenden Worten:

„Sollte es aber dem Herren uns zum Guten gefallen uns dieses Jahr weniger zu geben als letztes Jahr durch dies…der Herr mehr gesucht und ihm Lob und Dank gesagt wird als vor die…überflüssige gesegnete volle Jahren."

Als Patriarch der Familie formulierte Martin Möllinger im Januar 1835:

„Ich wünsche Euch u.d. Eurigen wie auch mir selbst… dass wir allesamt mit dem zurückgelegten Jahr mehr u. mehr möchten ablegen nach dem vorigen Wandel den alten Menschen, der in Lüste und Jrrtum sich verderbt hat, u. mit dem neuen Jahr je länger je mehr erneuert werden im Geist des Gemüts u. den neuen Menschen anziehen der nach Gott geschaffen ist in rechtschaffener Gerechtigkeit und Heiligkeit."

Jakob Weber befaßt sich nur einmal ausführlicher mit einem religiösen Thema; und dieses ist so geartet, daß man annehmen muß, die Mennoniten haben zu diesem Zeitpunkt unbehelligt leben können, daß sie ihre Konzentration auf innere Streitigkeiten richten konnten:

„Die Möllingerischen nebst den Jansonen sind mit unserem Prediger Molenaer nicht zufrieden und wollen ihn forthaben und gehen schon beinahe ein Jahr nicht mehr in die Kirche und ein anderer Teil der Gemeinde will nicht zugeben, dass er

fortgehen soll, indem kein Grund angegeben wird oder angegeben werden kann, der des Absetzens des Predigers verdient. Indem unserer Prediger ein recht christlicher Mann ist und es scheint, dass er manchem zu christlich oder wie sich manche ausdrücken zu heilig sei."[29]

Möglicherweise hat die starke Durchdringung von Glaube und Alltagsleben den Menschen dabei geholfen, Krankheiten und Schicksalsschläge leichter zu ertragen; zudem verlor das irdische Leben wegen der Jenseitshoffnung an Bedeutung. Dennoch verwundern die teils drastischen Schilderungen von Unfällen und Todesfällen, die abschließend noch kurz wiedergegeben werden sollen.

Im August 1832 gibt Jakob Weber seinem Onkel den folgenden Bericht von einem Gewitter:

„In Niederflörsheim hat es im Bürgermeister sein Haus eingeschlagen und ihn und zwei Mägde beschädigt, aber nicht getötet…und in Quirnheim hat es dem Bürgermeister seinen ältesten Sohn, 20 Jahre alt, der zwischen Quirnheim und Bossweiler zackerte, tot geschlagen und zwar ein Loch durch den Kopf oben hinein und am Kinn heraus und die ganze Montour nebst Stiefel, die er anhatte, ganz zerfetzt, also ein Schreckenstag."

Eher beiläufig berichtet Martin Möllinger im Januar 1835 von einem Unfall:

„Er war in der 2. Ehe u. hatte ein grosses Geschäft, wie auch Teil an der Railway u. vor 5 Wochen wo er auf dem Railway geritten, kam ein Dampfwagen, sein

Pferd wurde scheu u. schmiss ihn unter den Railwagen u. augenblicklich tot. Es ist jetzt auch ein Railweg von der Susquehannah durch Lancasterbahn bei uns vorbei bis nach Philadelphia bei 75 Meilen, wo man öfters von Unglück u. solch schnellen Todesfällen hört."

Eine erschreckend anschauliche Schilderung vom Verlauf einer tödlichen Erkrankung findet am 15. April 1833 ihren Weg von Pennsylvania nach Kindenheim:

„Mit Bruder Jakob hat sich etwas zugetragen, wo es unmöglich zu glauben scheinen wird, weil es nie auf solche Art gehört worden ist. Am 9. April abends um 9 Uhr kam eine unserer Dienstmägde von Jakob. Erschrocken sagte sie, dem Jakob sein Bein ist ab. Ich bin unerschrocken zu ihm u. fragte ihn, was er gemacht. Er: ich bin aus dem Bett auf den Nachtstuhl u. wie ich wieder ins Bett bin, wurde ich meinen neben mir liegenden Fuß gewahr. Ich erschrack u. habe nach meinem Fuss gesehen, so fand ich, dass er ab ist u. der im Bett liegender Fuss sein Fuss ist u. die 2 Röhren am Waden abgebrochen sind... Ich sah, wie ich zu ihm kam, den Strumpf neben ihm liegen, wusste aber nicht, dass der Fuss noch in dem Strumpf steckte. Ich zog den Fuss aus dem Stumpf, den 3 Männern, die bei uns übernachteten zu weisen, aber sie sahen gleich weg... Am letzten Sonntag war es 21 Wochen, so klopfte es abends in seiner Kammer um 9 Uhr, ich aus dem Bett, der A., sein Weib und zwei Dienstmägde zu ihm, so klagte er über fast unausstehliche Schmerzen. Bis den andern Morgen war der Fuss von unten bis ober die Knöchel ganz blau. Wir hatten selbige Woche einen Doktor beständig bei ihm, konnte ihn aber nicht erwärmen, dass das Geblüt in Lauf kam, sondern der Fuss hatte in 10 Tagen kein Gefühl u. war tot u. kohlschwarz bis ober die Knöchel...in kurzem sah es, als ob alles Fleisch am Waden bis auf die Knochen abfallen u. faulen würde...dass nicht mehr zu sehen war als die 2 toten Beinröhren...Es wurde gar oft von seinem Bein oben oder unter dem Knie abnehmen gesagt, aber er u. niemand im Hause wollte es zugeben. 13 Wochen hatten wir eine Frau, die in seiner Kammer schlief u. im abwartete u. wann seine Kammer voller Leute war u. ich u. die Frau ans Verbinden gingen, strebte alles zur Tür hinaus wegen dem Geschmack u. das Bein nicht sehen konnten...Es kamen unlängst 2 Doktoren aus Lancaster um es zu sehen, wo der eine sagte, es wäre wert 30 Meilen zu gehen um es zu sehen...Über dem Verbinden hatte er die meisten Schmerzen...Noch einen Knochen am kleinen Röhr wird der Doktor in den nächsten Tagen in der wehen Wunde abnehmen, ehe es unten zusammenheilen kann..."

Am Schluß dieses Berichtes beruhigt Martin Möllinger die Verwandten mit den Worten:

„Jch habe dies nicht geschrieben, dass Jhr ihn oder uns im Hause bedauern sollt; denn er ist die Zeit über mehr freudig als traurig u. dem Willen Gottes ganz ergeben."

Der letzte Brief Martin Möllingers ist vom 18. Juni 1839. Der Schreiber scheint sein nahendes Ende zu fühlen, denn er erinnert sich an den „Hingang" seiner Schwester Charlotte und seiner Base und meint: „Über ein kleines wird es auch von mir so heissen, wo mirs öfters vorkommt, als wäre es nur Abendrot bei mir u. dies mein letztes Schreiben an Dich u. die Deinen u. Bekannten sein wird."

1 Rudolf Cronau: Drei Jahrhunderte deutschen Lebens in Amerika. Die Geschichte der Deutschen in den Vereinigten Staaten. Berlin 1909, S. 46.
2 Cronau, op.cit., S. 50ff.
3 Klaus Deppermann: Pennsylvanien als Asyl des frühen deutschen Pietismus. In: Martin Brecht u.a. (Hrsg.): Pietismus und Neuzeit. Ein Jahrbuch zur Geschichte des neuen Protestantismus. 10 Bände, Göttingen 1984, Bd. 10, S. 191.
4 Armin M. Brandt: Bau deinen Altar auf fremder Erde. Die Deutschen in Amerika - 300 Jahre Germantown. Stuttgart 1983, S. 83ff.
5 Frederic Klees: The Pennsylvania Dutch. New York (o.J.), S. 61
6 Klees, op.cit., S. 62.
7 Brandt, op.cit., S. 157ff
8 Horst Weigelt: Spiritualistische Tradition im Protestantismus. Das Schwenckfeldertum in Schlesien. Berlin 1973, S. 202ff.
9 Weigelt, op.cit., S. 244.
10 Weigelt, op.cit., S. 247.
11 Weigelt, op.cit., S. 246.
12 Weigelt, op.cit., S. 253.
13 Weigelt, op.cit., S. 261.
14 Brandt, op.cit., S. 135.
15 Brandt, op.cit., S. 135.
16 Horst Penner: Weltweite Bruderschaft. Ein mennonitisches Geschichtsbuch. 4. Aufl. Weierhof 1984, S. 89.
17 Joachim Heinz: „Bleibe im Lande und nähre dich redlich!" Zur Geschichte der pfälzischen Auswanderung vom Ende des 17. Bis zum Ausgang des 19. Jahrhunderts. Kaiserslautern 1989, S. 31.
18 Heinz, op.cit., S. 32.
19 Penner, op.cit., S. 167.
20 Penner, op.cit., S. 167.
21 Penner, op.cit., S. 166.
22 Penner, op.cit., S. 167f.
23 Christian Hege / Christian Neff (Hrsg.): Mennonitisches Lexikon. Band 1, Frankfurt und Weierhof 1913, S. 53.
24 The Mennonite Encyclopedia. A Comprehensive Reference Work on the Anabaptist Movement. Scottdale, Pennsylvania (o.J.), Volum 1, S. 90.
25 The Mennonite Encyclopedia, op.cit., S. 49.
26 The Mennonite Encyclopeida, op.cit., S. 224.
27 Die Briefsammlung wird in der mennonitischen Forschungsstelle in Weierhof/Pfalz aufbewahrt.
28 Brief von Charlotte Weber an Martin Möllinger, von anderer Hand datiert: 1826.
29 Brief von Jakob Weber an Martin Möllinger vom 18.4.1839.

Gerhard Fieguth

Ein- und - Auswanderungen: Von Westpreußen in die Pfalz

„Weltweite Bruderschaft"

Als Horst Penner 1955 seiner Geschichte der Mennoniten den Titel „Weltweite Bruderschaft"[1] gab, faßte er damit in einer Formel die Erfahrungen vieler Mennoniten unseres Jahrhunderts zusammen, die sie nach über vier Jahrhunderten eines meist bäuerlichen, jedenfalls aber eines „Lebens in der Stille" in enger familiärer und nachbarschaftlicher Einbindung nun „weltweit" als Flüchtlinge und Vertriebene, als Auswanderer und Reisende machen mußten. Es sind dies Erfahrungen, die heute jeder Mennonit, wenn er eine gewisse Grundkenntnis der Geschichte dieser evangelisch-protestantischen Freikirche hat, noch dann gewinnen kann, wenn diese Kenntnis diejenige von Familiennamen einschließt. Gemäß den beiden Ursprungsländern des europäischen Mennonitentums, der Schweiz und der Niederlande, ist die mennonitische Glaubensgemeinschaft in Europa und in den von hier ausgegangenen Siedlungen durch einen festen Familiennamenbestand einerseits schweizerisch - süddeutsch - elsässischer, andererseits niederländisch - niederrheinischer Herkunft gekennzeichnet.

In den letzten Jahrzehnten haben europäische Umbrüche ebenso wie eine sich trotz mancher ursprünglich religiös begründeter Bedenken vorsichtig regende Missiontätigkeit in Mittel- und Südeuropa wie in Südost-Asien eine größere Namensvielfalt geschaffen. Aus der Familiengeschichte des Verfassers sei als Beispiel für diese weltweiten Wanderungen zitiert:

> „Gerhard Fieguth, geboren am 06.10. 1823 in Koszelitzke bei Marienburg, wanderte 1869 mit seiner Frau und seinen 12 Kindern aus dem Marienburger Werder nach Rußland aus. Einer seiner Söhne, Johannes Fieguth, wanderte vor 1893 weiter nach Amerika, wo seine zahlreiche Nachkommenschaft drei starke Zweige bildete."[2]

So finden sich neben dem ursprünglich westpreußischen Hauptstamm, der seinerseits nach der älteren Familientradition wie die Claasens, Dycks, Quirings und Wiebes aus den Niederlanden stammt, nach jüngeren Forschungen aber eher ein altpruzzisches Geschlecht ist, nun neben dem „nordamerikanischen Ast" mit den „kalifornischen Zweigen" „Paso Robles", „Redwood" und „Bakersfield" der „sibirische Ast" und der „Klein Lichtenauer (westpreußisch) - Uruguayer Ast".[3]

Die ursprünglich religiös begründete „Mobilität" der Mennoniten im 16. und 17. Jahrhundert, den Verlust der Heimat um den Erhalt des erkannten und gelebten protestantischen Glaubens willen den Verlust der Heimat also immer wieder zu akzeptieren, verband sich im 19., dann im 20. Jahrhundert mit ökonomischen und, wie bei der Austreibung nach 1917 aus Südrußland, mit nationalstaatlichen, rassisch - ideologischen Aspekten.

Es führt zu faszinierenden Ergebnissen, daß mit den Familiennamen sich auch die im Delta von Weichsel und Nogat vorhandenen Dorfnamen wie Lichtenau, Rosenort, Halbstadt, usw. zunächst in den südrussischen, bis 1917 blühenden und rein deutschen Siedlungen finden, dann in der Gegenwart schließlich, mit manchen US-amerikanisch - kanadischen Zwischenstationen, im Chaco - Gebiet von Paraguay oder in Uruguay erneut erscheinen.

Das Täufertum in Mitteleuropa

Die Entstehung des Täufertums ist von ihrer Geburtsstunde an eng verbunden mit Verfolgungen und Vertreibungen. Als Zwingli, der „Leutpriester" von Zürich, dort begann, in deutscher Sprache von der Kanzel die Reformation zu predigen, standen neben ihm die Züricher Patriziersöhne Konrad Goebel und Felix Manz.[4] Ihre Forderung war unter anderem, „die Taufe solle nur den Gläubigen gegeben werden, denen vorher das Evangelium gepredigt worden sei, die dieses verstünden, die Taufe selbst begehrten".[5]

Nach mehreren ergebnislos verlaufenden, vom Züricher Rat angeordneten Religionsgesprächen 1525 kam es dort zur ersten Bekenntnis- oder „Wiedertaufe".

Von hier aus breiteten sich die Täufer in nur wenigen Jahrzehnten sehr schnell in der Schweiz, in Süd- und Südwestdeutschland, in Österreich und in Mähren, dann, ab 1530 durch den aus Schwäbisch Hall stammenden Prediger Melchior Hofmann, in Norddeutschland und besonders in den Niederlanden aus.

Nach jahrhundertelangen und grausamen Verfolgungen, in denen die Lutheraner und Reformierten den „altgläubigen" Katholiken in nichts nachstanden, bildeten sich in Europa neben den Täufergemeinden in der Schweiz, den Niederlanden und am Niederrhein in Deutschland die Zentren in Baden, in der Pfalz und in Westpreußen. Die harten Verfolgungen im Bernerland führten 1671 zur Auswanderung von etwa 700 Personen, die sich im Elsaß, zum größeren Teil in der Pfalz ansiedelten. Andere und spätere Auswandererzüge verstärkten die Mennoniten in der Pfalz oder wandten sich 1711 an den Niederrhein und in die Niederlande.

1683 wanderten als erste deutsche Auswanderer 13 Krefelder Mennoniten- und Quäkerfamilien nach Nordamerika aus und gründeten Germantown (Philadelphia) als „Nestei der ganzen Mennonitenschaft und des gesamten Deutschtums Nordamerikas."[6]

In Preußen[7], an der Weichsel und östlich in Ostpreußen (Memelgebiet), im „Werder"-Gebiet, im Niederungsdelta von Weichsel und Nogat, im Dreieck der Städte Danzig, Marienwerder und Elbing siedelten sich niederländische „Taufgesinnte" aus Flandern, Friesland und vom Niederrhein etwa ab 1540 (nach dem Greuelregiment in Münster), in einem anderen Schub ab 1567 (im Zuge der Schrekkensherrschaft Albas), schließlich als eine dritte Welle seit 1600 aus Mähren weichselabwärts an.

Zum Teil nahmen die Städte, wie Elbing, weniger gern zunächst Danzig, diese niederländischen Seidenhändler, „Tuch- und Leinenweber, Färber, Borstenmacher und Branntweinbrenner"[8] gerne in ihre Mauern auf, verliehen ihnen schnell Bürgerrechte und erlaubten ihnen, schlichte Bethäuser zu bauen. Der meisten Einwandernden waren im Deich- und Entwässerungsbau erfahrene und tüchtige Bauern, die es bald zu großem Wohlstand brachten, trotz der zum Teil hohen Ablösezahlungen für die in diesen Jahrhunderten sowohl vom polnischen, später preußischen König zugestandenen Freiheit vom Soldatendienst. Die Verbindungen der in selbständigen Gemeinden organisierten Täufer blieben durch Prediger, Besuche und Heiraten so eng, daß bis zum Ende des 18. Jahrhunderts hier in Preußen häufig noch in niederländischer Sprache gepredigt wurde.

Vertreibungen, Aussiedlungen, Hilfswerke

Flucht, Vertreibung, Auswanderung bestimmen die Geschichte des reformatorischen Täufertums.[9] Schon die sich relativ schnell durchsetzende Umbenennung nach jenem niederländischen, katholischen Priester Menno Simons war ein Schutzname, um nicht durch den stigmatisierenden Begriff des „Täufers" der sofortigen Vernichtung zu unterliegen. „Es war allenthalben ein jämmerliches Würgen und Jagen"[10], ist das Grundthema der alten Täuferchroniken.

Die Täufer hatten sich im 16. Jahrhundert von der Schweiz ausgehend in den großen Städten Süd- und Südwestdeutschlands, in den sogenannten österreichischen Erblanden in Mähren, am Niederrhein (Krefeld) und in Norddeutschland (Emden) ausgebreitet.

Die gegenreformatorischen Aktionen führten im Habsburgischen Herrschaftsbereich in wenigen Jahrzehnten zur fast völligen Vernichtung der Täufer. Bereits vor der Greuelherrschaft in Münster wurden die Täufer auf der Basis des Reichstagsbeschlusses zu Speyer von 1529 im ganzen Reich einträchtig von katholischen und protestantischen Fürsten generell der Todesstrafe unterworfen, ihr Besitz, neben ausgesetztem Kopfgeld, den Anzeigenden übereignet. Im übrigen verschob sich die Argumentation vom Vorwurf der Ketzerei zunehmend - und gerade auch bei den evangelischen Territorialherren - auf den machtpolitischen des „Aufruhrs".[11] Die in Mähren meist in sogenannten „Brüderhöfen" lebenden Täufer wurden nach der Schlacht am weißen Berge zu Anfang des Dreißigjährigen Krieges vertrieben.

Die Verfolgungen in der Schweiz, besonders im Berner Gebiet, waren noch um 1700 so rigoros und grausam, daß die Generalstaaten am 15. März 1710 an die Regierung des Kantons Bern schrieben:

„Die in unserem Staat wohnenden Mennoniten haben uns mit Trauer gemeldet, daß sie durch Briefe und sonstige sichere Nachrichten wüßten, daß ihre Glaubensgenossen in der Schweiz, insbesondere in ihrem löblichen Kanton, schwer verfolgt würden, und zwar ihrer Religion halber, und daß gerade jetzt eine große Anzahl Personen, sowohl Frauen als Männer, in verschiedenen Gefängnissen eingeschlossen seien, welche außer den gelinderen Strafen mit Verbannung auf die Galeeren, ja mit dem Tode bedroht würden. Sie baten uns deshalb um unsere Fürsprache für ihre Glaubensbrüder, um dadurch für dieselben Erleichterung der Verfolgung und sicheren Aufenthalt in ihren Wohnungen, nebst freier Ausübung ihrer Religion zu erlangen. Wir haben die Mennoniten seit Jahren geduldet und durch Erfahrung gefunden, daß sie treue Untertanen und Staatsbürger sind, die still und einfach leben, sich nur mit ihren eigenen Angelegenheiten und weiter mit nichts bemühen, weshalb wir so guten Eingesessenen ihre Bitte um unsere

Fürsprache bei Euch für ihre dortigen Glaubensgenossen nicht abschlagen wollten."[12]

Nach den Verfolgungen des 16., 17. und 18. Jahrhunderts kam es in den von Täufern bewohnten Gebieten zu Konsolidierungen, die sich in Preußen in zunehmendem Wohlstand und durch reiche Nachkommenschaft im starken Anwachsen der mennonitischen Bevölkerung ausdrückten. Da es hier wie in manchen anderen Territorien den Mennoniten verboten war, neben den ursprünglichen Zuweisungen Land nachzukaufen, kam es ab 1788 zu größeren Auswanderungen westpreußischer Mennoniten nach Rußland (Chortitza am Schwarzen Meer, an der Wolga um Saratow, in Westsibirien bei Omsk und Barnaul) und nach Galizien, später auch nach Russisch - Turkestan. Blühende Dörfer, erfolgreiche Schuleinrichtungen mit eigenen Lehrerbildungsanstalten, eine eigene Landmaschinenindustrie, insbesondere eine Fülle sozialer Einrichtungen existierten bis zur russischen Revolution von 1917.

Mit dem Ersten Weltkrieg und der Revolution setzten weitere Verfolgungen ein. Was dem Wüten der Machno-Banden entging, wurde nach Innersibirien deportiert. Einige Trecks flüchteten quer durch Asien und China zum Pazifik. Nur wenige überlebten. Heute leben ein Teil dieser rußlanddeutschen Mennoniten in Kanada und in Kolonien in Uruguay und Paraguay.

Die vorläufig letzte Welle der Vertreibung und Flucht traf die westpreußischen Mennoniten am Ende des Zweiten Weltkrieges.[13] Im Januar 1945 begann in Westpreußen die deutsche Bevölkerung in großen Wagentrecks durch Pommern zu flüchten; oder man versuchte per Schiff nach Dänemark, wo bald große Flüchtlingslager entstanden, zu gelangen. Ein kleiner Teil, dem die Flucht mißlang, wurde 1946/47, manche auch noch danach, aus den nun russischen bzw. polnischen Gebieten in Viehtransportzügen in die sowjetisch besetzte Zone Deutschlands vertrieben.

Schon im 16. Jahrhundert reagierten die Täufer auf die vielfachen Unterdrückungs- und Ausrottungsmechanismen mit der Entwicklung und dem Aufbau eigener Hilfswerke. So bildete sich 1696 in den Niederlanden die „Kommission für ausländische Nöte", die den Glaubensgeschwistern in der von Ludwig XIV. zerstörten Pfalz 20000 Gulden schickte. In Westpreußen gründeten die meist auf Einzelhöfen wohnenden mennonitischen Bauern eine der ersten Feuerversicherungsgesellschaften auf der Basis gegenseitiger Hilfe.

Für das in zwei Weltkriegen zerstörte Europa erwies sich das in Nordamerika, 1920 gegründete Mennonite Central-Committee (MCC) als besonders segensreich.

Hilfsdienste haben in den mennonitischen Gemeinden in aller Welt eine feste Tradition. Auch die deutschen Mennoniten haben eine ganze Reihe, zum Teil international tätiger Hilfswerke organisiert. Neben dem weltweit tätigen MCC seien nur genannt das „Deutsche Mennonit. Missions-Komitee" (DMMK), das „Europäische Mennonitische Evangelisations-Komitee" (EMEK) und die „Internationale Mennonitische Organisation für Hilfswerke und andere christliche Aufgaben" (Imo), weiterhin von den deutschen Mennoniten die „Christlichen Dienste" (CD), das „Mennonitische Hilfswerk Christenpflicht" (MHC) und das „Hilfswerk der Vereinigung der Deutschen Mennonitengemeinden".

Neue Heimat : Rheinland - Pfalz

Nach den zahlreichen Auswanderungen von Mennoniten nach den USA, Rußland und Kanada umfaßte die Gemeinschaft vor dem Zweiten Weltkrieg etwa 12 000 Menschen in Westpreußen.

Im März/April 1948 meldet „Der Mennonit"[14] die Zahl von etwa 6 000-7 000 westpreußischen Mennoniten, die eine neue Heimat suchen. Eine Gesamtzahl mennonitischer Flüchtlinge aus den deutschen Ostgebieten und besonders aus Rußland gibt die gleiche Quelle[15] mit etwa 20 800 an, wobei aber schon bald durch die Auswanderungen nach Nord- insbesondere aber nach Südamerika diese Zahl stark absinkt. Auffällig ist ein besonderes Ungleichgewicht der Verteilung in den einzelnen Besatzungszonen: So stehen rund 13 000 Flüchtlingen in der britischen Zone nur etwa 1 800 einheimische Mennoniten, in der amerikanischen und französischen Zone dagegen 7 000 etwa 4 000 Einheimischen gegenüber. Etwa 1 000 Personen dieser Gruppenzugehörigkeit sind in der russischen Zone anzunehmen.

Das Verhalten der französischen Besatzungsmacht, aber auch jenes der rheinland-pfälzischen Landesregierung unter Ministerpräsident Altmeier, ist erst kürzlich gründlich dargestellt worden.[16] Aus verschiedensten Gründen weigerten sich zunächst diese, angesichts einer extrem ungleichmäßigen Verteilung von mehr als 12 Millionen Flüchtlingen in den Besatzungszonen und später in den einzelnen Bundesländern, eine gerechtere und sozial verträgliche Verteilung und Umsiedlung zu akzeptieren.

Ein sehr grelles Licht wirft ein Schreiben des Koblenzer Regierungspräsidenten Dr. Wilhelm Boden vom 3. Dezember 1945 an den französischen Colonel Balade auf diesen Sachverhalt:

„Auch aus den abgetrennten Ostgebieten sind inzwischen Flüchtlinge in begrenzter Zahl hier eingetroffen, und zwar meist solche (...) die hier Verwandte wohnen haben. Da mit einem größeren und ungeregelten Andrang solcher Flüchtlinge zu rechnen ist (...) möchte ich nicht verfehlen, auf die ernsten Gefahren hinzuweisen, die (die) Durchsetzung der rheinischen Bevölkerung mit Bevölkerungsmassen aus dem Osten mit sich bringt. (...) In konfessioneller Beziehung würde der katholische Charakter des Rheinlandes durch den Zuzug der meist protestantischen Ostdeutschen stark verwischt werden, was angesichts unseres Verhältnisses zu dem überwiegend katholischen Frankreich höchst unerwünscht wäre, weil die Übereinstimmung beider Teile in der Konfession für die Zusammenarbeit in kultureller Beziehung ungemein wichtig ist."[17]

Um einem Bevölkerungsdruck aus dem Osten zu entgehen, war es Ziel der französischen Besatzungsmacht, neben anderen Maßnahmen „die Verheiratung möglichst vieler lediger deutscher Arbeitskräfte mit französischen Partnern" anzustreben, insbesondere aber deutsche Auswanderungen zu ermöglichen.[18] Hierzu paßt die Notiz aus „Der Mennonit" vom Frühjahr 1948:

„Westpreußen werden nicht in Frankreich ansiedeln.
Die französische Regierung hat auf das Gesuch der westpreußischen Mennoni-

ten um Ansiedlung in Frankreich eine endgültige Absage gegeben. Die diesbezüglichen Pläne sind also vereitelt. Es ist aber möglich, daß etwa einhundert Mennoniten (mit Familien) als Landarbeiter werden einwandern und auf Mennonitenhöfen unterkommen können."[19]

Diese Hoffnung erfüllte sich nicht.

Im Verlaufe der Bemühungen der ersten deutschen Bundesregierung unter Bundeskanzler Adenauer gelang es schließlich, auch in der französischen Besatzungszone im Sinne eines Länderausgleichsprogramms Ostflüchtlinge anzusiedeln. Meist über das Flüchtlingslager Osthofen bei Worms gelangten so Tausende von Flüchtlingen und Vertriebenen in die Pfalz und nach Rheinhessen. Und hierbei engagierten sich nun auch die pfälzisch - badischen Mennoniten - Gemeinden in der Weise, daß sie mennonitischen Flüchtlingen im Einzugsbereich ihrer Gemeinde seelsorgerlich und materiell behilflich waren.[20]

Dabei mögen sich manche dieser seit Jahrhunderten ansässigen Mennoniten daran erinnert haben, daß sie selbst zum überwiegenden Teil als Flüchtlinge ins Land gekommen waren.[21] Denn nur sehr geringe „Reste des alten kurpfälzischen Täufertums", das sich etwa in Landau und Bergzabern durch die schon bald rigoros verfolgte Predigertätigkeit des Täufers Hans Denk seit Januar 1927 gebildet hatte, konnten sich möglicherweise um Kriegsheim und Großbockenheim, um Rohrbach-Wartenberg und Mehlingen erhalten. Eine zweite Gruppe von lutherisch-täuferischen Brüdern aus Mähren und der Slowakei siedelten sich in der Mitte des 17. Jahrhunderts um Mannheim an, die dritte Welle kam nach dem Dreißigjährigen Krieg aus den Niederlanden, eine vierte aus dem Siebengebirge, schließlich als weitaus bedeutendste jene letzte in mehreren Schüben ab 1664 aus der Schweiz. Von hier aus schickten die pfälzischen Mennoniten zwischen 1717 und 1737 ihre Aussiedler nach Pennsylvanien, zwischen 1817 und 1860 auch in andere nordamerikanischen Staaten.

Das Beispiel: Enkenbach

Bereits in den ersten Nachkriegsjahren begannen die verschiedenen Hilfswerke, insbesondere auch das amerikanische MCC, die westdeutschen Mennonitengemeinden und die sogenannten 'Ältesten' und Prediger der ehemaligen westpreußischen Mennonitengemeinden, ihre gänzlich verstreuten Gemeindemitglieder zu sammeln und in den Umkreis bestehender Mennonitengemeinden zu führen und sie betreuen zu lassen. Besonders im Flüchtlingslager Gronau in der Nähe der niederländischen Grenze wurden, um ihre Aussiedlungen nach Nord- und Südamerika von hier aus zu organisieren, viele Hunderte westpreußischer Mennoniten zusammengeführt.

Für „Flüchtlinge wegen Zonen-Ausgleichs-Umsiedlungen" richtete bereits 1950 das „Deutsche Mennonitische Hilfswerk" „Betreuungsgebiete"[22] innerhalb der französischen Zone und um bestehende Mennonitengemeinden herum an. Für Rheinhessen - Pfalz werden unter anderem genannt: Neudorferhof, Uffhofen, Ibersheim, Monsheim, Weierhof, Sombach, Altleiningen, Obersülzen, Eppstein, Ludwigshafen, Friedelsheim, Kohlhof, Neustadt - Brauchweilerhof, Deutschhof, Enkenbach, Kaiserslautern, Kühbörncheshof, Zweibrücken.

Konzentrationspunkte für Neuansiedlungen bildeten einige Altersheime, die um 1950 in Leutersdorf bei Neuwied, in Enkenbach bei Kaiserslautern und in Rellingen im Kreis Pinneberg gegründet wurden. Darüber berichtet Penner :

„Der Bauer Fieguth wollte nach Uruguay auswandern. Seine alte kranke Schwiegermutter aber nicht. Wo sollte sie bleiben? (...) Da waren es süddeutsche Glaubensgeschwister, die in erbarmender Liebe den 'Altersheimverein' gründeten."[23]

In Enkenbach[24], mit einigen alteingesessenen Mennonitenfamilien zur Gemeinde Sembach gehörend, ergab sich in einer großen stattlichen Villa die Möglichkeit, in einem Altersheim solche zum Teil kranken, jedenfalls alten westpreußischen Flüchtlinge zu sammeln. Nachdem bereits in Backnang und in Espelkamp Mennonitensiedlungen in Bau waren, bemühte sich der aus Westpreußen stammende Altersheimleiter Paul Kliewer ab 1952 energisch darum, auch hier eine solche Siedlung zu gründen. Vorausgegangen war die Bildung eines „Genossenschaftlichen Flüchtlingswerks", später „Mennonitische Siedlungshilfe" auf dem Weierhof.

So konnte ab 1953 auf einem zunächst 3ha großen, später erweiterten Gelände mit dem Bau von Doppelhäusern, dann auch von Einzelhäusern mit etwa 3000 qm Land als sogenannte Nebenerwerbsiedlungen begonnen werden.Das erste Haus wurde am 17. Oktober 1953 eingeweiht. In den nächsten Jahren entstand mit der Weichsel- , Nogat-, teilweise Flur- und Lerchenstraße das, was nun als Mennonitensiedlung im Dorf Enkenbach seinen festen Platz hat. Im Zusammenhang mit dem Bau eines eigenen Gemeinde - Hauses für den Gottesdienst 1956/57 konstituierte sich am 16. Mai 1956 eine eigene Mennoniten-Gemeinde, deren Mitgliederzahl etwa 500 betrug und die zu etwa 95 % aus Westpreußen bestand. Die Enkenbacher Dorfchronik berichtet darüber:

„Auf einer Gesamtfläche von 7,86 ha, die ab 1953 vom Gelände der 'Schindkaut' (Flurname) in Enkenbach vom MHV gekauft wurden, sind im Laufe der letzten 6 Jahre drei Straßenzüge ... mit Siedlungshäusern und Nebenerwerbsiedlungen aufgebaut worden. Die Ländereien wurden zum Preise von 0,50 bis 1 DM je qm nach und nach erworben. Mit Hilfe einer Baugruppe von durchschnittlich 12 Pax - Boys wurden bis heute gebaut:
17 Doppelhäuser mit

70 Wohnungen
4 zweistöckige Einzelhäuser mit

14 Wohnungen
5 einstöckige Einzelhäuser mit

12 Wohnungen
15 einstöck. Nebenerwerbsiedlungen

23 Wohnungen
1 Gemeindehaus mit

1 Wohnung
Zusammen 120 Wohnungen"[25]

Da zu der damaligen Zeit keiner der Bauherren ein Eigenkapital aufbringen konnte, trat hier als Ausgleich die Arbeitsleistung der sogenannten Paxboys ein, die nach Enkenbach kamen und unter der Anleitung eines Architekten und eines Poliers fast alle Häuser bauten. Viele dieser jungen amerikanischen Mennoniten haben stabile Verbindungen der jungen Gemeinde mit amerikanischen Gemeinden geschaffen; sie haben auch die religiöse Entwicklung in den ersten Jahrzehnten wesentlich geprägt. Ein Paxboy erinnert sich 1979 noch gern an seine Zeit in Enkenbach.[26]

Die Mennonitengemeinde Enkenbach nahm bald eine recht stürmische Entwicklung. Für viele verstreut im Bundesgebiet wohnende Flüchtlinge war sie ein Konzentrationszentrum, wohin man wegen der landsmannschaftlichen und der religiösen Verbundenheit, aber auch der engeren verwandtschaftlichen Beziehungen gerne hinzog.

„Die werdende Gemeinde Enkenbach bestand in den ersten drei Jahren dieser Periode als ausgesprochene 'Altersheim-Gemeinde'...Und doch konnte sie zugleich als eine 'junge Gemeinde' angesprochen werden, jung im Sinne einer Neupflanzung aus Gottes Wort und Geist in Herzen alter Menschen, die nach schwersten Jahren der Vertreibung wieder eine Heimat gefunden hatten und nun darin echte Gemeinschaft christlichen Glaubens erleben durften. Es kann nachträglich nur als Gottesgnade gepriesen werden, mit welcher Kraft hier alte Menschen ihr schweres Los meisterten.“[27]

Nach alter mennonitischer Tradition wählte sich die Gemeinde ihre „Ältesten", ihre Prediger aus dem Laienstand selbst und bestimmte auch andere gemeindliche Funktionen wie Diakone, Jugendwart, Chorleiter, usw. Bald entwickelte sich ein gemischtes System mit einem „studierten" Pfarrer (meist evangelische Theologie) und einem oder mehreren Laienpredigern daneben. Das gemeinsame Erleben der verlorenen Heimat

und der neu gefestigten Glaubensgemeinschaft prägen zu einem guten Teil noch heute diese Gemeinde.

Ein reges Gemeindeleben gestaltete sich bald über eine Vielzahl von Aktivitäten wie Chorarbeit, Jugend- und Kindergottesdienste, Frauenarbeit und Missionsunterstützung, Musik- und Nähkreis. Da die Gemeindemitglieder nicht nur alle finanziellen Kosten einschließlich Pfarrerbesoldung, sondern auch Kirchenreinigung und Geländepflege selbst leisteten, entstand bald auch nach außen und in ökumenische Verflechtungen hinein ein „lebendiges Gemeindeleben", das eine „Identifikation" aller Gemeindemitglieder durch je einzelnes Tätigwerden, auch eine Selbstdarstellung des Einzelnen mit seinen Gaben und Fähigkeiten ermöglicht, weiterhin sich auszeichnet durch „Faszination" nach innen und außen, durch „Opfer und Verzicht" und Sozialisation des Einzelnen in der Gemeinde.[28]

Die erheblichen Bedenken gegenüber der Integration dieser westpreußischen, in sich recht geschlossenen Bevölkerungsgruppe waren unbegründet. Schon bald aber erwies sich im Hinzutreten dieser dritten Kirchengemeinde in eine bis dahin ziemlich gleichstarke konfessionelle Dualität, die sich unter anderem ausprägte in der Existenz vieler konfessionell geordneter Dorfvereine, ein belebendes Element. Gerade ökumenische Zielsetzungen, aber auch das dörfliche Leben insgesamt erfuhren Bereicherung und Verstärkung. Nach 25 Jahren fiel daher auch das Urteil des Bürgermeisters so positiv aus, daß es auch nach 41 Jahren noch Bestand hat:

„Es wurden Verbindungen geschaffen, die schließlich zu einem Miteinander und Füreinander in der politischen Gemeinde

führten. Die Mennonitengemeinde Enkenbach hat in der neuen pfälzischen Heimat Wurzeln geschlagen. Die Bindungen von Mensch zu Mensch, von Familie zu Familie, von Vereinen und Verbänden sind eng geworden.

„Mit größter Achtung blicke ich heute nach 25 Jahren auf die Entwicklung der Mennonitengemeinde zurück, die durch ihre Treue, Achtung und Fleiß das schwere Los ertragen hat und dadurch zu einem wesentlichen Bestandteil unserer dörflichen Gemeinde wurde.“[29]

So schließt sich in gewisser Weise der Kreis „weltweiter Bruderschaft". Waren die pfälzischen Mennoniten meistens einwandernde Emigranten, stellten sie dann im 18. und 19. Jahrhundert in immer neuen Schüben Auswanderer für Nordamerika, so nahmen sie nun nach 1945 bedeutende Teile der westpreußischen Mennoniten in ihre Heimat auf.

1   Horst Penner, Weltweite Bruderschaft. 5. Aufl., überarbeitet von Horst Gerlach, Kirchheimbolanden 1995
2   Deutsches Geschlechterbuch. Genealogisches Handbuch bürgerlicher Familien, Bd. 132 : Westpreussisches Geschlechterbuch, Bd. 2, Limburg an der Lahn 1963, S. 50
3   Ebd. , S. 131 ff.
4   Grundlegend dazu : You Yoder, Täufertum und Reformation in der Schweiz. Weierhof 1962
5   Horst Penner, a.a.O. , S. 18. Vgl. auch : Hans - Jürgen Goertz, Die Täufer. Geschichte und Deutung. Berlin 1987
6   Horst Penner, a.a.O. , S. 163
7   Horst Penner, Die ost- und westpreußischen Mennoniten. 2 Bde., Weierhof 1978 / Kirchheimbolanden 1987. Vgl. auch : Horst Penner, Die westpreußischen Mennoniten im Wandel der Zeiten.
    In: Mennonitische Geschichtsblätter, 7. Jg. NF 2 (1950), S. 17 ff.
8   Horst Penner, Weltweite Bruderschaft, a.a.O. , S.74
9   Vgl. dazu : Mennonitisches Jahrbuch 1990 : Aussiedler - Gemeinsamkeit suchen. Hrg. von der Arbeitsgemeinschaft deutscher Mennonitengemeinden . Karlsruhe 1990
10 Horst Penner, Weltweite Bruderschaft, a.a.O. , S.37
11 Hans-Jürgen Goertz, a.a.O. , S.127
12 Horst Penner, Weltweite Bruderschaft, a.a.O. , S. 57
13 Vgl. Mennonitisches Jahrbuch 1985 : Flucht und Zerstörung 1945. Karlsruhe 1985
14 Der Mennonit, Basel 1. Jg. (1948), Heft 3 / 4, S.25
15 Ebd. , S. 31
16 Helmut Neubach, Aufnahme, Eingliederung und Leistung der Vertriebenen. In : Heinz-Günther Borck (Hrg.), Beiträge zu 50 Jahren Geschichte des Landes Rheinland - Pfalz, Koblenz 1997, S. 499ff.
17 Helmut Neubach, a.a.O. , S.500 ff.
18 Michael Sommer, „Reservoir, Kanal, Drehscheibe.“ Vertriebenenpolitik der französischen Besatzungsmacht. In : Hans - Jürgen Wünschel (Hrg.), Rheinland - Pfalz. Beiträge zur Geschichte eines neuen Landes. Landau 1997, S. 61
19 Der Mennonit, 1. Jg. (1948), Heft 5 / 6, S. 41
20 Vgl. Johannes Driedger, Die westpreußischen Mennoniten in der Pfalz. In : Mennonitische Geschichtsblätter, 11. Jg. NF 6 (1954), S. 62 ff.
21 Gerhard Hein, Die Herkunft der süddeutschen Mennoniten. In : Mennonitische Geschichtsblätter, 21. Jg. NF 16 (1964), S. 31
22 Vgl. Der Mennonit, 3. Jg. (1950), Heft 11, S. 126
23 Horst Penner, Weltweite Bruderschaft, a.a.O. , S. 115
24 1956-1981. 25 Jahre Mennonitengemeinde Enkenbach. Red. Klaus Penner. Enkenbach 1981. - Mennoniten. Ansichten einer Freikirche. Hrg. von Hans Adolf Hertzler, Krefeld 1987. Vgl. auch : Aus Enkenbachs Vergangenheit. Grundlegung einer Orts-Chronik. Bearbeitet von Friedrich W. Weber. 2. Aufl. , Kaiserslautern 1960
25 Aus Enkenbachs Vergangenheit, a.a.O. , S. 225
26 25 Jahre Mennonitengemeinde Enkenbach, a.a.O. , S.20
27 Gerhard Hein, Wie ich den Anfang der Mennonitengemeinde Enkenbach erlebte. In : 25 Jahre Mennonitengemeinde Enkenbach, a.a.O. , S. 28
28 Abram Enns, Merkmale einer lebendigen Gemeinde. In: 25 Jahre Mennonitengemeinde Enkenbach, a.a.O. , S. 37 ff.
29 25 Jahre Mennonitengemeinde Enkenbach, a.a.O. , S. 4 f.

Chrilla Wendt

Amische und mennonitische Quilts

> *In many ways the lovely quilts crafted by Amish woman symbolize the patchwork of Amish beliefs and values.*
> (Donald B. Kraybill: The Riddle of Amish Culture)

Wann genau die Amish-Frauen begonnen haben, Quilts anzufertigen, um die Betten in ihren Familien damit zu bedecken, läßt sich nicht genau feststellen. Mit Sicherheit auszuschließen ist, daß es sich um eine ursprünglich von den Amishen entwickelte oder von ihnen aus Europa mitgebrachte Technik handelt, sind sie doch aus Teilen Europas ausgewandert, in denen es keine Quilt- oder Patchworktradition gab. Die Frauen in den Amish-Gemeinden haben die Technik des Patchworks und Quiltens von ihren ʻenglischen' Nachbarn übernommen; sind dabei jedoch zu einer ganz eigenständigen Gestaltung gekommen. Ihr sehr strenges religiöses Leben erlaubte ihnen nicht, Luxusartikel herzustellen oder zu besitzen. Diese Haltung hat zu sehr einfachen Quilts geführt. Die Amish-Quilts unterscheiden sich in mehrfacher Hinsicht von allen anderen Quilts, auch wenn einzelne Elemente in nichtamischen Quilts vorkommen können.

Die ältesten Amish-Quilts sind in der Mitte des letzten Jahrhunderts in Pennsylvania entstanden. Da es sich bei diesen Quilts um reine Gebrauchsgegenstände handelte, nämlich wärmende Bettdecken, und den Amishen jeder überflüssige Zierrat an ihrer Kleidung und in ihren Häusern verboten war und ist, ist denkbar, daß es frühere Quilts gegeben hat, die aber durch den Gebrauch zerschlissen sind.

Die Farben

Durch den eigenwilligen Einsatz von Farben unterscheiden sich Amish-Quilts am stärksten von allen andern Quilts. Traditionell wurden in Amish-Quilts keine bedruckten Stoffe, Karos oder Streifen verwendet, sondern stets nur einfarbige Stoffe in leuchtendem Blau, Türkis, Pink, Grün, in Goldtönen und der ganzen Skala der Rost- und Brauntöne. Alle Schattierungen von violett so wie grau finden sich in den Quilts der Pennsylvania Amishen. Nach rot, orange, gelb, weiß und schwarz sucht man allerdings in diesen Quilts vergeblich. Erst bei den Amishen aus dem Mittleren Westen wird Schwarz in vielen Schattierungen verwendet. Dort wurden auch in den Zwanziger Jahren modische Pastelltöne beliebt: kräftiges Hellblau, sanftes Rosa und Gelb wurden in Quilts verarbeitet, die an Art Deco erinnern.

Das Material der Quilts aus Pennsylvania war Wollstoff, oftmals handgewebt und mit Naturmaterialien gefärbt. Die Einlage, das sog. batting, war ebenfalls Wolle, entweder gekämmte Schafwolle oder eine alte, abgewetzte Wolldecke im Innern des Quilts. Baumwollstoffe und -füllung wurden erst in diesem Jahrhundert und dann vorwiegend von den Amishen im Mittleren Westen verarbeitet. Die Rückseite konnte aus kleingedrucktem Baumwollstoff bestehen. Kiracofe[1] ist der Meinung, daß es für alle Regeln auch Ausnahmen gibt.

Die Muster

Die Patchworkmuster der Amish-Quilts sind von großer Einfachheit und gestalterischer Kraft. Sie werden häufig mit modernen Künstlern wie Josef Albers und Victor de Vasarely und Kunstströmungen der Op Art in Verbindung gebracht. Die Herstellerinnen schaffen aus eigener Kreativität und hatten nie Beziehung zu einer Kunstrichtung.

Alle Muster der Amish-Quilts sind streng geometrisch und setzen sich aus den Grundformen - Quadrat, Rechteck, Dreieck oder Raute - zusammen. Die Grundformen können in unterschiedlicher Größe in ein und demselben Quilt auftreten. Ursprung dieser Formen sind die die Amishen umgebenden Gegenstände des täglichen Lebens: Felder, Türen, Fenster, die Sterne des Himmels.

Das besonders häufig verwendete Muster 'Diamond in a Square' oder 'Center Diamond' wird von vielen Autoren vom Einband des Hymnenbuches der Amishen, dem 'Ausbund', abgeleitet, ein Buch, das sie täglich in die Hand nehmen. Dieses Buch wurde in Leder eingebunden und um ihm eine lange Haltbarkeit zu geben, mit Messingteilen an den Ecken und einem Messingornament in der Mitte des Deckels versehen.

Beim 'Center Diamond'-Quilt wird das große Mittelquadrat von ein bis zwei andersfarbigen Rändern unterschiedlicher Breite umgeben und die Ecken durch sog. Ecksteine farbig abgesetzt. Beim 'Diamond in a Square' wird das Mittelquadrat auf die Spitze gestellt, mit vier Dreiecken zu einem größeren Quadrat erweitert, wiederum mit mehreren Rändern unterschiedlicher Breite eingefaßt, so daß sich Quilts von Bettgröße, d.h. von mehr als 2x2 m ergeben, die in der Regel qua-

dratisch sind. Diese Muster, der 'Center Diamond' als auch Diamond in a Square', finden sich nur in Quilts aus Pennsylvania (außer die Quilts wurden von dort auf die Reise in den Mittleren Westen mitgenommen).

Die einzelnen 'Patches' (Stoffstücke) sind bei diesen Mustern so groß, daß man davon ausgehen kann, daß die Stoffe eigens für die Quiltherstellung erworben wurden, und es sich nicht um bei der Kleiderherstellung anfallende Reste gehandelt haben kann.

Ein weiteres, aus dem Quadrat entwickeltes, sehr beliebtes Muster ist 'Sunshine and Shadow'. Hierbei lassen sich, anders als bei dem zuvor beschriebenen, auch Stoffreste verarbeiten. Das Muster hat seinen Namen erhalten wegen des Hell-Dunkelwechsels und der starken Farbkontraste der Reihen untereinander. 'Sunshine and Shadow' symbolisiert den Rhythmus des Lebens: freudige Ereignisse, schmerzliche Erlebnisse, Heiliges und Profanes stehen im Wechsel.

Von den auf dem Quadrat aufbauenden Mustern sind noch das 'Nine-Patch'- und das 'Double-Nine-Patch'-Muster zu nennen. Einzelne Blöcke werden aus 3x3 kleinen Quadraten in zwei Farben zusammengenäht. Diese neunteiligen Quadrate werden, auf die Spitze gestellt, im Wechsel mit einteiligen Quadraten zusammengenäht.

Das 'Double-Nine-Patch'-Muster entsteht, wenn man fünf der neun Quadrate wiederum aus 3x3 Quadraten zusammensetzt. Bei den zuletzt genannten Mustern lassen sich kleinste Reste und kleine Stoffmengen verarbeiten. Aus dem Rechteck wurden im wesentlichen zwei immer wiederkehrende Muster entwickelt: 'Bars' und 'Log Cabin'. Bei den 'Bars' besteht das mittlere Quadrat eines Quilts aus 5, 7 oder mehr langen Rechtecken unterschiedlicher Farben. Diese große Fläche wird dann wiederum mit zwei oder mehr Rändern mit Eckquadraten zum Quilt von Bettgröße ergänzt.

Die meisten Autoren leiten dieses Muster von den beim Pflügen entstehenden Furchen ab.[2] Eine mir neue Deutung fand ich bei Knauf.[3] „Dieses Muster hat gleich mehrere symbolische Bedeutungen: einmal soll es Josefs Mantel darstellen und zum andern, so berichtet die Überlieferung, sind es die Holzlatten jener Türen, die sie auf ihrer Schiffsreise wochenlang vor Augen hatten, die sie von den übrigen 'profanen' Passagieren des Schiffs abgrenzten. Wieder andere interpretieren die 'Bars' als Regenbogen."

Das 'Log Cabin'-Muster - ein nicht nur bei den Amishen sehr beliebtes Muster - findet sich ab der Jahrhundertwende auch in Amish-Quilts, hauptsächlich aus den Amish-Siedlungsgebieten des Mittleren Westens: Ohio, Indiana, Iowa und Illinois. Es gibt sehr viele Variationen, dieses aus schmalen Rechteckstreifen um ein kleines Quadrat genähte Muster zu arrangieren. Die Amishen haben besonders oft die 'Barn Raising' Variante genäht. Nicht zuletzt wohl deshalb, weil das Aufstellen einer Scheune, unter Mithilfe aller Männer einer Gemeinde und auch der Nachbargemeinden ein großes Ereignis war, bei dem auch die Frauen zusammenkamen, für Essen und Trinken sorgten Neuigkeiten auszutauschen. Dies war auch eine Gelegenheit, sich um die großen Quiltrahmen zu setzen und gemeinsam zu quilten. Dies waren die „quilting bees" oder „frolics".

Das Dreieck findet sich häufig, abgesehen von der bereits erwähnten Ergänzung beim 'Center Diamond', als sog. 'Sawtooth Border' um das große Mittelquadrat in einem der umlaufenden Ränder. Die Quilts der Amishen aus dem Mittleren Westen haben eine größere Vielfalt von Mustern, in denen das Dreieck immer wieder auftaucht. Vermutlich durch den stärkeren Kontakt mit den sie umgebenden 'English People' ändern sich auch ihre Quilts.

Es werden kleinteiligere Muster genäht mit sehr vielen Dreiecken: 'Bears Paw', 'Hole in the Barndoor', 'Shoofly', 'Crown of Thorns' 'Baskets'und 'Jacob's Ladder', um nur die wichtigsten zu nennen.

Überall gleich beliebt war das Muster, das aus der Raute entwickelt wurde: 'Star of Bethlehem' oder 'Lone Star', ein schwierig zu nähendes Patchwork. Es gab bei diesem schwierigen Muster jedoch auch noch Steigerungen: statt der großflächigen Eckquadrate und der Dreiecke zwischen den acht Strahlen des Sterns wurden 16 Zacken, ebenfalls aus Rauten gearbeitet: der 'Broken Star'.

Die religiöse Ordnung der Amishen verbietet jeden persönlichen Ehrgeiz und Hervortreten aus der Gemeinschaft. Dies, scheint mir, wird hier nicht eingehalten. Möglicherweise wurde dieses Muster geduldet, weil es sich um ein religiöses Thema handelt: der Stern, dem die Weisen folgten.

Selten jedoch haben Amish-Frauen Applikationsquilts gemacht wie sie an der Ostküste und besonders bei den Pennsylvania Dutch sehr beliebt waren. Solche Quilts galten als reiner Luxus. Aber auch hier zeigt Kiracofe ein Gegenbeispiel.[4]

Die gleichen Formen und Ornamente der Applikationsquilts wurden bei den Amish-Quilts in der aufwendigen Quilt (=Stepp)arbeit ausgeführt. Die Quiltmuster waren sowohl geometrisch als auch floral. Federn, Fischschuppen, Ranken, Blumen, Muscheln,

Blumenkörbe, Kürbiskerne boten den Quilterinnen viele Möglichkeiten der Gestaltung. Besonders auf den großen Flächen der 'Center Diamond' und der 'Bars' entfalteten sich diese üppigen Muster. Aber auch ganze Quilts wurden mit Rastern und Gittern überzogen. Alle diese Quiltmuster waren jedoch kein luxuriöses Beiwerk, sondern hatten eine Funktion, nämlich zu verhindern, daß die Füllung, die aus gekämmter Wolle oder gezupfter Baumwolle bestand, sich im Gebrauch oder bei der Wäsche verschob. Aus diesem Grunde wurden die Abstände der einzelnen Quiltlinien gering gehalten.

Die Oberseiten der Quilts wurden von der Hausfrau allein oder zusammen mit den Töchtern im Hause genäht. War bereits eine - fußbetriebene - Nähmaschine vorhanden, wurde diese zum Nähen des Tops eingesetzt. Die Stepperei, das sog. Quilting, wurde jedoch von Hand und in Gemeinschaftsarbeit ausgeführt. Dazu trafen sich die Frauen aus unterschiedlichem Anlaß oder es wurde extra dazu eingeladen. Die Muster wurden mit Kreide oder Seife oder einer feinen Nadel auf die Oberseite aufgezeichnet. Dann wurden die drei Lagen - Oberseite, Füllung und Rückseite - auf den großen Quiltrahmen gespannt und die Quilterei begann. Je nach Größe des rechteckigen Quiltrahmens konnten 6, 8 oder mehr Frauen gleichzeitig daran arbeiten. Erstaunlich ist, daß die Quiltstiche trotz der vielen Näherinnen sehr gleichmäßig wurden. Die Stiche waren winzig und präzise plaziert. Erfahrene Quilterinnen führten bis zu 20 Stiche pro inch aus.

Das Anfertigen von Quilts und die Quilting bees waren erlaubte Tätigkeiten der Amish-Frauen, weil hierbei nützliche und notwendige Gebrauchsgegenstände entstanden. Die

Quilts im Schlafsaal des pfälzischen Kinderheims Diemerstein

Winter in den von den Amishen besiedelten Gebieten waren kalt und lang, und in den großen Häusern wurde nur ein Raum geheizt. Für jedes Bett der großen Familien wurden mehrere wärmende Quilts gebraucht.

Es kommen aber weitere, wichtige Aspekte hinzu: Das gemeinsame Arbeiten stärkte die Amish-Frauen in ihrer kulturellen und religiösen Identität und schaffte so weiteren Zusammenhalt. Heute ist auch der ökonomische Nutzen nicht zu übersehen: Die Amish-Frauen arbeiten mehr und mehr für den Verkauf von Quilts an Touristen. Dadurch haben sie zusätzliche Einkünfte, ohne ihre gewohnte Umgebung verlassen zu müssen.[5]

Leider hat sich die Qualität der von den Amishen hergestellten Quilts durch die Kommerzialisierung seit etwa 1960 verschlechtert. Nicht nur wird heutzutage billiges Material, Baumwollmischgewebe, Synthetics und bedruckte Stoffe verwendet, sondern auch die handwerkliche Qualität und die äußere Form der alten Quilts ist verloren gegangen.

Die Quilts der Mennoniten aus der Zeit zwischen 1860 und 1950 lassen sich nicht so leicht identifizieren wie die Quilts der Amishen aus der gleichen Periode. Die Mennoniten verwendeten alle Muster, auch Applikation und alle Stoffe, die ihre 'englischen' Nachbarn verwendeten. Sie nahmen bedruckte Stoffe, gestreifte, karierte, alle Farben und alle Stile. Also: was ist ein Mennonite-Quilt?

Rachel und Kenneth Pellman[6] liefern eine einfache, aber nicht immer brauchbare Definition: ein Mennonite-Quilt ist ein Quilt, der von einem Mitglied einer Mennoniten-Gemeinde gemacht wurde.

Diese Definition ist nur anwendbar, wenn man die Geschichte des jeweiligen Quilts kennt; wenn er beispielsweise in einer Mennonite-Familie vererbt wurde oder wenn beim Verkauf eines Quilts die Geschichte seiner Entstehung weitergegeben wurde.

Zwar sind sich die Mennoniten und Amishen in ihrer Haltung gegenüber allem allzu Weltlichen ähnlich, kommen sie doch aus der gleichen spirituellen Bewegung; die Mennoniten sind jedoch in der Regel weniger konservativ, was letztlich auch zur Trennung geführt hatte.

Im Gegensatz zu den Amish-Quilts wurden die Mennonite-Quilts nicht nur für den eigenen Bedarf, sondern oftmals auch als Abschiedsgeschenke für Freunde, Gemeindeglieder und Pastoren gemacht. Auch um Geld für Gemeindeprojekte zu sammeln, wurden Quilts gemeinsam angefertigt, verkauft oder versteigert.

Mennonite-Frauen trafen und treffen sich in regelmäßigen Abständen, um gemeinsam Quilts für die Hilfsorganisation Mennonite Relief Committee herzustellen. Seit 1921[7] sind solche Treffen belegt.

Alle diese Quilts wurden über das MCC[8], an Notleidende verschickt. So gelangten sie nach dem Zweiten Weltkrieg nach Deutschland.

Nach der Niederschlagung des Ungarnaufstandes (1956) hatten viele Flüchtlinge im benachbarten Österreich Schutz gesucht. Sie benutzen die vom MCC geschenkten Quilts. Soweit sie in der Zwischenzeit nicht verschlissen wurden, liegen sie heute noch auf den Betten in einem Haus des CVJF (Christlicher Verein Junger Frauen) in der Nähe Wiens.[9]

(Die Bilder zu diesem Beitrag befinden sich im Abbildungsteil am Ende des Buches.)

1   Kiracofe, Roderick: The American Quilt. A History of Cloth and Comfort 1750 - 1950, New York 1993.
2   Haders, Phyllis: Quilts. The Art of the Amish, in: Duke, Dennis; Harding, Deborah: America's Glorious Quilts, New York 1986)
3   Knauf, Jutta: Jacob's Ladder. Einfluß der Religion auf das Alltagsleben einer Old Order Amish-Gemeinde in Ohio/USA, Frankfurt am Main: Inst. für Kulturanthropologie und Europ. Ethnologie der Univ. Frankfurt, 1993, S.169
4   Kiracofe (a.a.O.) S. 221.
5   Knauf (a.a.O.) S. 164.
6   Pellman, Rachel und Kenneth: A Treasury of Mennonite Quilts, Intercourse, PA 1992
7   Bishop, Robert und Safanda, Elizabeth: A Gallery of Amish Quilts. Design Diversity from a Plain People, New York 1976, S. 25
8   Pellman, Rachel und Kenneth: The World of Amish Quilts, Intercourse PA, 1984, S. 83
9   Gespräch zwischen Heidi Gärtner und C. Wendt im Mai 1997 im CVJF-Haus.

Kurzbiographien der Autoren

Hermann Arnold

Prof. Dr. med.; von 1946 bis 1974 Amtsarzt in Landau. Veröffentlichungen zur Lokalgeschichte und bevölkerungswissenschaftliche Arbeiten über das Öffentliche Gesundheitswesen.

Gerhard Wolf Fieguth

Dr. phil.; Universitätsprofessor am Institut für Germanistik an der Abteilung Landau der Universität Koblenz-Landau; seit 1990 Vizepräsident der Universität Koblenz-Landau; Ehrendoktor der Universität Kemerovo. Veröffentlichungen zur Literatur des 19. und 20. Jhd. Mitglied bei der Deutschen Schillergesellschaft und bei der Studienstiftung des Deutschen Volkes.

Günter Fillbrunn

Lebt in Neckarhausen seit 1968; Oberstudienrat für der Mathematik, Physik und Chemie, Lehrer am Carl-Benz-Gymnasium Ladenburg; Professor am Staatlichen Seminar für Schulpädagogik Heidelberg in der Aus- und Fortbildung von Mathematiklehrern an Gymnasien; Veröffentlichung zur Didaktik der Mathematik und zur Lokalgeschichte.

Delbert Grätz

In Richland Township, Allen County, Ohio geboren. Direktor der Musselman Library und der Mennonite Historical Library am Bluffton College; Leiter der Swiss Mennonite Heritage Tour; Mitarbeit in vielen Kommissionen; Tätigkeit als Herausgeber für Zeitschriften wie The Mennonite Quarterly Review und Mennonite Family History. Viele Publikationen, besonders über Leben und Geschichte der amerikanischen und europäischen Mennoniten; 1983 Überreichung des rheinland-pfälzischen Verdienstordens und 1996 des Bundesverdienstkreuzes Erster Klasse für seine besonders aufopferungsvolle Tätigkeit nach dem Zweiten Weltkrieg.

Jean Hege

Auf dem Schafbusch bei Weissenburg geboren; Schulbesuch in Weißenburg; Ausbildung in Elektronik in Straßburg. Bis 1992 als Kundendienstberater bei der Firma Bull. Mitglied der Mennonitengemeinde Geisberg, Schriftführer im Vorstand; Mitglied der Association Francaise d'Histoire Anabaptiste Mennonite (A.F.A.H.M.), für den Bücherversand zuständig.

Klaus Kremb

Dr. phil., geboren in Kirchheimbolanden; Abitur im Gymnasium Weierhof, Studium der Geschichte, Erdkunde, Politikwissenschaft an der TH Darmstadt; von 1977 bis 1993 Lehrtätigkeit am Gymnasium Weierhof; Oberstudiendirektor am Wilhelm-Erb-Gymnasium Winnweiler.

Alfred H. Kuby

In Edenkoben geboren; Pfarrer in Trippstadt und Zweibrücken; leitete die Evangelische Akademie in Enkenbach; für die Evangelischen Landeskirche der Pfalz in vielen Kommissionen tätig; Ehrendoktor der Universität Heidelberg; Lehrauftrag für pfälzische Kirchengeschichte; viele Veröffentlichungen zur Kirchengeschichte, zur Pfälzer Auswanderungsgeschichte.

Hans Mercker

Dr. theol.; in Edenkoben geboren; Professor für katholische Theologie an der Universität Koblenz-Landau, Abt. Landau; Mitarbeiter des literarischen Nachlasses des Religionsphilosophen Romano Guardini; Veröffentlichungen zur Theologie Bonaventuras und zur Bibliographie Romano Guardinis

Monica Mutzbauer

Dr. phil.; in Mainz geboren; Forschungsreisen nach Pennsylvania; seit 1991 Studiendirektorin und Fachleiterin für evangelische Religion am Staatlichen Studienseminar für das Lehramt an Gymnasien in Bad Kreuznach; Veröffentlichungen zur Geschichte der pfälzischen Amerikaauswanderung.

Karl-Heinz Rothenberger

Dr. phil.; Akademischer Direktor am Historischen Seminar der Universität Koblenz-Landau, Abt. Landau. Veröffentlichungen zur neuesten Geschichte und zur Nachkriegsgeschichte.

Gudrun Schäfer

Akademischer Direktor am Seminar Anglistik der Universität Landau, Abt. Landau.; Auswahl der Karikaturisten für den Thomas-Nast-Preis der Stadt Landau. Forschungsreisen zu den Deutschen in Pennsylvania, Texas und Iowa. Veröffentlichugen über Thomas Nast und die deutsche Auswanderung nach Amerika.

Dietrich Schwanitz

Universitätsprofessor, Dr. phil.; in Werne an der Lippe (Ruhrgebiet) geboren. Professor für englische Literatur und Kultur an der Universität Hamburg. Veröffentlichungen zur Kulturgeschichte Englands und der USA

Gabriele Stüber

Dr. phil.; in Lübeck geboren; Leiterin des Zentralarchivs der Evangelischen Kirche der Pfalz in Speyer. Veröffentlichungen u.a. zur Nachkriegsgeschichte.

Chrilla Wendt

Mitarbeiterin im Arbeitsbereich Städtebau-Stadtbaugeschichte der Technischen Universität Hamburg-Harburg; Dozentin für Patchwork und Quilting an der Hamburgischen Volkshochschule, Gründerpräsidentin (1985-1987) der Patchwork Gilde e.V. Deutschland. Sie erhielt 1996 für die Forschungs- und Dokumentationsarbeit „Quilts im Nachkriegseuropa" den von der Patchwork Gilde erstmals ausgelobten Forschungspreis.

Verschiedene Quilttypen

Cross within a Cross - Kreuz im Kreuz, 1914, Indiana - 70x80 cm

Harriet Powers, geb. 1882: Quilt aus den Jahren 1895-1898 mit biblischen Motiven

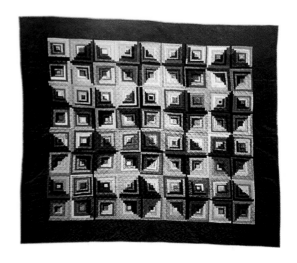

One Patch - Einerblock geknotet, 165x210 cm

Crown of Thorns - Dornenkrone, Ohio 1930
- 80x80 cm

Double Nine Patch - doppelter Neuner-Block, 1930,
- 82x83 cm

Log Cabin - Blockhaus, ca. 1930, Medford
Wisconsin - 73x83 cm

Irish Chain - Irische Kette, Lancaster 1930

Triangles - Dreiecke, ca 1945

Bars - Balken, Lancaster 1920 - 193x215 cm

Center Diamond - Diamant, zentral angeordnet
1930 - 190x190 cm

Ocean Wave - Ozeanwelle, Indiana 1901

Nine Patch - Neunerblock, Lancaster 1900
- ca. 60x62 cm

Pineapple - Ananas

Lone Star - Einzelstern, Ohio 1940 72x678 cm

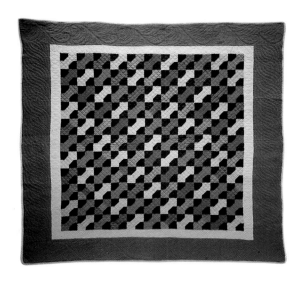

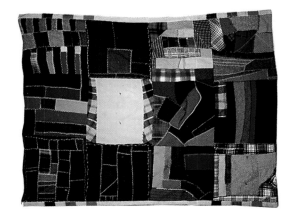

Crazy Quilt - Verrückter Quilt,
Kanada - 147x184 cm

Bow Tie - Fliege, Illinois 1930

Stars - Sterne, Kanada

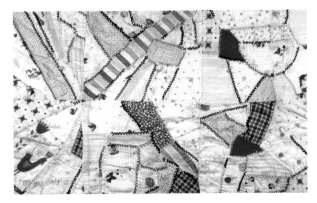

Crazy Quilt - Verrückter Quilt, ca. 1945

*Sunshine and Shodow - Sonne und Schatten,
Lancaster ca. 1920 - 208x208 cm*

*Tombling Blocks -
Stürzende Blöcke,
geknotet,
ca. 1945*

*Railroad Crossing
- Bahnübergang,
Ohio 1942
- 68x85 cm*

*Eine Quilting Party
im 19. Jahrhundert*

Pfälzische Bauern
aus dem 18. Jahrhundert

Amish People aus
Lancaster County, PA

Dankesbriefe an die Mennoniten

Kindertracht aus dem 18. Jahrhundert

Edel sei
der Mensch
hülfreich
u.
gut!

Wir danken Euch edlen
Mennoniten herzlich
für Eure lieben Gaben.

Danket dem Herrn deñ er ist freundlich
und seine Güte währet Ewiglich.

Ellen Lorenz
Ludwigshafen Rh. Rheingönheim
Hindenburgstraße 31

Hamsterkoffer aus der Nachkriegszeit

Berechtigungsschein für die Schulspeisung

Fromme Geschenke für deutsche Kinder

Kinder-Speisung

der

Evangelical and Reformed Church U. S. A.

durchgeführt vom

Ev. Gemeindedienst
Hilfswerk Pirmasens

Verpflegungskarte Nr.

Name:

Adresse:

Geburtsdatum:

Vert.-Stelle:

Monat: